AI+TELECOM NETWORK

THE ROAD TO ARTIFICIAL INTELLIGENCE FOR OPERATORS

AI+电信网络

运营商的人工智能之路

唐雄燕 廖军 刘永生 王光全◎著

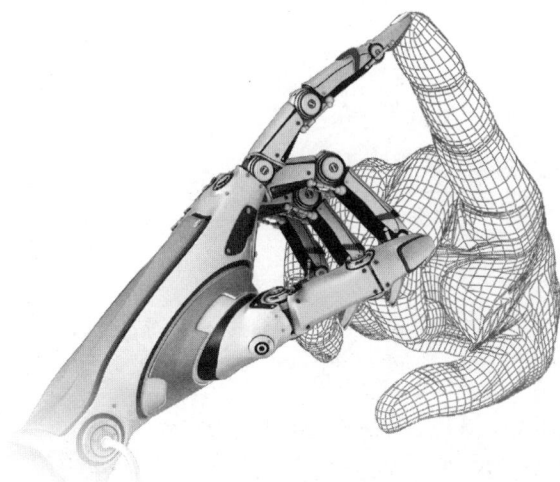

人民邮电出版社

北京

图书在版编目（CIP）数据

AI+电信网络：运营商的人工智能之路 / 唐雄燕等
著. -- 北京：人民邮电出版社，2020.11
ISBN 978-7-115-54404-9

Ⅰ．①A… Ⅱ．①唐… Ⅲ．①人工智能－应用－电信
运营企业 Ⅳ．①F626.1-39

中国版本图书馆CIP数据核字(2020)第117670号

内 容 提 要

　　本书从人工智能和电信网络结合的角度出发，对运营商网络中的人工智能技术进行了介绍，重点对智能 5G 网络进行了描述。此外，本书还梳理了人工智能在全球运营商电信网络"规划—建设—维护—优化"中的应用方案，以及在部分领域取得的成果，同时介绍了人工智能技术对运营商的业务创新的推动，总结了人工智能促进业务创新的重点领域，如智能制造、智慧医疗、智慧城市等，重点介绍了中国联通的创新业务案例。

　　本书适合人工智能和电信领域相关的企业管理者、专家、创业者及高等院校相关专业的师生阅读

　◆ 著　　　　唐雄燕　廖　军　刘永生　王光全
　　　责任编辑　李　强
　　　责任印制　彭志环
　◆ 人民邮电出版社出版发行　　北京市丰台区成寿寺路 11 号
　　　邮编　100164　　电子邮件　315@ptpress.com.cn
　　　网址　https://www.ptpress.com.cn
　　　北京市艺辉印刷有限公司印刷
　◆ 开本：787×1092　1/16
　　　印张：19.25　　　　　　　　　　2020 年 11 月第 1 版
　　　字数：274 千字　　　　　　　　2020 年 11 月北京第 1 次印刷

定价：109.00 元

读者服务热线：**(010)81055493**　印装质量热线：**(010)81055316**
反盗版热线：**(010)81055315**
广告经营许可证：京东市监广登字 20170147 号

本书编写组成员

黄兵明　李亚梦　谈鹏驹　胡雅坤　魏家馨　刘腾飞

李　奥　吴浩然　张冬月　高　伟　王　巍　庞博文

曹　畅　左　冰

在当今世界快速变化的技术大潮中，运营商如果不拥抱 AI，不以 AI 为抓手，将很快被市场和用户抛弃。只有通过通信技术和网络技术，才能进化出更优越的网络智能，才能保证在竞争中不掉队。正如《人类简史》所展现的事实，人类历经了200 多万年进化，直至"智人"掌握了语言，通过交流、沟通形成了更强的种群竞争优势，逐步淘汰了其他种群，得以生存和繁衍。后来人类学会了用火，制造出了石器和陶器，形成规模化畜牧和耕种，完成了农业革命；再后来发明了文字和印刷术，开始炼铜、炼铁，促进了手工业、工业的发展，开始了对工业和科学的探索。近300 年来，人类又先后发明了蒸汽机、电子计算机等，经历了 3 次工业革命，构建了今天繁荣发达的集办公、生产、教育、医疗、居住等为一体的社会文明。一部人类的文明史，就是人与人之间的通信越来越便捷、物与物之间的连接更密切、社会智能化程度越来越高的过程。因此，通信、网络、智能，是人类文明进化中最重要的基石。

通信技术和网络技术的普及，很大程度上依赖于运营商的推广。运营商的智能化转型不仅反哺通信与网络，更能结合 5G "万物互联"的特性，推动 AI 技术普惠大众。通信技术的发展进一步促进人与人、人与机器、机器与机器之间的信息传输，使交流变得更加快速、准确、便捷。网络技术的发展进一步促进万物互联，信息传输更加安全、稳定、可靠。智能技术的发展，既可以有效加速通信与网络科技的发展，使其具备进化能力，又能为通信与网络的上层应用赋能，使智能应用无处不在。通信、网络与智能是未来科技发展紧密结合的整体，通过体系化发展，可以显著提高资源使用效率，产生"1+1+1"远远大于 3 的效果。

本书详细地介绍了人工智能的现状与趋势，运营商的智能化转型，人工智能的典型应用，也对目前如火如荼的 5G 网络与边缘计算进行了系统性的介绍，对全新的智能网络进行了展望，非常适合从事相关行业的管理者、工程师，以及希望了解网络、智能发展趋势的读者阅读。

通信技术、网络技术、智能技术的发展正在带领人类进入更高级的时代——智能时代。通信技术发展的最高境界是沟通无障碍——任何时间、任何地点、任何语言、任何装备等；网络技术发展的最高境界是连接无极限——任何通信设备、任何类型的 IoT、任何有电子标识的物品等；智能技术的最高境界是进化无止境——任何算法、任何模型、任何数据集、任何智能水平等。希望本书能够帮助读者更好地理解网络通信与人工智能的关系，了解运营商的智能化转型。

中国工程院院士
鹏城实验室主任
北京大学博雅讲席教授

高文

二零二零年十月一日于鹏城

2016 年是"人工智能"的概念提出 60 周年，这一年，AlphaGo 击败被视为智力堡垒的围棋顶级棋手，人类智力最后的阵地失守了，人工智能引发热议，再一次成为全社会关注的焦点。60 年来，人工智能的发展经历了三起两落，尤其是近 10 年发展迅速，其影响力已超乎想象。互联网兴起产生的海量数据以及摩尔定律带来的计算力的突飞猛进，推动了第三次人工智能浪潮的到来。作为第四次科技革命的核心，人工智能的发展前景广阔，实体经济数字化、网络化、智能化转型演进也为传统行业带来巨大的历史机遇。

运营商的通信网络现已发展到第五代移动通信（5G），网络传输速率、传输时延、连接规模等关键性能指标不断提升，应用场景不断丰富，随之而来的是网络复杂性的增加和基站建设成本的升高，这些都给 5G 网络的建设、运营和维护带来前所未有的挑战。同时，运营商作为信息与通信产业生态的主体之一，互联网时代的到来导致传统业务陷入极大的困境，增量难增收导致运营商告别了"黄金时代"，转型势在必行。

本书共分为 8 章，第 1 章从人工智能发展的历程、政策、技术等多方面介绍人工智能发展的现状与趋势；第 2 章介绍第 4 代到第 5 代移动通信技术的网络变革、业务变革以及电信运营商的智能化转型；第 3 章介绍全球电信运营商的人工智能应用；第 4 章按照通信网络的生命周期，介绍人工智能在网络规划、建设、维护、优化、服务中的应用，同时对通信网络智能化的分级及验证研究进行了介绍；第 5 章从智能制造、智能车联网、智慧医疗、智慧教育、智慧城市、智慧体育、智慧新媒体、智慧能源、公共安全、泛在低空 10 个领域介绍 5G 时代的智能业务，以及中国联通在相关领域的探索；第 6 章介绍 5G 网络的复杂性及人工智能与 5G 网络的相辅相成；第 7 章介绍边缘计算和边缘智能；第 8 章介绍未来新一代的智能运营商。

希望这本书能够使广大读者对电信运营商的人工智能之路有更清晰的理解，同时帮助相关人员更好地参与到人工智能带来的电信产业变革的时代浪潮中。

目录

第 4 章　人工智能赋能通信网络　115

第 5 章　人工智能赋能行业应用　　163

第 8 章　未来新一代的智能运营商　269

▶ 第 1 章

人工智能的发展现状与趋势

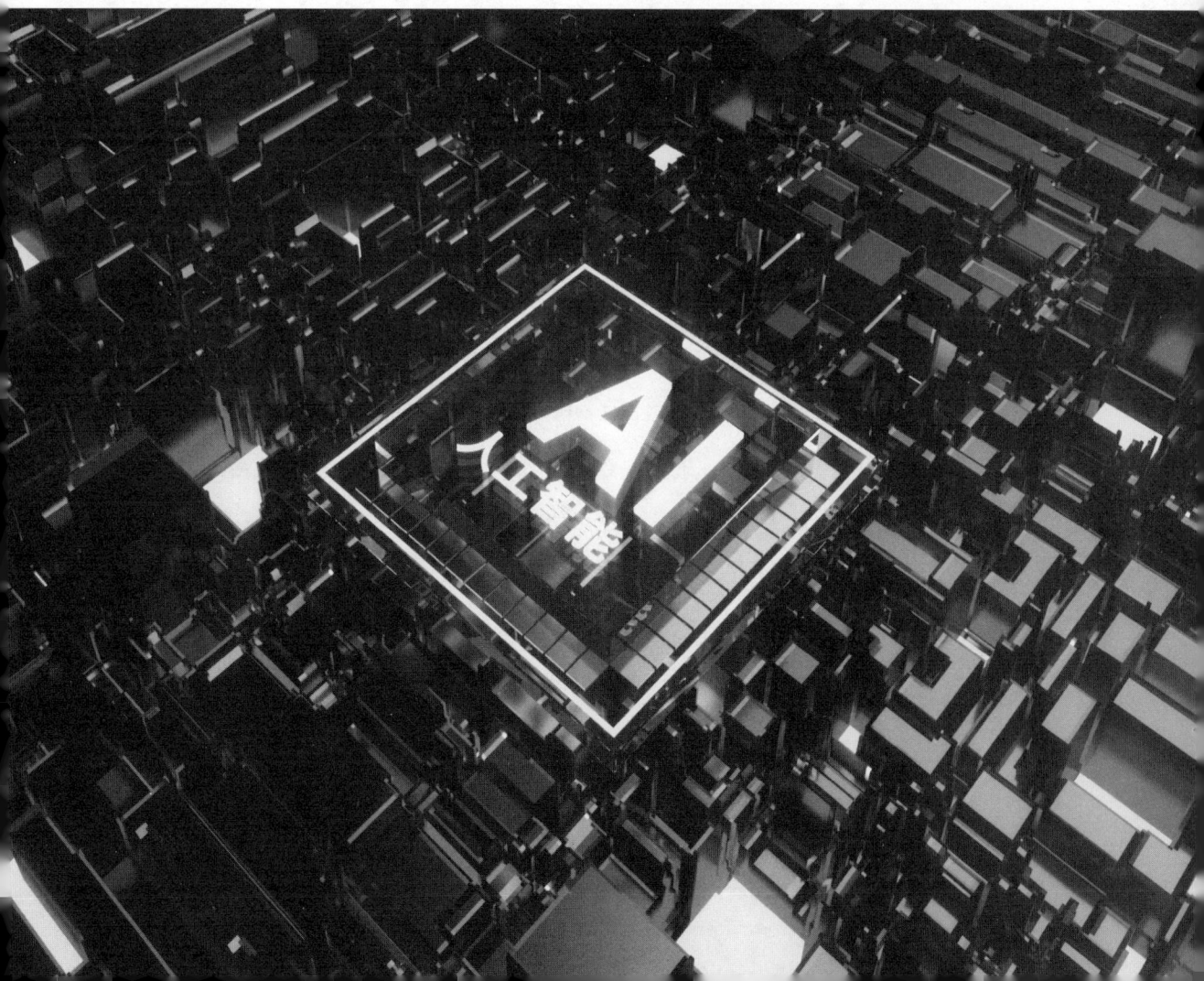

人工智能（AI，Artifical Intelligence）一词最初是 1956 年在美国计算机协会组织的达特茅斯学会上提出的，距今已有 60 多年的历史。这 60 余年的发展道路虽然起伏曲折，但在基础理论创新及关键技术应用等方面可谓硕果累累。本章从人工智能发展历程、政策、技术等多方面介绍人工智能的发展现状与趋势。

1.1 人工智能的发展历程

人工智能是一门交叉学科，将计算机科学、控制论、信息论、哲学和语言学结合在一起。学术界尚未就人工智能的定义达成共识。美国斯坦福大学人工智能研究中心的尼尔森教授说："人工智能是一门关于知识的学科，有关如何表示知识及如何获取和使用知识的科学"麻省理工学院温斯顿教授这样理解人工智能："研究如何使计算机完成过去只有人类才能完成的智能工作。"究其本质，人工智能是基于机器（计算机）来模拟人类智能的，最终的目标是改善人类的福祉。

人工智能的应用领域非常广泛，包括媒体、教育、医疗、安全、农业等。人工智能是计算机科学的一个分支。自 20 世纪 70 年代以来，它被称为世界三大尖端技术（空间技术、能源技术、人工智能）之一，它也被认为是 21 世纪三大尖端技术（基因工程、纳米科学、人工智能）之一。讨论人工智能的发展过程将有助于我们更好地掌握人工智能的整体发展，促进人工智能及其相关科研领域的发展。

1956 年被称为人工智能诞生的元年。如今，人工智能已有 60 多年的历程，其间起起伏伏。世界人工智能的发展主要经历了 6 个阶段，即萌芽期（1956 年之前）、第一个高潮期（1956—1966 年）、低谷发展期（1967 年至 20 世纪 80 年代初）、第二个高潮期（20 世纪 80 年代中期至 20 世纪 90 年代初）、稳定发展期（20 世纪 90 年代至 2016 年）和第三次高潮期（2016—2020 年）。

人工智能的概念在 20 世纪 50 年代被提出。1950 年，一位名叫马文·明斯基（Marvin Minsky）（后来被称为"人工智能之父"）的大学生和他的同学邓恩·埃德蒙

（Dunn Edmond）一起建造了世界上第一台神经网络计算机，这也被视为人工智能的起点。巧合的是，也是在 1950 年，被称为"计算机之父"的阿兰·麦席森·图灵（Alan Mathison Turing）提出了享誉世界的想法——图灵测试。根据图灵的愿景：如果一台机器可以在不被识别出机器身份的情况下与人类顺畅地交谈，那么该机器是智能的。就在同年，图灵还大胆预测了机器真正具备智能的可行性。

1956 年夏天，在美国达特茅斯学院举办的研讨会上，包括海曼·明斯基（Hyman Minsky）、克劳德·艾尔伍德·香农（Claude Elwood Shannon）、约翰·麦卡锡（John McCarthy）和罗切斯特在内的一批年轻科学家为人工智能这一学科的诞生做出了贡献。计算机专家约翰·麦卡锡创造了"人工智能"一词，此后不久，最早的人工智能学者和技术团体开始出现。达特茅斯会议被广泛认为是人工智能诞生的标志，从那时起，人工智能就走上了快速发展的道路。

在达特茅斯会议之后，人工智能进入了一个新的发展阶段。在此期间，人工智能的主要研究方向是定理证明和机器翻译等。此阶段的代表性成果如下。1956 年，艾伦·纽厄尔（Allen Newell）和赫伯特·西蒙（Herbert Simon）首次在定理证明方面取得了突破，并开辟了使用计算机程序模拟人类思维的方式；1960 年，麦卡锡创立了人工智能编程语言 LISP。一系列的突破使人工智能科学家相信，通过研究人类思维的一般规律，计算机最终可以模拟人类思维，从而创建通用的逻辑推理系统。

随着人工智能研究的不断深入，科学家面临越来越多的困难。创立于 1965 年的消解法（归结法）曾经备受期待。但是，当证明"连续函数之和仍是连续的"这个微积分事实时，该方法在推导了一万步后仍然没有结果。塞缪尔（Samuel）的象棋程序在赢得州冠军后从未赢得过全国冠军。机器翻译所依赖的词典中的词到词的映射方法迟迟无法达到理想的效果。从神经生理学角度研究人工智能的科学家尚未成功地使用电子电路模拟神经元和人脑。当时，人工智能面临的技术瓶颈主要有 3 个方面。第一，计算机性能的落后导致早期许多程序无法应用于人工智能领域。第二，问题的复杂性。早期的人工智能程序主要用于解决特定问题，因为特定问题的对象很少且复杂度较低。一旦问题维度上升，该程序将立即不堪重负。第三，数据量严重不足，没有足够大的数据库来支持该程序进行深度学习。

前一阶段的盲目乐观加之相关研究人员并未完全估计到可能遇到的困难，导致与美国国防高级研究计划局的合作计划失败了，而且还给人工智能的未来蒙上了阴影。同时，舆论的压力已逐渐开始集中在人工智能方向的研究上，导致大量研究经费被转移到其他项目上。在此期间，人工智能研究进入了低谷期。尽管面临巨大的压力，来自各个国家的人工智能研究人员仍在努力工作，继续加强基础理论研究，并在机器人、专家系统和自然语言理解方面取得新突破。

1977 年，费根鲍姆（Feigenbaum）教授在第五届国际人工智能联合会会议上提出了"知识工程"的概念，这标志着人工智能研究的新转折点，即实现了从获取智能的基于能力的策略向基于知识的研究方法的转变。基于人工智能的基本理论和计算机科学的发展，各种实用的人工智能系统已经商业化，并取得了巨大的经济和社会效益。例如，1980 年，卡耐基梅隆大学为数字设备公司 XCON 设计了一个"专家系统"。这是一个使用人工智能程序的系统，可以很容易地理解为"知识基础 + 推理引擎"的组合。XCON 是一套具有完整专业知识和经验的计算机智能系统。该系统在 1986 年之前每年为公司节省 4000 多美元。有了这种业务模型后，就衍生了一些硬件和软件公司，如 Symbolics、Lisp Machines、IntelliCorp、Aion 等。在此期间，仅专家系统的行业价值就高达 5 亿美元。

然而，命运之轮再次碾过人工智能，让它回到原点。仅仅过了 7 年，曾经轰动一时的人工智能系统就失败了。到 1987 年，苹果和 IBM 生产的计算机的性能已经超过了 Symblics 等制造商生产的通用电脑。

此后，随着计算机网络技术的发展，特别是互联网技术的发展，人工智能的研究已经从单智能体发展到基于网络环境的分布式研究。随着神经网络技术的逐步发展，人们开始对人工智能有了客观、合理的认识，人工智能技术开始进入稳定发展期。1997 年 5 月 11 日是人类和计算机挑战史上有重大意义的一天，计算机第一次在正常时限内击败了世界排名第一的玩家。加里·卡斯帕罗夫（Garry Kasparov）以一胜二负三平的成绩输给了 IBM 的计算机程序"深蓝"。机器的胜利再次引发公众对人工智能话题的热烈讨论。

2006 年，多伦多大学教授、机器学习的领导者和神经网络之父杰弗里·辛顿（Geoffrey Hinton）和他的学生鲁斯兰·萨拉赫丁诺夫（Ruslan Salakhutdinov）在学术期刊《科学》上发表了一篇文章，提出了深度网络训练中的梯度问题解决方案：无监督的预训练以初始化权重＋有监督的训练微调。斯坦福大学、纽约大学、加拿大蒙特利尔大学等已成为深度学习的研究中心，在学术界和工业界掀起了深度学习的浪潮，这是人工智能发展的重要里程碑。

2012 年，为了证明深度学习的潜力，Hinton 的科研小组首次参加了 ImageNet 图像识别竞赛。它通过构建 CNN（卷积神经网络）AlexNet，以巨大的优势压倒了传统的机器学习 SVM 方法，赢得冠军。也正是由于这次比赛，深度学习算法吸引了许多研究人员的注意力。

2016 年 3 月，由谷歌（Google）旗下 DeepMind 公司开发的基于深度学习算法的围棋机器人 AlphaGo（如图 1-1 所示）与世界围棋冠军、职业九段棋手李世石进行围棋人机大战，以 4∶1 的总比分获胜。毫无疑问，这是人工智能历史上一个里程碑式的大事件。大家一致认为，人工智能已经上升到了一个新的高度。2016 年也被称为人工智能新纪元的元年。

图 1-1　围棋机器人 AlphaGo

人工智能技术作为一种通用赋能技术，可以服务于各行各业。运营商借助完善的网络、云基础设施和全程全网的业务提供能力，借助人工智能发展的契机，一方面可以对运营商的电信业务进行人工智能赋能，拓展业务能力而提升业务质量；另一方面积极拓展面向垂直行业的服务能力和渠道，助力运营商实现综合信息服务数字化转型。实现跨越多个垂直市场的服务组合后，电信运营商将需要开辟新的市场渠道，最大限度地提升收益。这些渠道基于特定的垂直行业、地点或零售场景，缺乏服务开发能力。

目前，基于深度学习的计算机视觉、计算机语音识别和自然语言处理等已经具有实用化和成功商用的经验，可以快速地与电信网络的业务运营能力结合，形成大规模的人工智能能力来提供服务，帮助电信企业从电信管道业务向综合数字化服务转型。

1.2 人工智能策略的现状与趋势

随着技术的不断进步，人工智能作为最前沿的技术正渗透到生产、生活的方方面面，深入到政治、经济、文化等多方面，从而引发政界、学术界、产业界等的关注。目前，人工智能不仅在学术、产业方面竞争激烈，还上升到国家层面的竞争，越来越多的国家争相制定发展战略与规划，人工智能的竞争趋向白热化。

1.2.1 国外的人工智能策略

伴随着技术的快速发展，人工智能已不再是影视中科幻的场景。世界各国已经充分意识到人工智能是未来国家之间竞争的关键赛场，对人工智能发展战略都有所布局，从政策高度抢占人工智能的跑道。

自 2013 年起，世界主要国家开始对人工智能进行系统性布局，但在 2013—2016 年，一些国家普遍对人工智能的重视度不足。2016 年，谷歌人工智能程序 AlphaGo 战胜韩国围棋名手李世石后，世界各国政府纷纷认识到人工智能技术真正的潜力。在这一年，很多国家开始讨论人工智能可能对社会、经济产生的颠覆性影响，"人工智能"一词频频出现于政府报告中。2017 年和 2018 年，与人工智能相关的国家级战略密集出台，关于人工智能的大讨论激烈展开，各国政府关于人工智能发展的思路也逐渐清晰。

为了解世界主要国家人工智能策略的内容，分析各国人工智能策略的特点，本节选择了美国、英国、德国、韩国、日本的人工智能战略进行梳理与对比。

1. 美国

美国作为科技引领性强国，紧跟人工智能技术发展趋势，保持着对人工智能关键技术和应用发展的敏感，在互联网、芯片、操作系统等计算机软硬件领域及金融、军事和能源领域都保持着世界领先地位。美国探讨了人工智能对经济的预期影响，以及给就业带来的机遇和挑战，进而提出了相关战略来应对其带来的影响（见表1-1）。

表1-1　美国人工智能重大策略

时间	策略/规划
2016年	《国家人工智能研发和发展战略计划》
2016年	《为未来人工智能做好准备》
2016年	《机器人技术路线图：从互联网到机器人》
2017年	《国家机器人计划2.0》（简称"NRI-2.0"）
2017年	《人工智能策略原则》
2018年	《美国机器智能国家战略报告》
2019年	《美国人工智能倡议》
2019年	《2018年国防部人工智能战略总结》
2019年	《国家人工智能研发和发展战略计划》

2. 英国

英国是欧洲国家中对于发展人工智能最为积极的国家之一，同时作为人工智能的诞生地，英国也是技术发展的"领头羊"。英国一方面在政策布局中（见表1-2）明确人工智能的技术性本质，注重基础性技术研究创新；另一方面，在金融、教育等方面持续发力，不断优化发展基础和发展环境。

表1-2　英国人工智能重大策略

时间	策略/规划
2013年	"八项伟大的科技"计划
2016年	《人工智能：未来决策制定的机遇与影响》
2017年	《在英国发展人工智能产业》
2018年	《产业战略：人工智能领域行动》

时间	策略/规划
2018年	《英国人工智能：有准备、有信心、有能力》

3. 德国

德国是最先提出"工业 4.0"的国家，具有高度的前瞻性。德国依托"工业 4.0"及传统制造领域的优势，在数字化社会和高科技战略中明确人工智能布局（见表 1-3），打造"人工智能德国造"品牌。2019 年 2 月 15 日，德国联邦研究部长提出"人工智能必须为人民服务。我们的目标是让德国成为世界领先的人工智能国家"，并宣布将 2019 年"科学年"的主题定为"人工智能年"。

表 1-3　德国人工智能重大策略

时间	策略/规划
2010年	《思想、创新、增长——德国高技术战略2020》
2011年	《将"工业4.0"作为战略重心》
2013年	《保障德国制造业的未来：德国工业4.0战略实施建议》
2017年	《自动和联网驾驶报告》
2018年	《联邦政府人工智能战略要点》
2018年	《人工智能战略》

4. 韩国

韩国政府为大力扶持人工智能产业及相关企业，已出台多项策略（见表 1-4）。韩国政府的目标是在 2026 年前将人工智能企业数量提升至 1000 家，并培养 3600 名专业人才，争取在 2026 年人工智能技术水平赶超发达国家。2018 年 5 月，韩国政府制定了《人工智能研究与发展战略》，将从人才、技术和基础设施三方面入手，推动人工智能技术的发展，追赶人工智能世界强国。

表 1-4　韩国人工智能重大策略

时间	策略/规划
2013年	Exobrain计划

时间	策略/规划
2014年	第二个智能机器人总体规划2014—2018
2016年	九大国家战略项目
2017年	《机器人基本法案》
2018年	《人工智能研究与发展战略》
2019年	《人工智能国家战略》

5. 日本

日本各界都非常重视人工智能的发展，从国家高度上建立了相对完整的研发促进机制（见表1-5），并将2017年确定为人工智能元年。日本政府认清自身的优势，确立了人工智能、物联网、大数据三大领域联动，机器人、汽车、医疗三大智能化产品引导，突出硬件带软件，以创新社会需求带领人工智能产业发展。

表1-5　日本人工智能重大策略

时间	策略/规划
2014年	《日本再兴战略》
2015年	《新机器人战略》
2017年	《科学技术创新综合战略2016》
2017年	《日本再兴战略2016》
2017年	《人工智能技术战略》
2018年	《新产业构造蓝图》
2018年	《科学、技术和创新综合战略2017》
2019年	《综合创新战略》
2019年	《未来投资战略2018》
2019年	《人工智能战略2019》

上述国家均是位于世界GDP（国内生产总值）排行榜前列的国家，其人工智能战略具有较高的参考价值。世界主要国家都把人工智能作为创新发展的战略方向，努力将人工智能打造为促进经济社会发展的新引擎。

1.2.2 国内的人工智能策略

在技术方面，我国重视基础理论和对交叉学科的研究；在应用方面，我国支持"人工智能＋"的发展，在制造、交通、医疗、教育等领域均有布局，力图实现人工智能产业的全面发展。

当前，我国聚焦于实现人工智能领域的产业化，助力我国人工智能强国建设。近年来，我国关于人工智能的策略陆续出台（见表1-6），有效推动了人工智能技术与相关产业的稳步发展。国家重视引导人工智能产业的健康发展，党的十九大报告提出要"加快建设制造强国，加快发展先进制造业，推动互联网、大数据、人工智能和实体经济深度融合"，可见人工智能已经成为国家的重要战略，同时也是我国产业变革的重要方向。2019年3月，人工智能连续第三年被写入政府工作报告，并提出扩展"智能＋"。

表1-6　中国人工智能重要政策及主要内容

时间	政策/规划	主要内容
2015年5月	《中国制造2025》	加快推动新一代信息技术与制造技术融合发展，把"智能制造"作为两化深度融合的主攻方向；着力发展智能装备和智能产品，推进生产过程智能化
2015年7月	《国务院关于积极推进"互联网＋"行动的指导意见》	将人工智能列为其11项重点行动之一。具体行动：培育发展人工智能新兴产业；推进重点领域智能产品创新；提升终端产品智能化水平。主要目标是加快人工智能核心技术突破，促进人工智能在智能家居、智能终端、智能汽车、机器人等领域的推广应用
2016年4月	《机器人产业发展规划（2016—2020年）》	到2020年，自主品牌工业机器人年产量达到10万台，6轴及以上工业机器人年产量达到5万台以上。提出打造机器人全产业链竞争力，形成具有中国特色的机器人产业体系
2016年5月	《"互联网＋"人工智能三年行动实施方案》	到2018年，打造人工智能基础资源与创新平台，人工智能产业体系基本建立，基础核心技术有所突破，总体技术和产业发展与国际同步，应用及系统级技术局部领先
2016年7月	《"十三五"国家科技创新规划》	明确人工智能作为发展新一代信息技术的主要方向。在围绕新一代信息技术等十大领域构建现代产业技术体系中明确指出"发展自然人机交互技术，重点是智能感知与认知、虚实融合与自然交互、语义理解和智慧决策"

时间	政策/规划	主要内容
2016年9月	《智能硬件产业创新发展专项行动》	重点发展智能穿戴设备、智能车载设备、智能医疗健康设备、智能服务机器人、工业级智能硬件设备等
2017年3月	《2017年政府工作报告》	"人工智能"首次被写入政府工作报告：一方面要加快培育新材料、人工智能、集成电路、生物制药、第五代移动通信等新兴产业，另一方面要应用大数据、云计算、物联网等技术加快改造传统产业，把发展"智能制造"作为主攻方向
2017年7月	《新一代人工智能发展规划》	确定新一代人工智能发展三步走战略目标，人工智能上升至国家战略层面。到2020年，人工智能技术和应用与世界先进水平同步；2025年，人工智能基础理论实现重大突破，部分技术与应用达到世界领先水平；2030年，人工智能理论、技术与应用总体达到世界领先水平，核心产业规模超过10000亿元
2017年10月	《十九大报告》	人工智能被写入《十九大报告》：将推动互联网、大数据、人工智能与实体经济深度融合
2017年12月	《促进新一代人工智能产业发展三年行动计划（2018—2020年）》	重点对2030年我国人工智能发展的总体思路、战略目标、主要任务、保障措施进行系统的规划和部署，为推动我国人工智能的长期发展指明了方向。同时，新一代人工智能重大项目近日已启动，聚焦基础理论研究、关键技术研发及支撑平台建设等工作
2018年3月	《2018年政府工作报告》	人工智能再次被列入政府工作报告：加强新一代人工智能研发应用；在医疗、养老、教育、文化、体育等多领域推进"互联网+"；发展智能产业，拓展智能生活
2019年3月	《2019年政府工作报告》	人工智能连续三年被写入政府工作报告，并且首次提出"智能+"，为制造业转型升级赋能。另外，《2019年政府工作报告》还指出，加强关键核心技术攻关，提升技术支撑能力

未来，我国的国家安全和国际竞争形势复杂，必须放眼全球，把人工智能发展放在国家战略层面系统布局、主动谋划，牢牢把握人工智能发展新阶段国际竞争的战略主动，打造竞争新优势，开拓发展新空间，有效保障国家安全。

1.2.3 人工智能的策略趋势

人工智能是引领未来的前沿性、战略性技术，正在全面重塑传统行业发展模式，但是也要警惕技术发展和应用过程中面临的问题，积极应对各种挑战。

打破数据壁垒，推动数据共享。 数据是人工智能的基础应用技术，当前，数据安全、数据孤岛、数据质量等问题是需要突破的关键点，在政策层面推动建设更为开放、互通、安全的数据标准是未来需要探讨的问题。

提升公共基础设施智能化水平。新一代人工智能的发展依赖更高效的数字化、网络化、智能化的基础设施，构建可靠的人工智能发展环境已经得到众多国家的高度重视，确保智能化基础设施成为未来技术发展的重要基石。

加强伦理与治理问题规范的制定。人工智能的快速发展对人类社会伦理提出了新的挑战，目前相应的规范和制度还处于起步阶段，怎样构建人工智能健康发展的伦理和法律环境，形成有效的安全评估和管控能力，是世界各国面临的共同挑战。

在未来，人工智能的广泛应用也将给各国带来伦理道德、社会治理、法律规范等一系列新挑战，需要各国加强交流协作，共同打造有利于人工智能健康发展的良好环境。

1.3 人工智能的技术现状与趋势

推动人工智能技术发展的动力主要来自 3 个方面：先进的算法、高性能计算（人工智能芯片）及大量的标记数据。本节主要内容为算法、人工智能芯片和数据的发展现状及趋势。

1.3.1 算法

机器学习（Machine Learning）是一门集多领域之大成的交叉学科，涉及计算机科学、统计学、系统辨识、逼近理论、神经网络、优化理论等诸多领域。基于数据的机器学习算法是现代人工智能技术中的重要方法之一，从样本数据出发寻找规律，利用这些规律对未来的数据或无法观测的数据进行预测。根据学习方法进行分类，可以将机器学习分为传统机器学习和深度学习。

传统机器学习算法主要包括逻辑回归、隐马尔可夫、支持向量机、k-近邻、Adaboost、贝叶斯及决策树等。传统机器学习算法在学习结果的有效性与学习模型的可解释性之间寻求平衡，为解决样本数量有限的学习问题提供了一种框架，主要用于样本数量有限情况下的概率密度估计、模式分类及回归分析等。

深度学习是建立深层结构模型的学习方法，又称为深度神经网络（通常指层数超过 3 层的神经网络），它将特征表示和特征学习合二为一。相比于传统的方法，深度学习放弃了可解释性，单纯追求学习的有效性。深度学习算法中比较典型的网络包括深度置信网络（DNN，Deep Neural Network）、卷积神经网络（CNN，Convolutional Neural Network）、受限玻尔兹曼机（RBM，Restricted Boltzmann Machine）和循环神经网络（RNN，Recurrent Neural Network）等。经过研究人员多年的摸索尝试和研究，已经产生了诸多深度神经网络的模型，大量应用于自然语言处理、图像识别、智能语音等人工智能核心技术领域。

此外，机器学习的常见算法还包括迁移学习、主动学习等。迁移学习是指当在某些领域数据量匮乏的情况下进行模型训练时，采用另一领域的数据获得的关系进行的学习。迁移学习可以将完成训练的模型参数迁移至新的模型，指导新模型训练，可以使模型更加有效地学习底层规则、减少对数据量的要求。目前的迁移学习技术主要在变量数量有限的小规模应用中发挥作用，如基于传感器网络的定位、文字分类等。主动学习是指利用算法查询出最有价值的未被标记的样本，然后交由专家进行标记，使用查询到的样本数据来训练分类模型，从而提高模型的准确度。主动学习可以有选择地获取知识，通过较少的、有价值的训练样本得到高性能的模型。

1.3.2 算力

人工智能芯片是指能够加速各类人工智能算法的计算芯片。深度神经网络对计算芯片的需求主要体现在两个方面：芯片与存储之间海量数据的通信，其中包括缓存和片上存储、计算单元和存储之间的数据交互；专用计算能力的提升，满足对卷积、残差及全连接等计算类型的大量计算需求，既能够提升运算速度，又可以降低功耗。在模型训练过程中，除了采用 CPU 或 GPU 外，许多公司针对不同场景、算法研发和使用了现场可编程门阵列（FPGA，Field Programmable Gate Array）及专用集成电路

（ASIC，Application Specific Integrated Circuit），在终端推断环节，主要以 ASIC 为主。表 1-7 对比了 GPU、FPGA、ASIC 的性能、特点。

表 1-7　GPU、FPGA、ASIC 的性能、特点对比

指标	GPU	FPGA	ASIC
定制化程度	通用	半定制化	全定制化
灵活性	高	高	低
成本	高	较高	低
功耗	高	较高	低
主要优点	计算能力强、产品成熟	平均性能较高、功耗低、灵活性强	平均性能强、功耗低、体积小
主要缺点	效率不高、编程难度大	峰值计算能力较弱、编程语言难度大	不可编辑、研发时间长、技术风险较高
主要计算场景	云端训练和推理	云端训练和终端推理	云端训练和终端推理

CPU 不适用于深度学习训练场景。早期的深度学习场景是基于 CPU 搭建的。但由于 CPU 本身是通用计算器，其主要优势集中于管理、调度和协调能力，可用于浮点计算的计算单元数量过少，无法满足深度学习，特别是训练环节的大量浮点运算需求，并且 CPU 线程（Thread）之间的数据通信需要访问全局内存，并行计算效率过低。

GPU 以其性能优势成为目前深度学习训练场景的首选。GPU 的关键性能是具有强大的并行计算能力，其适合深度学习计算的主要原因有以下两点：高带宽的共享缓存有效提升了海量数据通信效率，GPU 通过访问共享内存就可以实现线程之间的数据通信；采用多计算核心提升并行计算能力。GPU 具有大量的计算核心，应用吞吐量是 CPU 的 100 倍。

FPGA 可在加快深度学习运算速度方面实现可重构、可定制，主要优点：算力强大，可以针对某一种运算，通过编辑重组电路的方式生成专用电路，从而大幅度地压缩计算周期；功耗低，FPGA 功耗比是 GPU 的 3 倍；灵活性高，FPGA 可以很方便地实现下层硬件控制操作技术，为算法的功能实现及算法优化留出了更大的空间。

FPGA 的主要缺点：FPGA 应用往往都需要支持很大的数据吞吐量，这对于内存、带宽和 I/O 互连带宽的要求很高。

ASIC 是高度定制的专用计算芯片，在性能上要高于 FPGA，其局限性在于一旦制造完成就不能更改，初期成本高、开发周期长、进入门槛高。

1.3.3　数据

数据是人工智能发展的基石。从发展现状来看，人工智能技术能够取得突飞猛进的发展得益于良好的数据基础，海量数据为训练人工智能模型提供了充足的原材料。有些人工智能技术使用统计模型来进行数据的概率推算，比如图像、文本或语音，通过把这些模型暴露在数据的海洋中，使它们得到不断优化。当前，人工智能基础数据类型主要包括语音、语言类（包括声音、文字、语言学规则）、图像识别类（包括自然物体、自然环境、人造物体、生物特征等）及视频识别类。表 1-8 为全球部分人工智能公共数据集的情况。

表 1-8　全球部分人工智能公共数据集的情况

类型	数据集名称	特点
自然语言处理	WikiText	维基百科语料库
	SQuAD	斯坦福大学问答数据集
	Common Crawl	PB级别的网络爬虫数据
	Billion Words	常用的语言建模数据库
	VoxForge	带口音的语料库
	Treebank Propbank	基于网络语料PTB添加了论元标记
	CTB	中文语料标注（包括新闻、杂志、广播、博客等）
	UD	构建跨语言的依存句法标记体系，最新版（UD2.2）包含了71种语言的122套标记体系
语音识别	TIMIT	声学-音素连续语音语料库
	THCHS-30	30小时中文语音数据库

类型	数据集名称	特点
语音识别	LibriSpeech	960小时的安静和带噪语音
	AMI	远场数据库，100小时左右
	CHIME	包括环境噪声的语音识别数据集
计算机视觉	SVHN	谷歌街景中的图像数据集
	ImageNet	基于Wordnet构成，常用的图像数据集
	Labeled Faces in the Wild	面部区域图像数据集，用于人脸识别训练

1.3.4 人工智能技术的趋势

综上所述，人工智能技术在以下方面的发展有显著的特点，是研究未来人工智能趋势的重点。

（1）在算法上，迁移学习的研究和应用将更加广泛。迁移学习侧重对深度学习中知识迁移、参数迁移等技术的研究，能够有效提升深度学习模型复用性，同时对于深度学习模型的解释也提供了一种方法，能够针对深度学习算法模型的可靠性及不可解释性问题提供理论工具。

（2）在算力上，人工智能计算芯片将朝云侧和终端侧两个方向同时发展。在云侧计算芯片，目前GPU占据了主要市场，而以TPU为代表的ASIC只用在巨头企业的闭环生态。在未来，GPU、TPU等计算芯片将共同支撑人工智能运算，既存在竞争关系又能够长期共存，在一定程度上能够相互配合。FPGA有望在数据中心中以CPU+FPGA的形式作为有效补充。从终端侧计算芯片来看，这类芯片将针对功耗、延时、算力、特定模型、使用场景等特定需求，朝着不同的方向发展。

（3）在数据上，实现训练数据标注向人工与自动标注结合的方式转换，并不断提高自动标注在整个标注环节中的比例，最终实现标注的全自动化。加强交通、公共安全、教育、医疗等人工智能重点领域内的合作，建立整个行业数据的统一标准，规范数据质量，为人工智能的发展奠定良好的基础。

1.4 人工智能平台的现状与趋势

随着人工智能技术对传统产业的不断渗透，越来越多的企业对 AI 产生了需求，但自主组建一支 AI 技术团队、研发相关系统和应用对于大部分公司而言，投入产出比并不高。自主开发 AI 算法，对大部分 AI 最终产品生产商而言，生产效率过低，难以达到"即插即用"的效果，因此，通过云平台输出 AI 能力成为需求方向。当前 AI 云平台根据输出的能力不同大致可以分为两类：一是以支撑模型训练为目的的人工智能训练平台，另一类是以支撑应用为目的的人工智能能力开放平台。

1.4.1 国内企业人工智能平台的现状

1. 百度以PaddlePaddle为核心，推动AI全面赋能，加速推进产业智能化

百度的人工智能平台重技术，重赋能、以 PaddlePaddle 为基础进行 AI 赋能，通过平台提供 AI 能力在内部开发新应用，对外向产业提供赋能，逐步形成了以 PaddlePaddle 为基础的"一超多强"的产品矩阵。

2016 年，百度将人工智能业务提升为公司发展战略目标。在"夯实移动基础，决胜 AI 时代"的战略指导下，百度的 AI 生态不断完善，AI 产品化、商业化持续加速。百度大脑是百度的 AI 核心技术引擎，为百度所有业务提供 AI 能力和底层支撑，并赋能产业和开发者。目前百度在开放平台方面已推出百度深度学习平台（PaddlePaddle，开放底层深度学习框架能力）、百度 AI 开放平台（开放 AI 原子能力）、Apollo（开放自动驾驶相关能力）、DuerOS（开放自然语言交互相关能力）。在应用平台方面，百度推出了 UNIT（理解与交互）、灵医（智慧医疗）、Omni Marketing 平台和点石平台。

2. 阿里聚焦产业AI，定位技术底座

阿里的人工智能平台更重视基础能力和行业赋能，以阿里云强大的基础资源为后盾，向各垂直行业及应用层企业输送 AI 能力。

阿里云无论从产品、战略还是市场份额，都是中国各家公有云中当之无愧的

"Leader"。基于阿里云强大的基础资源，迅速扩展其 AI 布局，将自身 AI 技术能力整合到阿里云旗下 ET 当中，同时结合对各个产业的理解，在工业、金融、零售、交通等领域完成了大量落地案例。在阿里成立"达摩院"后的几年，"达摩院"成功推动了阿里巴巴在 AI 平台、AI 算法、AI 引擎框架、AI 云服务、AI 芯片、产业 AI 等多个领域进入市场，以"云 +AI+IoT"的模式完成从单点系统到技术生态的全面布局。其中，AI 平台层出现了飞天 AI 平台、飞天大数据平台、AIoT 平台等，大幅降低了 AI 开发门槛。阿里凭借其算力资源、应用数据价值的挖掘能力及聚合生态优势，在产业链中承担了技术底座的角色。

3. 腾讯着眼于消费级AI多维应用场景与产业级AI技术使能

腾讯具有庞大的用户群体及强大的"连接"能力，消费者市场一直是腾讯的主营业务，因此，其人工智能平台与百度、阿里的不同之处在于消费互联网与产业互联网并重，更加注重产品及服务的输出。

腾讯以"连接"为主题，将 AI 能力投射到消费互联网和产业互联网。基于腾讯三大 AI 实验室——AI Lab、优图实验室、微信 AI，腾讯推出了腾讯 AI 开放平台，致力于打造最高效、可靠的企业服务平台。腾讯依托 20 年的技术沉淀，整合腾讯内部核心资源，在研发、设计、推广、营收转化、产品体验上全方位赋能合作企业。在消费端，游戏 AI 通过数据挖掘算法和机器学习算法了解玩家在游戏里的行为特征，进一步优化游戏体验，内容 AI 为 QQ 音乐等用户推送千人千面的音乐；在产业端，通过腾讯云、腾讯优图、腾讯觅影等主体，发力 AI 医疗、AI 安防、AI 教育、智慧政务、智能零售、智慧校园等场景。总体而言，腾讯长于"连接"，在消费互联网与产业互联网的发展与融合过程中，腾讯能提供多种维度的智慧应用，同时也作为智慧基础设施方开放技术中台，协同多方合作伙伴共建创新生态。

4. 第四范式构建企业级通用人工智能平台，帮助企业提升效益

第四范式一直将"AI for Everyone"作为企业愿景。在2018世界人工智能大会期间，第四范式发布了自动机器学习平台 AI Prophet AutoML 与计算机视觉平台 AI Prophet AutoCV 两款产品。AI Prophet AutoML 是一款让普通业务人员也可以开发 AI 应用的平台，其产品设计核心是让机器自动地在不同行业里学习历史上的决策与反馈，并以此为基础制定和运行企业的业务规则。AI Prophet AutoCV 是通过数据驱动的方式，使使用者具有自动、自主的 CV 应用构建能力。此外，第四范式的代表产品先知（Saga）人工智能平台的能力覆盖 AI 应用开发、运行、管理的全生命周期，旨在为企业、合作伙伴和开发者提供极致效果、可规模落地、高性能、高兼容性、可扩展、企业级的 AI 赋能平台，助力企业优化运营效率、提升决策水平、开拓全新商业模式，全面实现 AI 时代的业务转型。

1.4.2　国外企业人工智能平台的现状

1.　微软强化底层能力，提供完善的人工智能技术及产品

微软人工智能的相关能力提供主要以 Azure 为主。微软一直在拓展 Azure 的功能，Azure 目前有 4 个方面：公有云 Azure、混合云 Azure Stack、物联网 Azure IoT Edge 和 Azure Sphere，通过这 4 个方面打造出完整的计算环境，支持全新应用场景。目前 Azure 可为用户提供高度可用的云存储器、SQL 数据仓库和虚拟机计算资源等 IaaS 和 PaaS 层基础云服务，以及认知服务 API、IoT 连接与控制服务、开发服务等基于云与边缘计算的人工智能服务。Azure Stack 是 Azure 公有云在本地数据中心的扩展，可以在边缘和离线环境运行，满足多种监管要求。Azure IoT Edge 是微软在 2017 年 Build 大会推出的针对智能边缘计算的产品，可以在 Linux 和 Windows 上运行。Azure 上的认知服务可以扩展到 Azure IoT Edge，对物联网边缘端提供 AI 能力。Azure Sphere 主要用于保护和驱动智能云上的设备。微软将 Azure 与 AI 结合，打造最佳人工智能云平台的 4 个方向：认知服务、对话式人工智能、开放平台与工具、实时人工智能基础设施。

2.　亚马逊以云服务为基础，以业务为导向，通过核心平台向上抢占重点行业应用

亚马逊具有领跑云计算行业的 AWS，以及有成为支柱潜力的语音使能应用的 Alexa 平台。亚马逊专注于"AI 即服务"，AWS 已成为其 AI 战略的核心，AWS 实际

是一个 B2B 产品，它更多面向企业用户而非最终用户，通过向企业赋能 AI 能力实现对行业的赋能。依托于 AWS，亚马逊推出了面向行业的多种不同 AI 服务。例如，图形识别服务 RekogniTIon，它类似于谷歌、微软及其他一些公司已推出的服务，能够识别物体和地点；文本转化服务 Polly，它是能把文本以语音形式输出的程序，主要处理许多语音生成方面的问题；语义理解服务 Lex，它能把亚马逊语音助手 Alexa 开放给开发者，理解语音输入，方便开发者打造基于语音问答的应用。

3. Google以TensorFlow为核心纵向打通全产业生态

Google 正在积极将自身转变为一家人工智能公司，在 2017 年提出了"AI first"策略。Google 在 AI 产业的布局贯穿整个产业链，从底层的芯片（TPU）到深度学习框架（TensorFlow），再到云平台（Google Cloud），最后到上层应用（Google Assistant、Google Lens 等）。在 Google 的发展策略中占据核心位置的是 TensorFlow 及 Google Cloud，谷歌希望通过 TensorFlow 保障其在核心算法领域的地位，并通过 Google Cloud 开放应用型 AI 算法及能力，向上输出至行业市场。

4. Facebook希望将正在研究的AI技术转化为可以部署的AI系统，构建造福所有人的 AI系统

Facebook 发布了在 AI 行业占据举足轻重地位的框架 PyTorch 及 Caffe2。PyTorch 的用户友好界面和灵活的编程环境使其成为人工智能发展中快速迭代的通用资源。Caffe2 的模块化、面向生产的功能及新扩展的 ONNX，简化了从原型系统到部署的整个 AI 开发流程。在实验与生产的不断发展中，PyTorch 不断完善进化成了 PyTorch 1.0 完整版（这一版本包括能在 eager 和 graph 模式之间无缝转换的混合前端、改进的分布式训练、用于高性能研究的纯 C++ 前端，能够支持算法从实验室到生产环境的无缝转换）。2018 年，Facebook 还发布了扩展 PyTorch 核心功能的工具和平台，包括两个内核库（QNNPACK 和 FBGEMM），它们能使移动设备和服务器更容易运行最新的 AI 模型，Facebook 还发布了 PyText，这个框架能加速自然语言处理（NLP）的开发。Facebook 以其强大的基础研发能力和基础框架为基础，面向各类场景开发可部署的 AI 系统，实现 AI 技术向产品的转化。

1.4.3 人工智能平台的发展趋势

就人工智能行业而言，未来人工智能的推进将会以人工智能平台为核心，通过平台实现对行业及客户的赋能。目前，传统企业获取 AI 应用的普遍方式是依赖第三方实现全部业务需求，这通常会引发两类问题：第三方对业务逻辑理解不足；客户很难根据自身不断变化的环境与需求实现算法迭代和人机智能实时协同。这些问题会导致 AI 产品在客户处"水土不服"。此外，产业数据的保有方往往是客户，出于敏感数据安全性的顾虑，客户也很难将涉及核心业务的数据交托给第三方训练，这些非技术性问题在很大程度上阻碍了认知智能的发展。在此背景下，AI 服务方与客户合作，在客户公司内部进行人工智能平台的私有化部署，通过平台向客户提供基础 AI 工具，保障其拥有一定的维护、优化甚至开发能力很有必要。

就人工智能平台本身而言，其未来将有 AutoML 及边缘智能两个发展趋势。AutoML 属于平台自身性能的提升，当前 AI 行业发展面临的难题之一即为 AI 相关的人才不足，尤其是 AI 算法开发人员。中小型 AI 企业很难负担起巨额成本用于招聘或培养大量 AI 算法工程师及相关专家。大型非 AI 企业则因其主要业务不在 AI 领域，缺乏培养 AI 人才的动力。但无论是中小型 AI 企业发展自身业务、开发新产品，还是大型非 AI 企业实现企业智能化，都不可避免地需要开发 AI 算法，因此，AutoML 应运而生。AutoML 技术可以处理整个机器学习过程，可以自动进行模型选择、超参数优化和评分，最终生成可直接使用的 REST API。AutoML 技术不仅针对 AI 的初学用户，还为高级用户提供了很好的机会：AutoML 模型可以用作基准，用来评估花费时间使用不同的技术开发不同的模型是否有意义。因此，发展 AutoML，使未来 AI 模型的训练不断简洁化，提升模型训练效率，是一个优秀的 AI 平台不可缺少的功能。另外，随着 5G 及边缘计算的发展，超远程实时响应成为可能，行业内也不断出现此类应用场景及需求。在这种情况下，边缘 AI 应运而生。边缘 AI 可以提供实时数据分析，满足应用需求，减轻云计算中心的压力。未来嵌入传感器、存储计算和高级 AI 功能的边缘设备将不断增加。就应用而言，AI 平台必须考虑未来诸多的边缘应用场景，发展可以直接向边缘部署 AI 算法、输送 AI 能力的功能，适应未来市场的变化。同时也要考虑和其他相关平台的对接标准，如视频云平台这类与应用场景密切相关的平台，通过制定统一的标准，实现未来 AI 平台的产业化，使 AI 平台成为未来 AI 赋能实体经济产业链中必不可少的一环。

1.5 人工智能产品的现状与趋势

人们普遍认为，人工智能是一种可以对人类大脑智慧进行模拟、延展和扩展的科学。随着人工智能技术的不断成熟，可应用的领域也日渐增多，从宏观层面到具体领域都有所涉及。人工智能产品研发、生产、服务等企业也发展迅速，人工智能产业链逐渐成熟并不断丰富，也发展出更多的商业模式。伴随着算法、算力的不断提升，基于语音、NLP、计算机视觉的准确度和实用性也不断提升，相关的落地产品也越来越多。人工智能已进入生产和生活各个领域，相关产品也多种多样，主要包括智能机器人、智能运载工具、智能终端三大类，如图 1-2 所示。

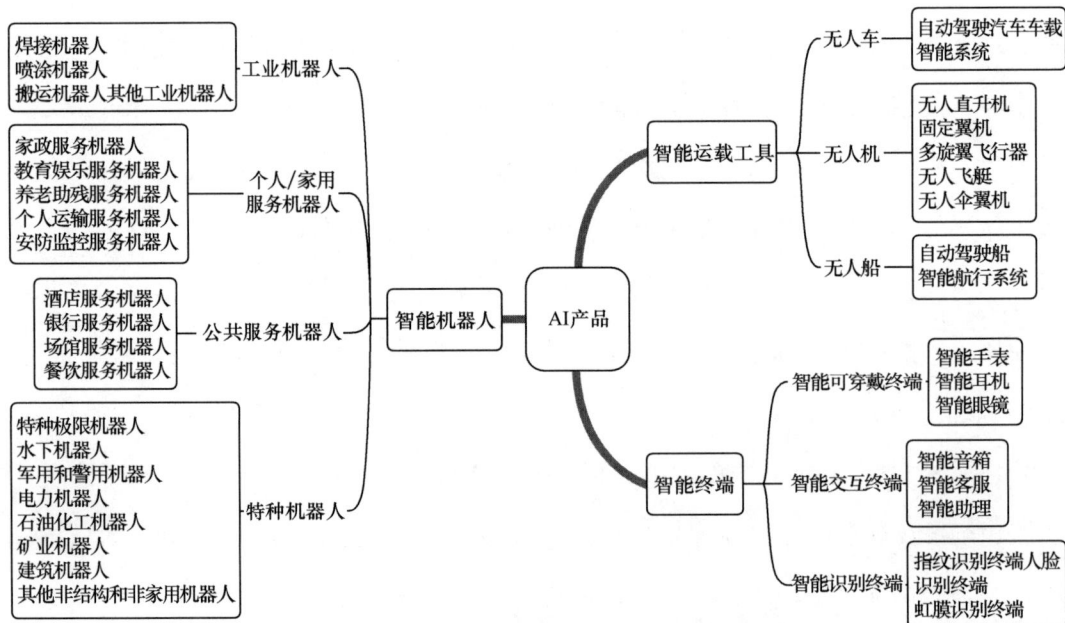

图 1-2 人工智能产品分类

1.5.1　智能机器人的现状

智能机器人是指具备不同程度类人智能，可实现"感知—决策—行为—反馈"闭环工作流程，可协助人类生产，服务人类生活，可自动执行工作的各类机器装置。从应用的角度区分，智能机器人可以分为工业机器人、个人／家用服务机器人、公共服务机器人和特种机器人。

1. 工业机器人

工业机器人包括焊接机器人（如图 1-3 所示）、喷涂机器人、搬运机器人、加工机器人、装配机器人、清洁机器人及其他工业机器人。根据 IFR（国际机器人学联合会）发布的数据，2019 年，工业机器人在全球机器人市场中占据高达 54.1% 的市场份额。工业机器人可以实现代替人类去做一些繁重、危险的工作：在专业的金属加工自动化中，工业机器人可用于金属器件制作、搬运、码垛；在规模庞大的汽车生产制造业中，在车身车间运用智能机器人进行智能焊接，在涂装车间应用智能机器人实现喷涂自动化，在检测车间对故障实现全自动精准检测，实现 100% 的误差判断准确率。这些功能全部依靠性能优异、高度协同、全智能化的机器人来实现。

图 1-3　焊接机器人

2. 个人/家用服务机器人

个人／家用服务机器人包括家政服务机器人、教育娱乐服务机器人、养老助残服务机器人、个人运输服务机器人和安防监控机器人等。家政行业的领导企业"管家帮"推出家庭服务类智能管家机器人，可实现语音交互控制，完成家政服务在线下单、拨打电话、家居布防、亲情陪护、健康监测、远程监控、主动提醒、居家娱乐、启蒙早教、应急报警、语言学习等诸多服务，是儿童的玩伴及老年人的贴心守护者。

3. 公共服务机器人

公共服务机器人在多个行业中都有广泛的应用。智能酒店服务机器人在酒店的走廊、房间及电梯等位置，通过学习构建虚拟电子地图，进而确定行走道路，以进行导航，能自动避开各种障碍物，并且可做到自动上下电梯，独立完成各项服务，节约成本支出，保证服务水准。智能客服机器人是一种全新的智能工具，可以 24 小时在线实时回复用户提问，作为人工客户服务的有效补充，目前已经应用于招商银行、平安银行、建设银行及中国联通、中国移动等近千家公司。

4. 特种机器人

特种机器人包括特种极限机器人、康复辅助机器人、农业机器人、水下机器人、军用和警用机器人、电力机器人、石油化工机器人、矿业机器人、建筑机器人、物流机器人、安防机器人、清洁机器人和医疗服务机器人等。特种机器人最重要的意义在于可以代替人类在危险的环境中进行作业。在智能特种机器人领域，人类工作及探索的环境边界不断拓展，为降低在高危及不确定环境下的工作难度，智能军用机器人、应急救援机器人及消防机器人等正在逐渐代替人类从事高危环境和特殊工况下的工作；无人机则广泛应用于警用、城市管理、农业、地质、气象、电力、抢险救灾、视频拍摄等行业，实现大面积巡查，完成实时监测和评估。在医疗领域，国产手术机器人"天玑"，在骨科类手术中已经进入临床实践，有效降低了骨科手术人工操作过程中可能造成的脊髓、血管损伤等风险。在诊后康复环节，具有轻量化、高柔韧性的康复机器人开始逐步应用推广。

1.5.2 智能运载工具的现状

智能运载产品主要应用于自动驾驶、无人机、无人船等，目前智能运载产品应用处于迅速发展阶段，无人机和无人船的发展较成熟，已有初步应用，而自动驾驶还处于研发和实验阶段。

自动驾驶的核心技术是依靠感知探测一定范围内的障碍物，并依据已设置好的路线实施驾驶行为，各式车载雷达、传感器、辅助驾驶系统和高精地图可以实现驾驶、车和路的交互与融合。车载雷达可探测路肩、车辆、行人等的方位、距离及移动速度等信息；视觉传感器用来识别车道线、停止线、交通信号灯、交通标志牌、行人及车辆等信息，定位传感器用来实时获取经纬度坐标、速度、加速度、航向角等高精度定位等信息，车身传感器通过整车网络接口获取诸如车速、轮速、档位等车辆本身的信息；高级辅助驾驶系统（ADAS）实时收集车内外的环境数据及察觉潜在的危险；高精度地图实现地图匹配、辅助环境感知、路径规划。

无人机按照应用领域主要分为军用无人机、工业无人机、消费无人机。军用无人机主要应用于侦查、电子对抗、无人战斗机等；工业无人机主要应用于农业植保、电力巡检、警用执法、地质勘探、环境监测、森林防火等领域；消费无人机主要应用于个人航拍、影视航拍和遥控玩具等。2015 年，无人机在各个领域开始了大规模的拓展，因此，这一年也被称为"无人机元年"。随着需求的增长和技术的更新，无人机未来的市场容量十分可观。

近两年，各大自动驾驶企业相继公布了实现自动驾驶量产的时间表，大都集中在 2020—2025 年。Level-2 级别的自动驾驶车辆，即高级辅助驾驶车辆已实现量产化。到 2020 年，全球 ADAS 渗透率有望达到 25%，全球新车 ADAS 搭载率有望达到 50%。未来在各国智能驾驶相关政策法规逐渐成形、行业内技术不断完善、智能驾驶企业积极推动应用落地的情况下，智能驾驶产业规模将保持持续扩大的趋势，预计在 2020 年全球产业规模实现 95 亿美元，中国的产业规模会达到 12 亿美元。

1.5.3　智能终端的现状

智能终端主要包括智能可穿戴设备、智能交互终端和智能识别终端。

搭载人工智能的可穿戴设备给人们带来了全新的交互体验。可穿戴设备中搭载各类传感器，以手表、眼镜等产品为载体，通过感知、识别、无线通信、大数据等技术实现用户互动、生活娱乐、医疗健康等功能。可穿戴智能设备将会成为人的一部分，作为传感器的载体，进一步补充和延伸人体感知能力，实现人、机、云端更高级、无缝的交互和情景感知。可穿戴设备市场目前处于初期阶段，产品同质化严重。

智能音箱市场进入发展快车道。作为智能交互终端的组成部分之一，智能音箱独特的人机交互功能使其可以成为诸多智能应用的入口终端，智能家居的广泛普及推动智能音箱行业的快速发展。2018 年全年智能音箱的出货量高达 8620 万台，2019 年上半年的销量已经接近 2018 年全年的销量。据不完全统计，近几年国内外已经有超过 500 家公司开始布局智能音箱市场。

智能摄像头通过内嵌智能 SOC 芯片、GPU 等硬件及结构化分析、深度学习等机器视觉算法，智能化水平不断提升。目前主流的智能摄像头一般具备行为分析、异常侦测、识别检测、统计等功能，以海康"深眸"为代表的深度学习摄像头内置 GPU，采用深度学习算法在摄像头前端能够提取目标特征，形成深层可供学习的图像数据，极大地提升了目标的检出率。

1.5.4 人工智能产品的趋势

未来几年，人工智能技术将进入大规模商用阶段，人工智能产品全面进入消费级市场。人工智能产品将在不断的迭代中实现较大突破，在生产、生活中得到更广泛应用。目前，人工智能相对成熟的产品主要集中在安防监控设备等局部细分领域，智能扫地机器人、智能音箱、机器翻译机等产品普遍存在覆盖范围小、使用群体少、智能化水平偏低等问题，此外，还存在很多的产品空白领域。

在智能终端方面，建立智能终端的标准化和测试验证平台是提高智能终端产业规范发展的有效途径，为满足产业发展的需要，在未来亟须建立设备互联接口、内容服务接口、应用程序开发接口、系统安全技术、测试及评价等方面的标准，推动设备间的数据格式和标准协议的开放共享，推进产品和系统间的互联互通。

1.6 人工智能产业的现状与趋势

作为推动新一轮经济和产业结构性改革的重点和核心的推动力，人工智能将进一步催生新技术、新产品、新产业、新业态和新模型，从而进一步引发我国经济和社会结构的重大良性变革并进一步推动我国经济的整体发展和提高。

根据人工智能市场研究报告相关数据的分析，到2020年中国应用于人工智能的核心信息技术产业市场规模有望超过1500亿元人民币，到2025年全球人工智能技术应用的全球市场的总值将进一步达到1270亿美元。其中，金融、制造业、电子商务、医疗等人工智能行业所占的比例最高。

但与此同时，随着人工智能时代的到来，人工智能从业者明显不足。纵观全球，虽然人工智能的人才数量持续增加，但顶尖人才仍然紧缺，各国人工智能的人才非常匮乏。据中国的教育部门估计，目前中国人工智能人才缺口超过500万，国内供需比为1∶10，严重失衡。不断加强人才培养、弥补人才数量的不足，也成为我国人工智能发展的重中之重。

1.6.1　人工智能的产业规模

1. 产业投融资现状

随着新政策的出台及国家对制造业的高度重视，人工智能市场迎来了新的机遇。2014—2019年，中国人工智能行业共发生投融资事件2845起，总融资金额3583.65亿元人民币。

CB Insights的数据显示，2019年全球人工智能初创企业融资266亿美元，涉及2200多宗交易，人工智能初创企业创下融资新纪录。在这266亿美元的投资中，医疗保健占40亿美元，在全球人工智能创业交易分布中处于领先地位，其次是金融、零售、销售和网络安全行业。近年来，医疗卫生领域已成为人工智能落地应用的热门领域之一。在人工智能投融资的全球分布中，美国所占比重下降，而非美国地区投融资比重上升。美国投融资比重从2014年的71%降到2019年的39%，美国以外地区的比例由29%上升到61%。2019年，中国占比为13%，其次是占比7%的英国、占比5.3%的日本及占比4.9%的印度。

美国人工智能产业起步较早，1999年，已经在人工智能上开始了第一笔投资，而直到2005年，中国才开始第一笔人工智能风险投资，中国仍处于在累计融资额上的追赶状态。从时间上看，智能金融、智能医疗、智能汽车等领域的融资从 2014 年开始呈现爆炸性趋势，并很快达到顶峰。2015—2019 年，传统制造、家居装饰等行业也越来越受到资本青睐。但是，农业、法律等行业仍处于休眠期，预计这些冷门领域在人工智能不断发展的今天也即将迎来新的机会。

2. 产业人才分析

人工智能产业处于快速发展时期。各企业相继建立了包括百度深度学习实验室 IDL、腾讯 AI Lab、阿里 AI 实验室等在内的人工智能实验室。同时，垂直领域的企业也蓬勃发展，相继成立了出门问问、face++、商汤科技、蓦然认知等企业。随着市场的快速发展，人才缺口不断扩大。人工智能技术具有很高的专业门槛，具有核心研发能力的行业领军企业成为厂商关注的焦点。此外，调查发现，人工智能人才主要分布在北京、上海和深圳。在产业方面，人工智能人才主要分布在互联网上，也逐渐渗透到其他行业中。

目前，美国和欧洲的人工智能研究处于世界领先水平。人工智能人才的统计数据显示，美国的人工智能人才约占全球人工智能人才的 1/3，拥有 10 年以上经验的人占比接近 70%。在中国，只有不到 40% 的人工智能人才工作了 10 年以上。尽管中国的人工智能研究在顶级水平上不及美国和欧洲，但中国在人工智能研究中也扮演着越来越重要的角色。中国人工智能经验不足 5 年的人才数量超过美国，占全世界的 40%。

人工智能诞生于美国。中美两国在人才培养模式上仍然存在差距。美国大学较早开设了人工智能专业，而中国大学长期以来一直缺乏人工智能一级学科，人工智能课程分散在计算机、自动化、机械等相关专业。教育系统的差异会影响人工智能领域的可持续竞争力。目前，中国也在加强人工智能人才的培养，人工智能人才库呈现新趋势。未来要继续建立核心技术人才培养体系，加强人工智能一级学科的建设，加强企业和学术界人才的流通，建立坚实的人才基础，促进行业健康发展。

1.6.2 人工智能的产业布局

一般来说，人工智能产业分为基础层、技术层和应用层，其中基础层最接近"云"，应用层最接近"端"。基础层是人工智能发展的基础，主要包括数据、芯片和算法。

技术层以应用程序技术提供者为主，应用程序层以技术用户为主，从而形成完整的产业链并相互促进。但是，许多公司（尤其是大型技术公司）的业务线都很长，企业既是技术提供者又是技术用户，因此，很难有一个清晰的定义。为了全面展示国内外人工智能产业链的布局，我们将通过图 1-4、图 1-5 介绍人工智能产业图谱。

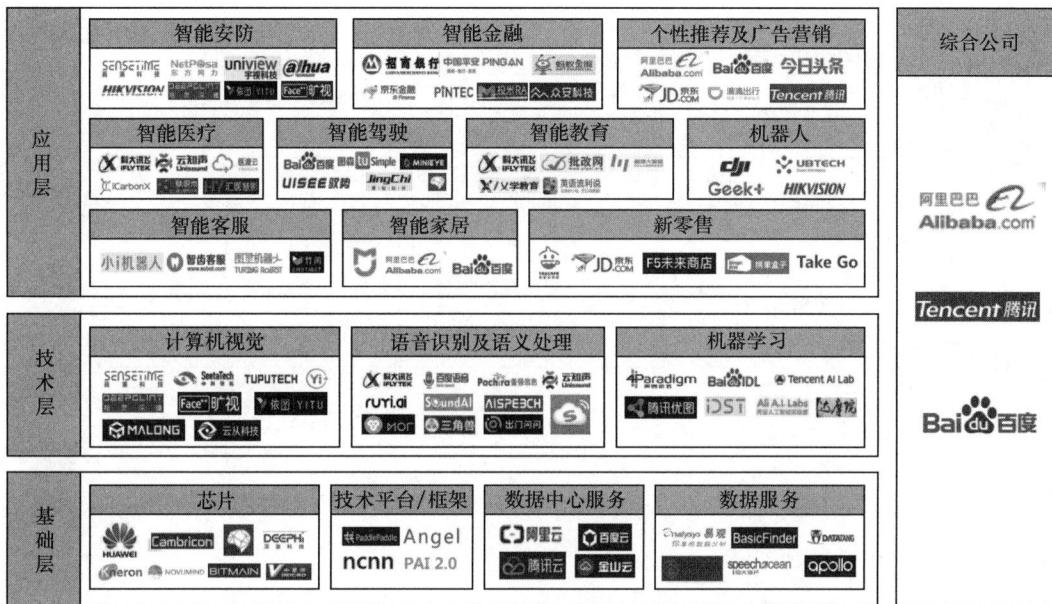

图 1-4　中国人工智能产业图谱（来源：CSDN& 易观）

1. 基础层

基础层分为计算能力层和数据层。计算能力层包括计算能力提供者，例如大数据、云计算、GPU/FPGA 硬件加速和神经网络芯片；数据层包括各种行业和场景的原始数据，例如身份信息、医疗、购物、交通、旅游等。从基础层来看，中国的实力仍然相对薄弱，特别是在芯片领域，大多数参与者都是新兴企业，在这一领域的美国重量级企业包括 NVIDIA 和 Intel，同时新兴企业也在涌现。在基础技术框架领域，国外有 Google、Microsoft、Facebook、Amazon 等，中国有百度、腾讯、阿里巴巴等。在数据层面，许多互联网公司已经积累了大量数据，但是这些业务数据通常不会在外部共享，并且这些公司还需要处理标注后的有效数据。因此，市场上有第三方数据提供者，在中国，以海天瑞声公司为代表，而 CrowdFlower 是美国数据公司的典型代表。

图 1-5　美国人工智能产业图谱（来源：CSDN& 易观）

目前，苹果、谷歌、微软、IBM、NVIDIA 在人工智能领域投入了大量资源。国际巨头呈现出包括基础层和应用层在内的全产业链布局特点，收购公司、争夺人才、增强技术储备并建立人工智能产业生态环境。人工智能的平台化和云端化也成为世界性的潮流。国内互联网巨头也在积极引进人工智能，依靠场景和数据的优势，利用计算机视觉、语音语义和深度学习技术，在应用层的创新上走在世界前列，但在核心技术（尤其是原始创新、芯片等）上，与发达国家仍然存在较大差距。

2. 技术层

技术层主要分为几个领域：机器学习、语音识别、自然语言处理和计算机视觉。除了 BAT 等主要厂商外，语音识别和自然语言处理领域的代表公司还包括科大讯飞、云之声和思必驰，计算机视觉领域的代表公司还包括商汤科技、旷视科技、依图科技，它们中的许多已经成为新兴的独角兽公司。

3. 应用层

应用层分为应用程序平台层和解决方案层。应用程序平台层包括行业应用发布运营平台和机器人运营平台；解决方案层包括智能广告、智能诊断、自动写作、身份识别、智能投资顾问、智能助手、无人驾驶汽车、机器人和其他场景应用。

在人工智能应用领域，中国呈现出爆炸性的发展趋势。目前，人工智能应用主要集中在安全、金融、医疗、教育、零售、机器人和智能驾驶领域。其中，在安全领域有海康威视、大华等；在金融领域有蚂蚁金服、中安科技等；在医学领域有医渡云、汇医慧影等；在教育领域有科大讯飞、义学教育等；在零售领域有阿里巴巴、京东、宾果盒子；在机器人领域有大疆创新、优必选等；在智能驾驶领域有百度、驭势等。

人工智能技术正在与各个行业的业务融合，其中金融、制造业、电子商务、医疗等行业所占比例较高。可以看出，尽管中美两国在基础领域仍存在一定差距，但中国在商业应用方面已蓬勃发展，并具有很大的追赶潜力。

1.6.3 人工智能的产业趋势

人工智能核心技术的突破推动了行业的强劲发展。 人工智能产业升级的动力来自人工智能核心技术的全面突破。数据、算法和算力的共同发展使人工智能更加强大，并共同推动了人工智能浪潮的出现。人工智能行业的市场规模进一步扩大，网络基础架构已成为焦点。根据新一代人工智能发展规划，到 2025 年，人工智能核心产业规模将突破 4000 亿元，带动相关产业规模突破 50 000 亿元，到 2030 年，人工智能核心产业规模将突破 10 000 亿元，带动相关产业规模突破 100 000 亿元。

人才需求由 IT 型向 AI 型转变。 随着人工智能产业的进一步发展，未来几年我国人工智能的人才缺口将进一步扩大，人才需求也将由 IT 型向 AI 型转变。未来将利用大数据和互联网技术，开发和完善人工智能网络教学平台，为各级人工智能教学提供网络教育服务。

智能化应用场景从单一化向多元化发展。 随着智能制造、智能机器人、智能驾驶、机器学习、智能医疗、智能控制、智能交通、智能网络、智能社会等产业的兴起，人工智能产业领域将面临更加复杂的环境，重点向多行业应用转型，从单点突破转向全面渗透，覆盖更多行业，形成多行业应用。

人工智能与实体经济深度融合进程进一步加快。 一方面，制造强国建设的加快，将促进人工智能等新一代信息技术产品的开发和应用，促进传统产业的转型升级，推动战略性新兴产业全面突破；另一方面，随着人工智能底层技术的开源，传统产业有望加快掌握人工智能基础技术的步伐，依托积累的行业数据资源，实现人工智能与实体经济的深度融合和创新。

智能服务模式呈现线上线下无缝结合。分布式计算平台的广泛部署和应用增加了在线服务的应用范围。同时，智能家居、智能机器人、自动驾驶汽车等人工智能产品的不断涌现，给智能服务带来了新的渠道或新的通信方式，加快了线上服务与线下服务的融合进程，促进多产业升级。

逐步实现全产业链布局。国民经济实力的增长和人工智能基础技术的进步可以保证人工智能整个产业链布局的实现，包括基础产业、技术产业和人工智能应用产业，为人工智能奠定了坚实的基础，实现国家人工智能发展目标，建设人工智能强国。

重视人工智能共享平台的开发。在发展人工智能的过程中，发达国家高度重视人工智能开发平台的建设。这种开发平台应高度开放、充分共享，向各类人工智能研究、开发和应用领域开放，让全球人工智能科技人员实现人工智能资源的共享。这种人工智能平台也应该是全面、广泛的，具有人工智能系统最权威、最完整、最先进的内涵，能够为人工智能的各个领域提供技术支持和信息咨询。

新时期人工智能产业化具有起点高、规模大、质量优等显著特点和巨大优势，可以保证新一代人工智能产业化平稳、快速、全面的发展。国内外人工智能产业正朝着强劲化、多元化、整体化，与实体经济深度融合，线上线下无缝结合的方向稳步发展，必将创造巨大的社会效益和经济效益。要抓住机遇，发挥潜在优势，大力培养人工智能人才，坚持发展人工智能产业，为人工智能的基础研究、科技进步和产业发展做出积极贡献。

1.7 人工智能标准的现状与趋势

人工智能的发展应用离不开标准化的支撑。近年来，国际标准化组织及国内标准化组织都在研究人工智能的相关问题，并进行相关技术的标准化工作。

1.7.1　国际标准化组织

1. 国际标准化组织（ISO，International Organization for Standardization）

ISO 是一个全球性的非政府组织，是国际标准化领域中十分重要的组织，负责目前绝大部分领域（包括军工、石油、船舶等垄断行业）的标准化活动。ISO 现有 117 个成员，包括 117 个国家和地区。ISO 主要在工业机器人、智能金融、智能驾驶方面开展了人工智能标准化研究。

在工业机器人方面，2018 年，ISO/TC299(机器人技术委员会）开展了包括《工业机器人末端执行器自动更换系统词汇和特征表示》《工业机器人特性表示》《工业机器人抓握型夹持器物体搬运词汇和特性表示》《工业机器人坐标系和运动命名原则》《机器人与机器人装备词汇》等标准的制定。

在智能金融方面，截至 2018 年 12 月，ISO/TC68(金融服务技术委员会）从事金融标准化工作，主要负责银行、证券及金融业务相关标准的制定，共出台发布智能金融相关标准 58 项，其中与人工智能相关的超过 4 项，主要以生物特征识别、算法加密为主。

在智能驾驶方面，ISO/TC22(道路车辆技术委员会）负责制定道路车辆相关的基础标准，开展智能网联汽车相关标准化研究，包括《道路车辆——车用软件开发指南》等标准。

2. 国际电工委员会（IEC，International Electrotechnical Commission）

IEC 是世界上成立最早的国际性电工标准化机构，负责有关电气工程和电子工程领域中的国际标准化工作。IEC 主要在可穿戴设备领域开展人工智能标准化工作。

IEC TC100(音频、视频、多媒体系统和设备分技术委员会）针对可穿戴设备领域开展了标准化工作，建立了由 SS8 研究小组负责的"可穿戴设备使用场景"议题，开展可穿戴设备的标准化工作。IEC TC124(可穿戴技术分技术委员会）负责开展与可穿戴相关的电工、材料、人身安全方面的技术标准研制工作。

3. 国际电信联盟（ITU，International Telecommunications Union）

ITU 是联合国的一个重要机构，也是联合国机构中历史最长的一个国际组织，简称"国际电联"或"电联"。ITU 是主管信息通信技术事务的联合国机构，负责分配和管理全球无线频谱与卫星轨道资源，制定全球电信标准，向发展中国家提供电信援助，促进全球电信业发展。

ITU-T SG13 在 2017 年 11 月成立了面向 5G 未来网络的机器学习焦点组（FG-ML5G，Focus Group on Machine Learning for Future Networks including 5G），其目标是找出相关的标准化差距，以提高面向 5G 的机器学习的互操作性、可靠性和可模块化能力，制定用于未来网络的机器学习研究报告和标准，包括接口、架构、协议、算法和数据格式，分析用于未来网络的机器学习的适应性的影响（例如，网络自主控制和管理）。2019 年 4 月，中国移动与中国联通联合在 SG13 牵头提出网络智能化立体式分级标准，展开了网络智能化水平分级和评价体系研究工作，2019 年 6 月结项。

4. 第三代合作伙伴计划协议（3GPP，3rd Generation Partnership Project）

3GPP 成立于 1998 年 12 月，多个电信标准组织伙伴共同签署了《第三代合作伙伴计划协议》。3GPP 最初的工作范围是为第三代移动通信系统制定全球适用的技术规范和技术报告。第三代移动通信系统基于 GSM 核心网络和它们所支持的无线接入技术，主要是 UMTS。随后 3GPP 的工作得到了改进，增加了对 UTRA 长期演进系统的研究和标准制定。目前欧洲的 ETSI、美国的 ATIS、日本的 TTC 和 ARIB、韩国的 TTA、印度的 TSDSI 及我国的 CCSA 作为 3GPP 的 7 个组织伙伴（OP），目前独立成员有 550 多个，此外，3GPP 还有 TD-SCDMA 产业联盟（TDIA）、TD-SCDMA 论坛、CDMA 发展组织（CDG）等 13 个市场伙伴（MRP）。

目前，3GPP 主要从以下几个方面开展了人工智能标准化工作。

3GPP SA WG5 在 2018 年 8 月启动 "WID Intent driven management service for mobile network" 研究课题，目标是研究提升运维效率的意图驱动的移动网络管理服务场景，并定义意图驱动管理服务化接口来实现自动化闭环的控制。意图驱动的移动网络负责实现复杂网络或者业务的极简控制，由系统实现复杂网络或者业务的智能化管理。同时，3GPP WG5 在 2018 年 8 月还启动"New SID on Self-Organizing Networks（SON）for 5G Networks"研究课题，目标是研究 5G 网络的 SON 场景，包括自配置（如基站自建立）、自优化（如覆盖和容量优化）、自治愈等。引入数据分析功能来承载管理侧的大数据和智能化，为智能化应用提供场景感知和数据分析等支持。

3GPP RAN WG3 在 2018 年 6 月启动"RAN-centric Data Collection and Utilization SI"研究课题，目的是研究面向网络自动化与智能化的无线大数据采集与应用，包括研究不同用例所需的过程和信息交互，如 SON（ANR 功能）、RRM 增强、边缘计算，以及 uRLLC、LTE-V2X 等；3GPP SA WG2 在 2017 年 5 月启动"Study of enablers for Network Automation for 5G SI"的研究课题，目的是研究 5G 核心网侧引入 NWDA（Network Data Analytics）功能可作为大数据和智能化的承载实体以支持下述功能：UE 级的定制化移动性管理，如寻呼增强和移动性模板；5G QoS 增强，如 5G QoS 目标实现验证和非标准化 5QI 的 QoS 画像；动态业务转向和拆分，UPF 选择，基于 UE 业务使用行为的 UE 业务路由策略。

1.7.2 国外标准化组织

1. 电气和电子工程师协会（IEEE，Institute of Electrical and Electronics Engineers）

IEEE 是世界上最大的非营利性专业技术学会，其会员人数超过 40 万，遍布 160 多个国家。IEEE 致力于电气、电子、计算机工程和与科学有关的领域的开发和研究，在航空航天、信息技术、电力及消费性电子产品等领域已制定了 900 多个行业标准，现已发展成为具有较大影响力的国际学术组织。国内已有北京、上海、西安、武汉、郑州等地的 55 所高校成立了 IEEE 学生分会。

IEEE 主要聚焦人工智能领域伦理道德标准的研究。2017 年 3 月，IEEE 发表的"旨在推进人工智能和自治系统的伦理设计的 IEEE 全球倡议书"，主要思想是倡议建立人工智能伦理的设计原则和标准，避免出现人们对人工智能技术产生恐惧和盲目崇拜的现象，激励人工智能技术的创新。该倡议书刊登在《IEEE 机器人与自动化》杂志上。2017 年 12 月，IEEE 发布了第 2 版《人工智能设计的伦理准则》白皮书。

截至 2018 年，IEEE 已批准了以个人、行业数据治理为主的 7 个 IEEE 标准项目。

2. 欧洲电信标准化协会（ETSI，European Telecommunications Standards Institute）

ETSI 是一个非营利性的电信标准化组织，总部设在法国南部的尼斯。ETSI 的标准化领域主要是电信业，并涉及与其他组织合作的信息及广播技术领域。

零接触网络和服务管理工作组（ETSI ZSM，Zero touch Network & Service Management）于 2018 年 1 月成立，已有 40 多个单位或组织加入该 ISG。目标是使网络或者业务运维工作流自动化（包括部署、配置、维护和优化等），实现端到端工作流 Zero-touch 的愿景。该工作组最初专注于网络或者业务管理自动化用例，使能端到端管理自动化的服务化架构和 5G 端到端网络切片管理。该工作组在 2019 年 6 月启动 "closed-loop automation：Advanced topics" "closed-loop automation：Enablers" 和 "closed-loop automation：Solutions for automation of E2E service and network management use cases" 3 个研究课题，目标在于研究和探索网络自动化面临的问题和挑战，研究分析自动化闭环操作的相关技术；定义通过自动化相关的策略和意图接口，实现端到端管理域和管理域的自闭环及各域之间的交互和协调；定义基于典型用例的端到端自动化流程。

体验式感知网络工作组（ETSI ENI，Experiential Networked Intelligence）于 2017 年 2 月成立，该工作组的目标是使网络智能化的场景和需求达成一致，定义基于"观察—判断—决策—行动"、模拟人脑决策的闭环控制模型，通过持续学习网络环境和持续优化决策结果的手段，有效应对复杂的网络管控挑战，提升网络运营管理效率和体验。该工作组的研究范围包括分析运营商传统网络和 SDN/NFV 网络中运营和运维需求，引导运营商构建包括自适应感知、灵活策略定义支撑及智能化决策和执行的体系架构。该体系架构应能充分支撑运营商灵活的业务策略和自动化、自优化、自治的智慧网络理念。同时，该架构还将推动遥测遥感、大数据采集和管理、机器学习算法等技术的发展，从而支撑智能分析和决断。统一的策略模型是网络人工智能的核心研究技术之一。2017年10月，ETSI官方网站正式发布了ENI白皮书，2018年12月启动了网络人工智能应用分级标准研究，并于2019年完成第一版本的发布，同时启动了意图网络、网络智能化分级量化评估、数据机制等AI相关技术标准的研究。

3. 国际互联网工程任务组（IETF，the Internet Engineering Task Force）

IETF成立于1985年底，是全球互联网最具权威的技术标准化组织，主要任务是负责互联网相关技术规范的研发和制定，当前绝大多数国际互联网技术标准出自IETF。

IETF和AI相关的研究方向主要聚焦于意图（Intent）技术。2018年第三季度，在蒙特利尔IETF会议期间，开始了Intent和网络AI等议题的初步讨论，来自运营商、厂商、研究机构的专家分享了各自进展，但还不够清晰。2019年初，NMRG召开中间电话会议，针对未来10年网络管理演进，Intent和智能化方向得到大部分人的认可。在2019年3月的布拉格IETF会议上，讨论了Intent分类定义和Intent实现方案，明确网络AI先围绕Intent展开工作，涵盖定义/用例/架构/模型等，后续继续讨论网络AI如何落地。

4. 电信管理论坛（TMF，TeleManagement Forum）

TMF是一个非营利的国际行业协会，聚焦于为信息产业、通信产业和娱乐业的服务提供者及其他供应商提高业务效力。

TMF在AI和数据分析方面引领通信行业，当前的人工智能和数据分析项目包括5个工作流：数据模型、管理标准、训练库、成熟度模型及人工智能用户体验。TMF通过催化剂项目完成的AI相关工作包括5G智能服务规划与优化、自动优化客户QoE、通过智能机器人提供增强的客户体验、通过人工智能增强业务保障、AI技术在无线网络性能数据运维领域的应用和基站节能等。

1.7.3 国内标准化组织

1. 中国通信标准化协会（CCSA，China Communications Standards Association）

CCSA 于 2002 年 12 月 18 日在北京正式成立。该协会是国内企事业单位自愿联合组织起来，经业务主管部门批准，国家社团登记管理机关登记，开展通信技术领域标准化活动的非营利性法人社会团体。

CCSA TC1 主要研究互联网基础设施和应用的共性技术、数据中心、云计算、大数据、区块链、人工智能和各种应用。CCSA TC1 在人工智能方面主要负责包括网络应用、智能化分级、IPRAN 网络故障溯源，以及行业应用等方向的研究课题和技术标准。

CCSA TC3 的主要研究方向包括核心网、IP 网在内的信息通信网络与 SDN/NFV、网络切片、人工智能等新型网络技术的融合应用。CCSA TC3 在人工智能方面的研究主要包括核心网智能化切片应用、基于人工智能的网络业务量预测及应用场景、面向 SDN 的智能型通信网络架构的意图网络等。

CCSA TC5 的主要研究方向包括移动通信、无线接入、卫星与微波等无线通信技术及网络，无线网络配套设备及无线安全等标准的制定，无线频谱、无线新技术等。CCSA TC5 在人工智能方面的研究包括 5G 核心网智能切片的应用、5G 基站智慧节能技术、人工智能和大数据在无线通信中的应用等。

2. 人工智能产业联盟（AIIA，Artificial Intelligence Industry Alliance）

为加快推动我国人工智能产业的发展，搭建人工智能产业发展公共服务平台，提升产业发展能力与应用水平，按照《"互联网 +"人工智能三年行动实施方案》有关部署，在国家发展和改革委员会、科学技术部、工业和信息化部、中央网信办四部委共同指导下成立了中国人工智能产业发展联盟。联盟下设 11 个工作组和 5 个推进组，工作组包括总体组、电信项目组、标准化与推广工作组、政策法规工作组、技术与产业工作组、学术与知识产权工作组、产学研融合与应用工作组、安全工作组、评估认证组、国际交流工作组及科普和社会责任工作组。推进组包括投融资项目组、人工智能计算架构与芯片推进组、人工智能开源开放推进组、媒体项目组、人才发展中心及人工智能 + 机器人深度融合委员会。

标准化与推广工作组负责人工智能行业标准的研究和制定，建立行业标准预研机制，参与行业标准化工作，组织开展人工智能的术语定义、平台、产品及应用领域相关标准的研究、制定、推广和落地工作。其他工作组相关标准成果都可通过该工作组对外发布，同时加强与其他国内外标准组织的合作，扩大标准成果影响力。

据不完全统计，2019 年 AIIA 各工作组在研人工智能标准和项目达 100 个，已发布白皮书 6 个，如《电信网络人工智能应用白皮书》《人工智能发展白皮书》《深度学习技术选型白皮书》等；产业报告 2 个，包括《全球人工智能产业数据报告》和《全球人工智能战略与政策观察（2019）》。

3. 新一代人工智能产业技术创新战略联盟（AITISA，Artifical Intelligence Industry Innovation Strategy Alliance）

AITISA 是在数字音视频编解码（AVS）产业技术创新战略联盟的基础上，按照科学技术部关于产业技术创新战略联盟的相关规定，在创新发展司和高新技术发展及产业化司的指导下成立的。

联盟工作部署可概括为"一体两翼"。"一体"是指人工智能开源开放平台，即 OpenI 启智新一代人工智能开源开放平台。OpenI 启智平台项目在 2018 年启动，2019 年 3 月 7 日在 AVS 工作组第 68 次会议上，联盟秘书长黄铁军教授正式宣布 OpenI 启智新一代人工智能开源开放平台上线。该平台基于鹏城云脑项目、国防科技大学 Trustie 课题组群体化开发方法、华为软件开发云 DevCloud、启智章鱼集群管理和资源调度等项目的重要成果，为人工智能开源项目提供协同开发、代码管理、人才培养等开源社区孵化服务，以及人工智能计算存储等基础资源和开放服务。2019 年 4 月 8 日在青岛的 AITech 国际智能科技峰会上，启智开源平台负责人刘明启动了平台发布仪式。

"两翼"的"左翼"是以技术专家为主体组成的多个工作组，包括标准工作组、知识产权工作组、投融资工作组等，以 AVS 15 年标准制定和知识产权管理工作为基础，开始标准的制定工作。"右翼"是以企业为主体的应用推进组，目的是促进人工智能在各产业领域的应用，已经在智能物流、智能医疗、智能政务、智能教育等方向开展工作。

2019 年 6 月 18 日，AITISA 正式入驻深圳市鹏城实验室，希望与鹏城实验室强强合作，共同推动中国人工智能产业技术的创新发展。

4. 中国人工智能开源软件发展联盟（AIOSS，China Artificial Intelligence Open Source Software Development League）

AIOSS 是中国电子技术标准化研究院（简称"电子标准院"）在工业和信息化部信息化和软件服务业司的支持下，按照《关于支持成立"中国人工智能开源软件发展联盟"的复函》（工信软函〔2018〕255 号）的要求，于 2018 年 7 月 1 日成立的、聚集产学研用各方力量共同推进我国人工智能开源软件发展的组织。

2018 年 7 月，在中国人工智能开源软件发展联盟成立大会上，AIOSS 发布了《中国人工智能开源软件发展白皮书（2018）》，白皮书通过研究分析人工智能开源软件发展现状及人工智能开源软件生态，提出了我国人工智能开源软件发展建议，并提炼了我国人工智能开源软件应用案例。

同时，中国首个人工智能深度学习算法标准《人工智能 深度学习算法评估规范》也作为联盟的一项重要成果在大会上发布。该标准是人工智能领域关于深度学习算法可靠性领域的基础性标准，对推进国内深度学习应用具有重要意义。该标准包括范围、术语和定义、评估指标体系、评估流程、需求阶段的评估、设计阶段的评估、实现阶段的评估、运行阶段的评估 8 个部分，其目标是发现深度学习算法中影响算法可靠性的因素并给出提高算法可靠性的活动建议，从而缩短深度学习算法的研发周期，提高深度学习算法的可靠性，提高基于深度学习算法开发的软件系统的质量。

截至 2019 年底，AIOSS 在研的标准还包括《人工智能 开源软件选型指南》《联邦学习参考架构》《人工智能 医学影像智能处理要求与任务评价》《人工智能 医学影像数据标注规范》等。

5. 北京智源人工智能研究院（BAAI，Beijing Academy of Artificial Intelligence）

BAAI 是落实"北京智源行动计划"的重要举措，在科学技术部和北京市委、市政府的指导和支持下，由北京市科委和海淀区政府推动成立，是依托北京大学、清华大学、中国科学院、百度、小米、美团点评、旷视科技等北京人工智能领域优势单位共建的新型研发机构。

BAAI 在人工智能方面的研究主要集中在人工智能的数理基础、机器学习、智能信息检索与挖掘、自然语言处理、智能体系架构与芯片等方向。2019 年 4 月，在智源学者计划启动暨联合实验室发布会上，BAAI 正式启动"智源学者计划"，同时发布了全球最大的物体检测数据集 Objects365。2019 年 5 月，BAAI 联合北京大学、清华大学、中国科学院自动化研究所、中国科学院计算技术研究所、新一代人工智能产业技术创新战略联盟等高校、科研院所和产业联盟，共同发布《人工智能北京共识》，并设立人工智能伦理与安全研究中心。

截至目前，BAAI 已持续发布了机器学习、智能信息检索与挖掘、智能体系架构与芯片、自然语言处理等重大研究方向学者候选人名单及重要进展。

6. 之江实验室（Zhe Jiang Lab）

之江实验室是浙江省委、省政府贯彻落实科技创新思想，深入实施创新驱动发展战略的重大科技创新平台。实验室主攻方向是人工智能和网络信息两大领域，重点从智能感知、智能计算、智能网络和智能系统四大方向开展基础性、前沿性技术研究。

之江实验室自成立以来一直高度重视标准化工作，将标准化作为实验室高质量发展战略之一。2019 年 10 月 14 日，在数字经济标准创新论坛上，之江实验室标准化研究中心揭牌，进一步明确了实验室科学研究与标准化"双轮并进"的战略定位。同时省市场监管局还发布了《浙江省数字经济标准化现状与展望》研究报告。报告阐释了数字经济内涵，梳理了浙江省数字经济发展情况，深入分析了浙江省数字经济领域标准化工作现状、存在的问题，提出了数字经济标准体系构架，并对下一步浙江省数字经济标准化工作进行了展望。

2019 年 11 月 2 日，在 AIIA 人工智能开发者大会上，之江实验室发布"天枢人工智能开源开放平台"。天枢平台将构建四大核心优势，即自研高性能核心计算框架、一站式全功能 AI 开发套件、AI 模型集成和端边云自由部署、智能化协同。

7. 鹏城实验室（Peng Cheng Laboratory）

鹏城实验室（深圳网络空间科学与技术省实验室）建设是广东省委、省政府瞄准新一轮创新驱动发展需要，打造国家实验室"预备队"，建设创新型广东，推进深圳率先建设社会主义现代化先行区的重大部署。

目前，鹏城实验室在研课题和建设项目共有五大类。

（1）大湾区未来网络试验与应用环境：对接国家未来网络研究计划，开展新型网络系统构架及关键技术的研究。2019 年 11 月 27 日，该项目正式开通首批 6 个节点，分别为深圳市大学城节点、前海核心节点、鹏城实验室节点、国家超算深圳中心节点、福田节点，龙华节点，标志着湾区网将正式启动运行，其余节点于 2020 年陆续开通。

（2）海洋立体通信网络示范验证平台：综合运用岸基、浮空平台、卫星、深空、浮台、船舰和一体化地面管控中心等技术，提出南海立体通信网络一体化架构，使其符合南海海洋通信气候环境特征，实现无缝覆盖、高效可靠、宽带高速并且成本合理的网络通信。同时攻克相关的关键技术，最终构建南海立体网络仿真测试环境和内外场示范验证环境。2020 年 1 月 18 日，由鹏城实验室主导，中国联通、中兴通讯等单位共同参与的空间移动通信 5G SA 动态组网首次外场试验取得成功。

（3）云脑开源平台与智能应用：同时围绕智能交通和智慧医疗开展相关人工智能应用研究，支撑广东、深圳和粤港澳大湾区的重大应用，吸引国内外人工智能资源、技术与人才，有效提升深圳人工智能研究的基础地位与创新力。2018—2019 年，该项目在智慧医疗和智慧交通方面不断取得进展，开源了通用物体检测方法 FreeAnchor、自适应 GNN 等新算法，在 2020 年的新冠疫情战役中助力病毒传播模型研究及新药物研发。

（4）网络技术仿真验证平台：面向"互联网＋物联网＋移动互联网"复杂网络环境，重点突破目标网络灵活构建、业务场景逼真仿真、低损实时准确评估和任务并行安全隔离等关键技术。

（5）自主可控生态环境：对接国家自主可控发展战略，采用复杂系统生态观，依托国内一流科研院所和深圳先进的信息科技企业，联合国际先进标准机构和开源社区共同建设。2019 年 5 月，"鹏城生态"核心团队成员陈渝副教授领衔研发的"开源桌面操作系统 OPENTHOS 及其产业化"项目通过专家鉴定。OPENTHOS 基于 Android Open Source Project，支持多窗口方式运行安卓应用，延续台式机使用习惯的同时借用了安卓生态成果。

1.7.4　人工智能标准的发展趋势

除上述国际、国内标准化组织外，还有很多专业领域的标准组织也开始积极部署开展人工智能标准化工作。而且我国虽然在某些领域已具备一定的标准化基础，但就目前标准化现状而言，标准化程度和完善度明显不足，尚未形成完整的标准体系。

没有体系的标准化工作会造成成果分散、各标准组织之间语言不统一等后果，无法支撑起整个人工智能领域的发展。目前我国拥有大量参与人工智能建设的企业，由于标准化程度不足，缺乏自身科学的标准体系，出现了沟通不畅、开发低效、冗余生产等问题。在这种情况下，建立统一完善的标准体系，以标准手段促进我国人工智能技术、产业的发展，对加快我国人工智能技术创新和成果转化、提升产品服务和质量、保障用户安全、建立公平开放的产业生态意义重大。

► 第 2 章

电信行业发展的
现状与趋势

本章主要介绍了历代移动通信技术的网络变革、业务变革及电信运营商的智能化转型。2.1 节介绍了 4G 和 5G 的网络关键技术及网络架构设计；2.2 节介绍了 4G 的主要业务应用、5G 的业务体系及应用场景，其中重点介绍了 5G 的三大应用场景：eMBB、uRLLC、mMTC；2.3 节介绍了 5G 时代运营商智能化转型的必要性、网络智能化和业务智能化。

2.1 4G到5G的网络变革

本节的第一部分首先介绍了 4G 的关键技术，包括载波聚合技术、增强多天线技术、中继技术等，然后介绍了 4G 的网络架构设计。本节的第二部分首先介绍了 5G 网络关键技术，包括大规模天线技术、非正交多址接入、超密集组网、先进的编码调制、毫米波和灵活频谱接入、灵活空中接口设计、网络切片，然后从 5G 系统设计和 5G 组网设计的角度介绍了 5G 网络架构设计。

2.1.1 4G网络关键技术及架构设计

2013 年 12 月，工业和信息化部向中国联通、中国电信、中国移动三家电信运营商正式发放了第四代移动通信业务牌照，标志着我国移动通信产业 4G 时代的到来。第四代移动通信以正交频分复用、载波聚合等一系列关键技术为代表，具有高传输速率、较强的抗干扰能力和覆盖能力等优点。

1. 4G关键技术

长期演进技术（LTE，Long Term Evolution）被称为 3.9G 的全球化标准，它是 3G 向 4G 通信技术发展过程中的一个过渡性技术。不同于 3G 时代采用的码分多址技术（CDMA，Code Division Multiple Access），LTE 使用正交频分多址（OFDM，Orthogonal Frequency Division Multiplexing）等技术，一般来说，频谱效率是 3G 的 2 ～ 3 倍。此外，得益于 LTE 的关键技术，通信系统的容量和蜂窝小区边缘位置的用户性能都有了显著提高，并且系统延迟有所降低。2010年12月，LTE增强技术（LTE-Advanced或LTE-A）在国际电信联盟会议上被正式定义为4G标准。

第四代移动通信以一系列基于LTE的增强技术为代表，包括载波聚合、增强多天线、多点协作传输、中继、下行控制信道增强、物联网优化、终端直通、基于LTE的热点增强技术等，下面介绍这些关键技术。

（1）载波聚合（CA，Carrier Aggregation）技术。

利用更丰富的频谱资源可以提升无线通信系统的吞吐量，但因为频谱资源有限，增加传输带宽成为最佳途径。又由于LTE-A通信标准需要和LTE保持后向兼容，每个载波的最大传输带宽为20 MHz。因此，载波聚合成为实现这个目标的关键手段。该技术可以把多个较窄带宽的载波聚合在一起，从而使LTE-A系统能够利用更高的传输带宽，而且能够使碎片化的频谱资源得到有效的利用。

LTE-A从R10版本开始支持载波聚合功能，该技术在以后的版本中逐步增强，包括支持多类型载波聚合，多载波利用方案更加灵活。在R10版本中，LTE-A首先支持频分双工（FDD，Frequency-Division Duplex）下行频带内和频带间载波聚合、频分双工上行频带内载波聚合和时分双工（TDD，Time-Division Duplex）频带内的载波聚合。在R11版本中，LTE-A支持频分双工的上行频带间载波聚合、时分双工的频带间载波聚合及具有不同时隙配置的多个时分双工频带间载波聚合。为了更好地利用通信频谱，R12版本还支持FDD和TDD间的载波聚合技术。

（2）增强多天线（MIMO，Multi-Input Multi-Output）技术。

4G中运用的MIMO技术是提高LTE/LTE-A单载波传输能力的有效方式之一。LTE-A中所用到的MIMO技术进一步增强，从而使系统的吞吐量更高。多天线技术包含下行多天线技术和上行多天线技术。

对于下行多天线技术来说，LTE R8的下行链路最多可以进行4路多天线传输，而LTE-A的多天线传输可以支持8路。LTE-A也对4天线传输方案进行了优化，使其性能有了明显提升。另外，LTE-A中增强的MU-MIMO（多用户MIMO）技术可以实现4用户空分复用。由于MU-MIMO的透明传输增加了调度的灵活性，因此，单用户 MIMO 和多用户 MIMO 之间可以进行动态转换。

对于上行多天线技术来说，由于成本和终端复杂度等原因的限制，LTE R8 上行链路只能实现单天线发送。而 LTE-A 上行链路支持 4 路天线，这就使其峰值速率是 LTE 的 4 倍。此外，上行多用户 MIMO 传输也能够利用"虚拟 MIMO"的方式实现，类似于下行 MU-MIMO，上行 MU-MIMO 也具有传输的透明性。

（3）多点协作（CoMP，Coordinated Multiple Points）传输技术。

作为传统单基站增强多天线技术的补充，多点协作传输技术利用基站间的协同传输，提高蜂窝小区边缘用户的吞吐量。多点协作传输有 3 种实现方式，分别是协调调度／波束赋形方式、动态传输点选择方式及联合传输方式。前两种方式基于同一个基站的不同扇区，在同一时刻只能有一个接入点与用户通信。协调调度方式是指依据干扰信息，系统在多个接入点间进行联合调度；而动态传输点选择方式是指在不同时刻，系统选择不同的传输点传送数据。联合传输方式是指用户利用多个具有协作关系的基站进行数据并行传输，不同基站之间利用数据共享、信道反馈等信息，共同为用户提供服务。

下行链路协调调度／波束赋形和动态传输点选择的方式首先在 LTE R11 版本中得以使用。在 R12 版本中，LTE 可以利用基站间的协调调度／波束赋形，当基站间的回传链路状态非理想时，传送有限的资源分配信息、调度信息和链路时延信息等，从而进行基站间的多点协作传输。上行链路多点协作传输指的是多个蜂窝小区在同一时间接收一个用户终端的数据，这种情况也叫联合接收，即通过对接收到的数据进行联合处理，从而提高终端的解调能力。

（4）中继（Relay）技术。

中继技术指的是利用可灵活部署的站点，与基站通过无线连接的方式传输数据，从而增加通信系统的容量，扩大网络覆盖范围。LTE-A 中继技术所使用的灵活节点（也叫中继站）同时具有用户和基站的角色，从用户端来看，中继站是一个基站，而从基站端来看，中继站也是一个用户。

（5）下行控制信道增强技术。

4G MIMO 技术使频谱效率有了显著提升，为了充分利用这一优势，同时为了达到较好的覆盖效果，LTE R11 加入了下行控制信道增强技术。下行信道的控制信号与数据信道采用频分复用的方式，从而达到波束赋形和分集增益的效果。此外，更加精细和弹性的资源划分也更加有利于在蜂窝小区间进行控制信道的干扰协调。

（6）物联网优化技术。

物联网的连接范围广、数据传输量大等特性对移动通信技术提出了挑战。因此，LTE-A 技术对于物联网的这些特性进行了优化和改进。在 R10 和 R11 版本中，LTE-A 对大量终端在同一时间接入网络造成的接入网侧拥塞问题进行了有效改进。LTE-A 采用了访问等级限制（ACB，Access Class Barring）和扩展访问等级限制（EAB，Extended Access Barring）相结合的方式来解决访问拥塞问题。设备通过广播途径获得访问等级信息之后，自主判定是否进行随机接入，同时网络也能够根据目前的拥塞情况对设备的接入请求做出判定。

在 R12 和 R13 阶段，3GPP 对大覆盖、低功耗及低成本的物联网优化方案进行了研究。首先，通过降低带宽、天线配置和发射功率，同时结合发送射频信息等方式，从而能够支持低成本设备终端。其次，通过再次传输、增大功率、载波间调度等方法使覆盖得到有效增强。最后，通过降低激活传输时间、测量时间、系统同步时间等方法减小系统功耗。

（7）终端直通（D2D，Device to Device）技术。

D2D 技术是设备之间不经过通信基站而直接进行通信的技术。该技术可以自动搜寻附近使用同一技术的终端，通过近距离设备之间良好的信道质量，在较低的功率开销下，进行数据的高速直连传输。LTE R12 阶段对该技术进行了标准化研究，其中涉及公共场景下设备的搜寻机制和终端广播通信技术等方面。终端直通技术重新定义了设备之间的空中接口，终端间的直接通信使用上行信道的频域或时域资源，终端与通信基站之间的通信链路基于时分复用的方式。

（8）基于 LTE 的热点增强技术（LTE-Hi，LTE Hotspot/indoor）。

由中国首先提出的基于 LTE 的热点增强技术在国际上获得了广泛共识，并且它是 R12 阶段重点关注的技术之一。该技术主要研究了室内和室外环境下的信道传播模型及密集热点网络的部署方式，在频谱效率和运维效率等方面进一步优化了LTE/LTE-A技术。该技术包括高阶调制、小区快速开关和小区发现、基于空中接口的基站间同步增强、基于时分复用的业务自适应动态时隙配置，下面将分别进行介绍。

① 高阶调制。

LTE-Hi基站在室内场景下信号覆盖范围小，设备与基站距离短，考虑到该场景下干扰小区较少的情况，用户在小小区中的信干噪比高。综上，LTE-Hi技术采用了256位正交振幅调制等更高阶的调制技术，使具有高信干噪比的终端用户能够有更高的频谱效率。

② 小区快速开关和小区发现。

在室内和热点场景下，用户业务量变化很大，基站的部署密度也比较高，小区快速开关技术能够根据用户的业务状况的不同快速打开或关闭一个或多个小小区，以降低小区之间的信号干扰并节省能耗。该技术对若干过程进行了规定：小区在开启状态下，设备正常发出数据，如果有事件导致小区关闭，则该小区反馈特定信息后进入关闭状态；处于关闭状态下的小小区持续发送发现信号，这样能够使终端识别哪些小小区正处于关闭状态；如果关闭的小小区接收到触发指令，则立即进入开启状态。

③ 基于空中接口的基站间同步增强。

由于室内场景下系统难以利用室外GPS进行同步，因此，LTE-Hi增加了基于空中接口的室内场景下的基站同步机制。该技术基于空中接口侦听的多层级结构的同步增强，设计了全新的监听参考信号的格式，而且能够匹配运营商间的同步机制。

④ 基于时分复用的业务自适应动态时隙配置。

在异构组网的情况下，不同类型的基站可以在工作频率和覆盖范围等方面存在差异。基于时分复用的基站在时隙配比上存在较高的弹性，因此，该技术能够在可控干扰的状态下动态调整时分复用的时隙，从而适配上下行信道的业务负荷，提高频谱的利用效率。

LTE-Hi的物理层控制信道的动态时隙配置周期能够达到40 ms左右。当不同小区间的时隙处于非对齐状态时，上下行信道可能存在相互干扰的问题，此时可通过小区分簇及上行功率控制的方法来解决该问题。当通过小区分簇进行干扰控制时，簇和簇之间通过 X2 接口传递小区分簇、时隙配置及干扰情况等信息，簇根据业务流量和获得的上述信息进行相同时隙配置。上行功率控制可以利用开环和闭环的功率控制提升设备的上行信道发送功率，以确保上行链路数据被正确发送到基站。

2. 4G 网络架构设计

无线接入网（RAN，Radio Access Network）和核心网（CN，Core Network）的演进导致了移动通信网络架构的演进。3G 不仅在速率上有了显著提升，在网络架构上也有了很大的改变。对接入网而言，3G 使用基站 NodeB 与无线网络控制器（RNC，Radio Network Controller）代替 2G 时代的基站收发台（BTS，Base Transceiver Station）和基站控制器（BSC，Base Station Controller），而核心网则基本与原有网络共用，没有发生太大变化。

4G 时代的接入网和核心网分为 E-UTRAN（Evolved-Universal Terrestrial Radio Access Network）和 EPC（Evolved Packet Core）。如图 2-1 所示，4G 的接入网实现了扁平化设计，去除了两个功能实体，全网只采用一种基站 eNodeB（evolved NodeB，进化型的接点）。相较于 NodeB，eNodeB 包含了前者的全部功能，此外还包含部分 RNC 的功能。4G 网络架构的演进可以概括为"少一层，多一口，胖基站"。这样的设计策略是为了降低连接建立时延和数据传输时延，同时由于更少的逻辑节点，建设、维护成本以及复杂度都有所降低。

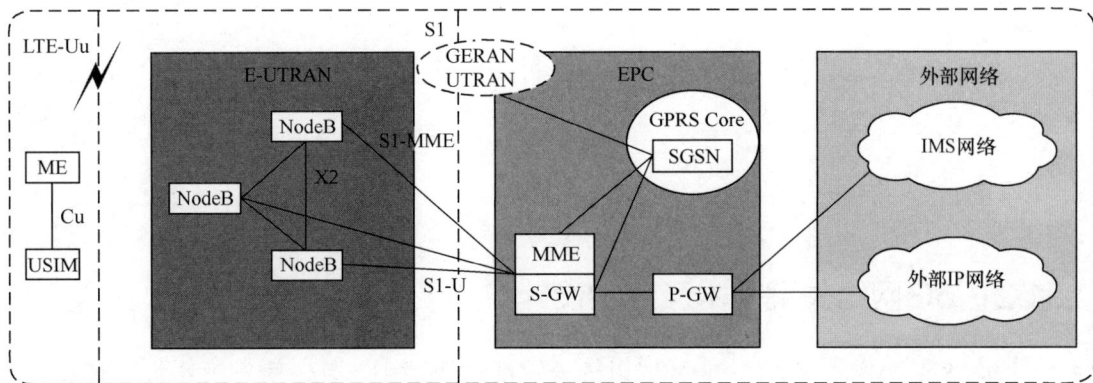

图 2-1　4G 网络架构

"少一层"是指组网架构从 4 层减少到 3 层，不再有 RNC，因此，基站与核心网之间信息传输的开销更低，终端时延和网络的复杂性也大大降低。

"多一口"是指相对于过去基站之间的无连接设计，4G 网络的 eNodeB 可以通过 X2 接口进行无线侧的 IP 化传输，从而使基站的各网元间可以进行工作协调。eNodeB 互相连接之后的网络类似于"Mesh"网络，杜绝了孤点基站的存在，从而有效提升了网络的稳健性。

"胖基站"是指 4G eNodeB 除了具有 3G 网元的部分功能之外，还增加了路由选择、移动性管理、无线资源管理、承载控制、系统接入控制等功能。

4G 核心网的变化主要体现在以下几个方面。在 GPRS(General Packet Radio Service)/UMTS(Universal Mobile Telecommunications System)中，鉴权、移动性管理和路由选择等功能由 SGSN 节点负责，而 IP 地址分配、数据转发和计费等功能则由 GGSN 节点负责。4G 时代的核心网可以前向兼容上一代的网络结构，但不再有 3G 网络的实体部分，而是由移动管理实体（MME，Mobile Management Entity）、服务网关（S-GW，Serving Gateway）和分组数据网关（P-GW，Packet Gateway）构成，外部网络只与 IP 网连接。MME 的功能是移动性管理，如承载的建立与释放、终端位置更新、鉴权、加密等，以上可以被称作控制面功能。S-GW 和 P-GW 除了负责处理用户面的数据转发之外，还保留了内容过滤、数据监控与计费、接入控制及合法监听等控制面功能。EPC 与上一代核心网相比，体系架构和接口较为相似，但是控制与转发逐渐分离。

此外，4G 核心网新增了策略与计费执行功能单元，主要负责控制用户和业务服务质量（QoS，Quality of Service），提供差异化的服务、业务流承载资源保障及流计费策略。

2.1.2　5G网络关键技术及架构设计

相比于上一代网络，5G 能够提供的关键能力更加丰富，关键性能指标包括更高的连接数密度和数据速率、更低的端到端时延及更强的移动性等。为了应对众多新型使用场景并满足各种不同的网络需求，5G 的关键技术除了新型多址技术之外，还包括全频谱接入、超密集组网及大规模天线阵列等。如图 2-2 所示，为了保证端到端时延、数据传输速率、设备连接密度以及移动性等 5G 的关键性能指标，实现"万物互联"的愿景，5G 将面临前所未有的严峻挑战。

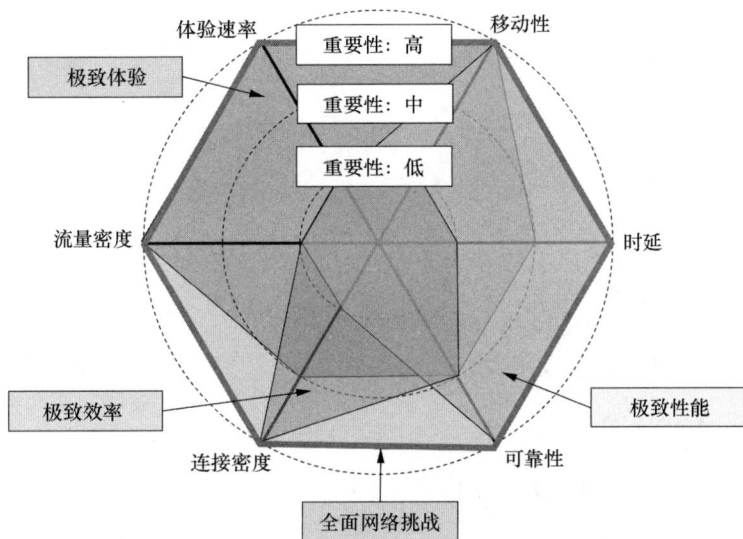

图 2-2　5G 网络的全面挑战

首先，为了满足超高码率移动视频及 VR/AR 等业务的需要，5G 系统需要提供百兆到千兆带宽的数据传输速率，在速度高达 500 km/h 的运动过程中，也需要保障网络的基本服务能力及必要的业务连续性。

其次，为了满足物联网场景下海量设备连接的需求，5G 需要支持每平方千米 Tbit/s 级别的流量密度和每平方千米百万级连接数的连接密度。现有 4G 网络的流量和连接控制机制在超大数据量传输和海量连接的情况下可能造成超负荷流量和信令拥塞。

最后，为了支持对延迟要求极高的业务，如工业控制和自动驾驶等，5G 系统需同时保障高可靠性及毫秒级的端到端时延能力。现有网络的时延大约维持在百毫秒量级，与超低时延要求差距较大，因此，无法保证某些高实时性业务的可靠性和安全性。

5G 所带来的开放性决定了它将扮演高适用性的网络基础设施的角色。利用服务器、存储单元、路由器和交换机等通用硬件设备，5G 网络中将不再有专用网元设备，而是由软件负责各种网元功能。同时，利用端到端网络切片，能够实现各种多元化业务共用 5G 网络的目标，有效提高网络的利用效率。通过开放的基础网络能力，5G 网络能够针对不同业务需求按需定制。此外，结合边缘计算的能力，通过与第三方厂商进行深度合作，在用户侧进行内容分发，就近进行内容和服务部署，5G 将更好地为终端用户提供低时延、大带宽等服务。

1. 5G网络关键技术

为满足 5G 技术指标要求，需要一系列关键技术的支持，包括大规模天线（Massive MIMO）、非正交多址接入（NOMA）、超密集组网（UDN，Ultra-Dense Network）、先进编码调制、灵活的频谱接入等，下面将分别对这几项关键技术进行介绍。

（1）大规模天线技术。

4G 时代的多天线技术（MIMO 技术）已被证明是提升频谱效率和信道可靠性的有效手段，而且能够为网络的异构化和密集化部署提供高效的干扰控制。数据通信业务持续快速发展与入网设备的数量急速增加仍然促进了多天线技术的不断进步。大量的理论研究表明，大规模天线技术是 MIMO 技术下一步发展的目标。随着一些关键技术的日益成熟及元器件制造工艺的持续进步，在 5G 系统中所使用的 Massive MIMO 技术将呈现更加显著的作用。

由于数据速率和系统容量等要求的不断提高，MIMO 的天线数目增加将是必然趋势。依据概率学的原理，当基站天线数目远超终端天线数目时，各个通信信道趋于正交，此时用户终端间的干扰将逐渐消失，而大规模天线阵列所带来的增益能够大幅提高用户的信噪比，最终使更多的终端用户在相同的时频资源上进行通信。

Massive MIMO 技术适用于频分双工（FDD）和时分双工（TDD）模式，但由于后者的上下行链路具备互易性，因此，可以避免将大量开销用在获取信道状态信息（CSI）上。基于完整的下行链路 CSI 信息，时分双工基站可以使用更加灵活和精确的波束赋形方案，从而提高信号覆盖效果和数据吞吐量。此外，这也使时分双工系统的用户调度方案更加合理，有利于提升系统容量和频谱效率。反之，频分双工基站仅能够通过终端反馈信息获得量化的 CSI 信息，在波束赋形和用户调度等方面存在较高的局限性。

如图 2-3 所示，对比频分双工系统，时分双工系统的平均频谱效率和边缘频谱效率都有更大的性能提升。可以看出，时分双工模式是使用 Massive MIMO 技术的较好选择。

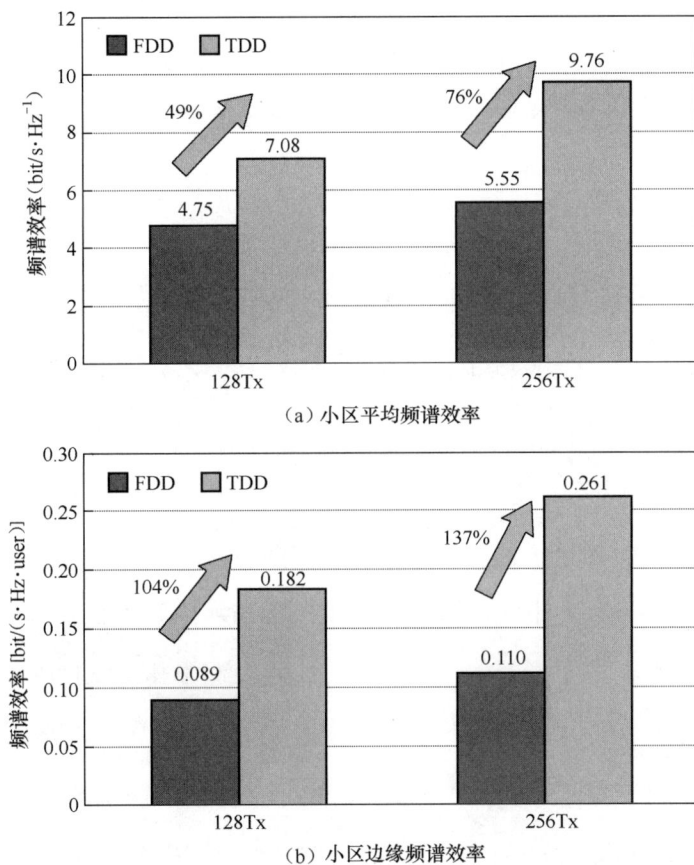

（a）小区平均频谱效率

（b）小区边缘频谱效率

图 2-3　频分双工和时分双工下的 Massive MIMO 性能比较

（2）非正交多址接入（NOMA）。

伴随着历代移动通信系统演进的是多址接入技术的变革。在移动通信技术的发展过程中，每一代通信系统的多址接入技术各不相同。1G、2G、3G 时代分别使用频分多址（FDMA，Frequency Division Multiple Access）、时分多址（TDMA，Time Division Multiple Access）和码分多址（CDMA，Code Division Multiple Access）。4G

以正交频分多址接入技术（OFDMA，Orthogonal Frequency Division Multiple Access）为基础，其传输速率有了大幅提高。然而，随着多元化的智能终端日渐普及及各种新应用、新业务的大量增长，数据传输的需求也急速增长，面对一些需要极致体验的应用，现有的 4G 网络仍然无法满足需求。

IMT-2020（5G）推进组发布的《5G 愿景与需求白皮书》中提出，5G 致力于频谱效率更高、速率更快、容量更大的无线网络。为了实现 5G 大连接、低时延、高频谱效率的目标，非正交多址接入（NOMA）技术被正式提出。利用相同时频资源，NOMA 技术能够复用更多用户，显著提升系统的容量，因此，该技术具有很大的性能优势，更适合 5G 通信网络的部署。

NOMA 在发送端采用非正交方式传输，结合主动引入的干扰信息，在接收端通过串行干扰消除技术进行信号解调，能够获得更高的频谱效率，但代价是 NOMA 在接收端的复杂度比正交传输方式高。得益于集成电路和相关元器件产业的快速发展，非线性接收机的实现难度大大降低，使 NOMA 技术从理论走向了实践，成为 5G 重要的技术之一。

（3）超密集组网（UDN）。

5G 网络在大容量场景中的部署将采用宏微基站异构的超密集组网方式，基站间距离更小，5G 的超密集组网架构包含多样化的频段资源和无线接入方式及不同类型的基站组合。

基于密集部署的基础设施，UDN 技术能够提高频率的复用效率，使局部热点区域的系统容量大幅提升。表 2-1 显示了超密集组网与传统蜂窝网络的比较。

表 2-1　超密集组网与传统蜂窝网络的比较

参数	超密集网络	传统蜂窝网络
部署场景	室内热点	广域覆盖
接入点密度	接近用户密度	远低于用户密度
接入点类型	小蜂窝、小小蜂窝、接力站	宏蜂窝、微蜂窝
覆盖范围	大约 10 m	几百米或更大

续表

参数	超密集网络	传统蜂窝网络
覆盖方式	异构、不规则结构	单层、规则结构
用户密度	高	中等、低
回传	理想/非理想、有线/无线	理想、有线
用户移动速度	低速	高速
数据速率	高	中等、低
频谱及带宽	高频、大带宽	低频、小带宽

超密集组网的关键技术包括多连接技术和无线回传技术。

① 多连接技术。

对于宏微异构的 UDN 组网架构，微基站一般部署在局部热点区域，而微基站之间存在覆盖漏洞。根据部署的实际情况，宏基站不仅要实现基站的控制面功能，还要承载微基站间漏洞区域的用户面数据需求。多连接技术指的是用户终端与网络中多个宏微节点同时连接，对不同节点的接入方式相同与否没有限制。由于宏微小区之间不需要执行严格同步，因此，宏微小区之间的回传链路没有严格的性能要求。在处于双连接的情况下，宏基站作为主基站，主要功能是控制面处理，而作为辅基站的微基站只处理用户面数据。对于 RRM（无线资源管理）功能，主基站和辅基站协商之后，后者把配置信息通过 X2 接口传送到主基站，最终 RRC 消息只通过主基站发送给终端。因为宏基站也可以充当数据基站，因此，可以解决微基站覆盖漏洞范围内的数据传送问题。

② 无线回传技术。

无线回传技术的工作频段为微波频段和毫米波频段，并且在技术原理和资源利用方面，与目前的无线空中接口接入存在较大区别。现网架构中，基站之间的横向通信难以实现高效和低时延。而且，由于基站本身条件及回传网络的制约，部署和维护基站的成本较高。而无线回传技术可解决这一问题，实现灵活且低成本部署的目标。无线回传中的无线资源不仅可以被用户终端使用，还能够被中继节点使用。

宏 – 微基站部署和微 – 微基站部署是超密集组网的两种方式，并且在干扰消除与资源调配方面存在差异。

宏－微基站部署模式。在此模式下，宏基站负责低速率、高移动性的业务，微基站负责高带宽的业务。此外，宏基站负责业务覆盖及微基站间的资源协同管理，微基站负责提升系统容量，通过这种方式，接入网根据业务需求及分布特点对微基站进行灵活部署，进而在宏－微基站组网方式下分离控制与数据承载。控制与承载分离之后，5G 能够在覆盖和容量方面进行单独优化，避免密集组网中切换频繁的问题，提升资源利用率和使用体验。

微－微基站部署模式。微－微基站的组网方式不包含宏基站，为了实现类似于宏基站的资源协调功能，需要构建一个虚拟宏小区。为了实现此目的，需要把信号、信道、载波等资源在簇内的微基站之间进行共享，进而同簇内的微基站能够利用相同资源传输控制面承载，从而完成虚拟宏小区构建。此外，各个微基站利用其他资源传输用户面数据，可以达到超密集组网的控制面与数据面分离的效果。在网络负载较低时，相同的数据可以由虚拟宏基站发送，用户的接收分集增益提高，接收信号的质量能够有所提升。而当网络负载较高时，每个微基站可以作为独立的小区，各自发送数据，从而提升网络容量。

（4）先进编码调制。

信道编码是移动通信中最基本的技术，对 5G 的各项性能指标至关重要。在 5G 标准的制定过程中，关于信道编码课题的争论最为激烈，其创新性和理论难度也最大。在数据信道编码方面，3GPP 使用 LDPC 码（低密度奇偶校验）替代了已使用多年的 Turbo 码。在控制信道方面，全新的 Polar(极化)码替代了卷积码，上述信道编码的变化对通信系统具有非常重大的意义。

LDPC 码在 20 世纪 60 年代被提出，从 20 世纪 90 年代开始，业界对 LDPC 码的研究逐渐增多。2005 年，结构化 LDPC 码首次被应用于 WiMAX 标准中。2006 年，一些公司建议使用 QC-LDPC 码（准循环 LDPC 码，一种结构化 LDPC 码）代替 4G 中的 Turbo 码，但是基于 4G 网络的峰值速率，LDPC 码并无明显优势。经过多年的研究，由于在性能和复杂度等方面的优势，3GPP 在 2016 年确定 LDPC 码为 5G 数据信道编码方案。

极化码是在 2009 年提出的一种线性分组码，因为它是针对二进制对称信道的严格构造码，所以能够达到信道容量。信道存在两极分化的现象，可分化成近乎理想的信道及性能不好的非理想信道。极化码利用"理想信道"传输有用数据，而利用"非理想信道"传输已知数据。实际上，信道极化现象在其他类型的信道中也广泛存在，码字越长，该现象越明显。由于极化码有较好的传输性能，它在 2016 年也被 5G 标准采纳。

（5）毫米波和灵活频谱接入。

现有的商用通信频段一般处于 300 ~ 3000 MHz，该频段具有穿透性好、覆盖性强的优点，但是目前该范围内可用的频谱资源已严重不足。毫米波的频率在 6 GHz 以上，资源较为充裕，其可用的带宽是目前频谱资源的 10 倍以上。此外，毫米波的波束较窄，方向性较好，能够在空间内进行直射传播。因此，毫米波成为 5G 中的热门技术之一。

如果把建设 5G 比作造楼，频谱资源就相当于造楼过程中必须用到的土地。由于现有可利用的频谱资源稀缺，5G 除了工作在 6 GHz 以下的低频段范围，还将利用 6 GHz 以上的高频段。在 6 GHz 以上的高频段范围内，因为无线电波的波长处于毫米数量级，所以也被称为毫米波频段。5G 中 6 GHz 以下的频段用于信号的无缝覆盖，而 6 GHz 以上的频段将在热点区域进行高速数据传输。因此，为了合理利用不同频段，5G 需要进行高低频融合组网，从而满足覆盖、速率和容量等方面的要求。为进一步提高频谱利用率，5G 使用灵活的频谱共享机制，包括运营商内部多技术制式频率共享、运营商之间频率共享、使用免授权频段等。

（6）灵活空中接口设计。

5G 新空中接口引入了许多新技术，这些技术提升了 5G 网络的性能和资源利用率，降低了网络部署成本和网络能耗。

除了时分双工和频分双工模式外，5G 新空中接口的设计还采用了灵活双工的模式。随着在线视频、社交网络等业务的迅速增长，移动流量的特性呈现多样化趋势，例如，上下行业务需求随时间、地点而变化等。而传统的通信系统中频谱资源分配并不灵活，无法应对快速变化的业务需求。灵活双工技术可以随着上下行业务的变化对上下行资源进行动态分配，从而提升资源利用率。图 2-4 所示为灵活双工原理。

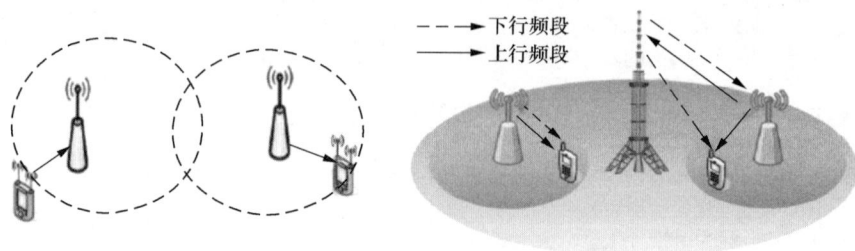

图 2-4　灵活双工原理

一方面，5G 能够依据不同频段选择 FDD 或 TDD，另一方面，5G 可灵活分配上下行时隙，高效处理非均匀、动态的业务。此外，为进一步提升频谱资源利用率，5G 的全双工技术允许在相同频率资源上传输数据。

综上，新空中接口技术作为 5G 关键技术之一，将频分双工与时分双工紧密融合，并结合全双工和灵活双工的模式，有效提升系统的容量，实现灵活组网。

（7）网络切片。

网络切片是支持 5G 多元化业务场景的基础技术，也是 5G 网络架构演进的关键技术。5G 与自动驾驶、制造、能源、医疗等垂直行业相融合，可实现多样化的业务目标，也带来了巨大的挑战。如果像传统网络一样，仅通过一张网络来应对差异较大的多样化业务，效率极低。基于以上原因，5G 引入网络切片技术，在通用的物理平台上构建多个虚拟化且互相独立的专用逻辑网络，满足不同业务场景对网络的不同性能要求。

为了实现按需组网，网络切片通过虚拟化技术将通用的网络基础设施依据不同的场景划分为若干个独立且平行的虚拟网络切片，在不同业务场景和话务模型下，可对每个切片独立地进行网络功能定制和资源编排管理。基于以上原理，网络切片能够为不同业务应用场景提供差异化的网络功能与资源，从而实现功能按需配置、资源高效利用。此外，利用网络切片可实现网络资源与部署位置解耦及切片资源动态调整，从而提高网络服务的灵活性。由于各切片之间的相对独立性，网络的稳健性与可靠性也能够有所提高。

如图 2-5 所示，网络切片可视为实例化的 5G 核心网和接入网架构，根据特定的业务需求，在单个切片内，可以进一步灵活分配虚拟资源，按需创建子网络。

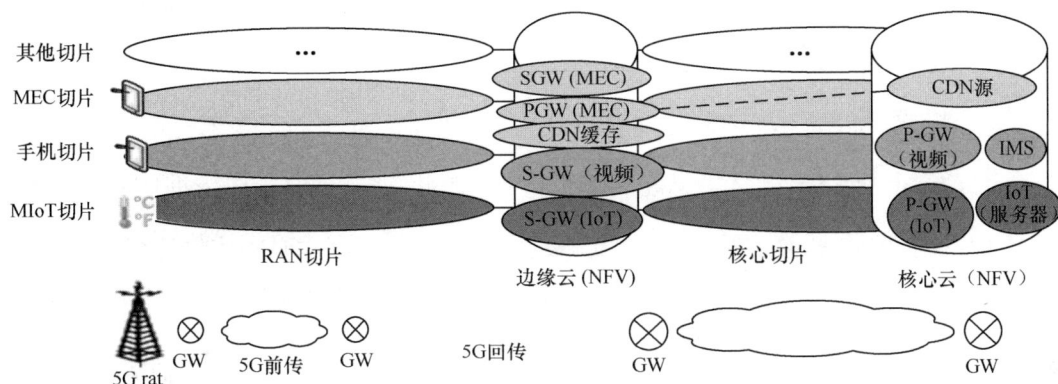

图 2-5 网络切片示意图

通过基于 5G 服务化架构的网络切片技术，运营商将能够最大限度地提升网络对外部环境、客户需求、业务场景的适应性，提升网络资源的使用效率，优化运营商的网络建设投资，构建灵活和敏捷的 5G 网络。

2. 5G 网络架构设计

（1）网络架构演进的必要性。

对比前几代移动通信系统的多址接入技术的变革，5G 时代的技术变革已从无线侧发展到网络侧。5G 经过多个版本的升级，网元众多且接口复杂，为语音通信及常规的移动业务而设计的现网架构已不足以支撑 5G 时代的多样化业务应用。

5G 利用 IT 化技术，可灵活、高效、智能化地配置网络功能。5G 的网元功能经由 NFV 和 SDN 技术分解、抽象和重构后，可以变成由接入平面、控制平面和转发平面构成的新型扁平化平台。针对不同用户、多样化业务甚至特定数据流，5G 网络平台能够根据其特定需求配置网络资源和功能，定制和编排相关的功能组件，形成各种网络切片，满足多元化应用的使用需求。其中，集中化的控制平面可基于地理位置、用户偏好、终端状态等信息进行实时感知、分析和决策，最终实现基于数据的智能化资源分配和运营管理。

目前促进 5G 网络架构变革的因素众多，主要包括以下几个方面。

多业务、多制式、多站点形态的复杂组网。5G 网络需要承载需求各异的多元化业务，满足 5G、LTE、Wi-Fi 等多制式共存的网络接入，同时协同宏站、微站等不同的站点类型。因此，在架构设计中，如何实现灵活的差异化接入需求，是目前 5G 网络面临的挑战。

多连接技术的协同。LTE 与 Wi-Fi 作为 5G 网络的补充，在未来将与 5G 网络长期共存，与 5G 新空中接口共同接入移动网络。因此，5G 网络需要依据用户的流量、移动性等信息协同多连接技术，提供足够的吞吐量及保证移动时的信号连续性。

业务锚点的按需部署。5G 网络架构设计将基于接入站点和三级数据中心的层级，依据不同业务需求及网络资源进行部署。无线接入网的实时和非实时资源能够部署在站点侧或接入云侧，业务网关能够部署在接入云侧或核心网侧。

网络功能的灵活编排。多元化的业务对网络功能的需求存在差异，例如，eMBB业务需要高吞吐率、uRLLC 业务需要超低时延及超高可靠性。因此，5G 网络需要依据不同的业务特点，对网络能力进行灵活编排，从而提高网络的运行效率。

更短的业务上线时间。多元化业务丰富了移动网络的应用场景，但也给业务部署带来了挑战。为了快速部署新型业务，需要设计一套科学高效的生命周期管理流程，其中包括网络设计、上线、运维等关键环节。

5G 网络架构设计包括系统设计和组网设计，前者研究逻辑功能的实现和不同功能的交互，构建功能平面，从而实现统一的端到端网络逻辑架构。后者研究设备平台和网络部署方案，合理利用 SDN 和 NFV 等技术，使网络基础设施具备组网灵活性和安全性等方面的优势。

（2）5G 系统设计：逻辑视图与功能视图。

如图 2-6 所示，5G 网络逻辑视图由接入平面、控制平面和转发平面构成。接入平面可利用多站点协调、多连接和多制式融合等技术，组建更灵活的接入网拓扑；控制平面利用可重构的集中式网络控制，可实现按需接入、会话管理、精细化资源管控；转发平面具备分布式的数据转发和数据处理能力，可实现动态锚点配置和丰富的业务链处理能力。

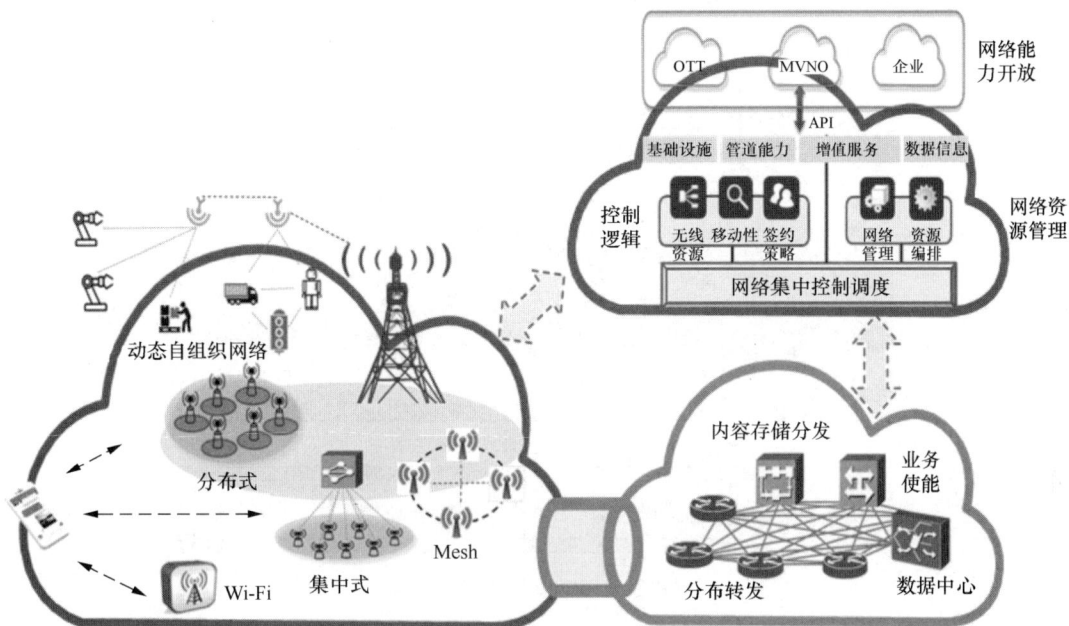

图 2-6　5G 网络逻辑视图

基于整体逻辑架构，5G 引入模块化的功能设计，并通过功能组合以构建适用于不同场景的专用逻辑网络。5G 以网络接入和转发功能为基础，以控制功能为核心，提供管理编排和网络开放的服务，形成包含管理编排层、网络控制层和网络资源层的 3 层网络功能视图，如图 2-7 所示。

管理编排层由用户数据、管理编排和能力开放 3 个模块组成。用户数据模块存储用户签约、业务策略和网络状态等信息。管理编排模块利用 NFV 技术，负责网络功能的按需编排和网络切片的按需创建。能力开放模块对网络信息统一收集、封装，并通过 API 进行开放。

网络控制层负责网络控制功能的重构及模块化，主要功能模块包括移动性管理、多接入管理、会话管理、安全管理、无线资源集中分配控制和流量疏导等。这些功能模块执行管理编排层的命令，在网络控制层中进行组合，实现对资源层的灵活调度。

网络资源层由接入侧功能和网络侧功能组成。接入侧包括两级功能单元，分别是中心单元（CU）和分布单元（DU），前者负责接入侧的业务汇聚，后者为终端设备提供接入功能，包含射频和部分信号处理功能。网络侧的主要功能是流量优化、数据转发和内容服务等。得益于分布式锚点和灵活的转发路径，系统可实现高效的转发功能和丰富的数据处理功能，如流量压缩、内容计费和深度包检测等。

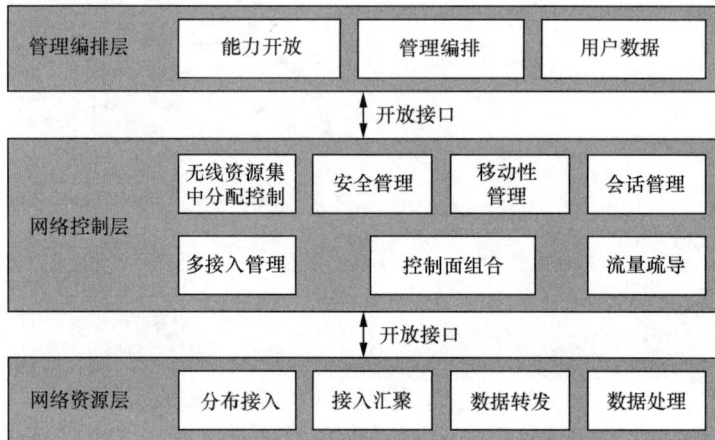

图 2-7　5G 网络功能视图

（3）5G 组网设计：平台视图与组网视图。

为达到高性能转发等目的，5G 基础设施平台由基于通用硬件架构的数据中心组成，并结合网络切片定制化地部署网络。5G 硬件平台能够通过 SDN 和 NFV 技术（如图 2-8 所示），动态配置和高效调度虚拟化资源。在广域网层面，NFV 编排器能够跨数据中心进行功能部署和资源调度，SDN 控制器负责不同层级数据中心之间的连接性。在城域网层面，可部署单个数据中心并使用统一的 NFVI 实现软硬件解耦，利用 SDN 控制器在中心内部进行资源调度。

目前，NFV 和 SDN 技术在接入网平台的应用是一个重要的探索方向。借助虚拟化技术，基站平台可承载多个差异化的无线接入方案，对接入网逻辑实体进行动态配置。此外，通过无线接入网的功能实体无缝连接，可以分配需求各异的接入网边缘业务。

在 5G 组网的能力方面，应用 SDN 和 NFV 技术也能够大幅提升效率和灵活性。NFV 把底层物理资源映射到虚拟化资源，通过构造虚拟机（VM）来加载虚拟化网络功能（VNF）；虚拟化系统负责虚拟化基础设施平台的统一管理和动态调配；SDN 技术通过虚拟机间的逻辑连接打通信令和数据通路，动态连接接入网和核心网功能单元，对端到端的业务进行配置以实现灵活组网。

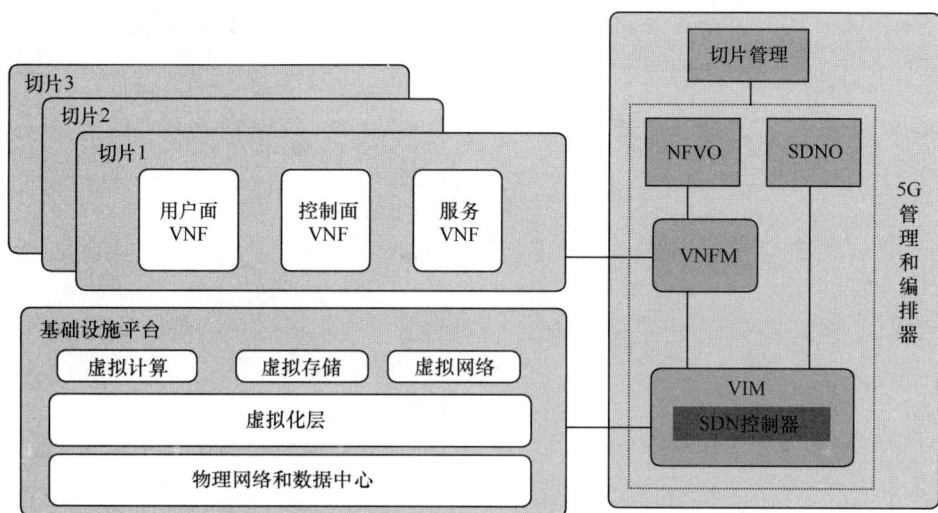

图 2-8　5G 网络平台视图

如图 2-9 所示，5G 组网功能模块一般由中心级、汇聚级、区域级、接入级这 4 个层级组成。中心级的主要功能是控制、管理和调度，如虚拟化功能编排、广域数据中心互连等，可在全国节点进行按需部署，实现总体的网络监控和维护。汇聚级负责移动性管理、会话管理等控制面功能，可在省级网络节点进行按需部署。区域级主要负责数据面网关，承载业务数据流，可在地市级节点进行部署。此外，边缘计算、业务链功能和部分控制面网络功能可以下沉到这一级。接入级主要包括 RAN 的 CU 和 DU 功能，前者部署在回传网络的接入层或汇聚层，后者部署在靠近用户端。CU 和 DU 利用低时延传输进行多点协作，能够进行分体或一体化组网部署。

得益于功能模块化设计和高效的 NFV/SDN 平台，上述组网功能不需要完全按照实际地理位置进行部署，可综合考虑多种因素，如运营商的网络规划、业务需求、用户体验和成本等，灵活配置不同层级的功能，实现多数据中心和跨域部署。

综上，5G 网络架构可分为面向功能的上层系统设计和面向部署的下层组网设计，能够实现平面合理划分、功能按需重构、组网灵活部署和资源弹性供给等关键特性，促进网络的连接能力与计算、存储能力的深度融合。在 5G 时代，运营商不仅要提供优质的传统移动互联网业务，还要与新的业务领域深度融合，充分发挥新一代通信网络的优势，持续高效地赋能各大垂直行业。

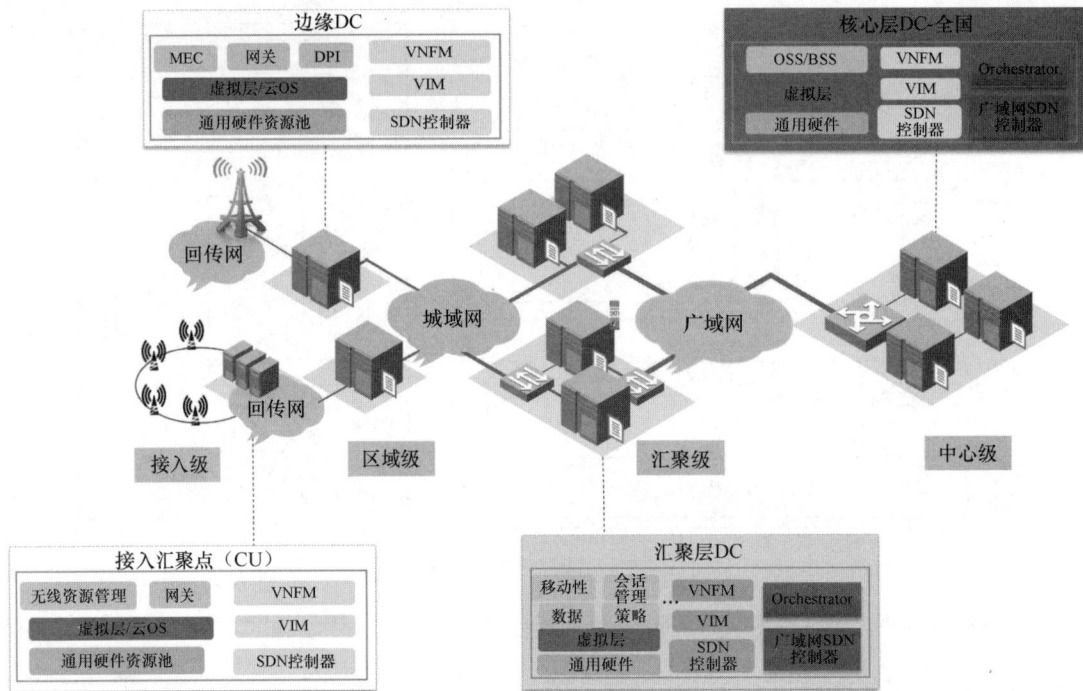

图 2-9　5G 网络组网视图

2.2　4G到5G的业务变革

本节首先介绍了 4G 的业务应用，然后通过 3 个 5G 业务场景：增强型移动宽带（eMBB）、大规模机器类通信（mMTC）、超高可靠低时延通信（uRLLC）介绍了 5G网络的新型业务变革。

2.2.1　4G的业务体系及应用场景

随着研究的不断深入与技术的持续进步，移动通信发展迅速，每隔 10 年左右就会产生一次变革，系统性能也随之大幅提升。第一代移动通信（1G）诞生于 20 世纪80 年代，采用模拟信号调制，只能承载语音业务，且具有通话质量低、信号不稳定等明显缺点；第二代移动通信（2G）诞生于 20 世纪 90 年代，采用数字信号调制，完成了从模拟到数字的革命性转变，具备较高的保密性和系统容量，同时支持语音、短信及低速网络业务；第三代移动通信（3G）诞生于 2000 年初，为满足用户对移动网络持续增长的需求，3G 具备更高的数据传输速率，峰值速率可达数十兆比特每秒，同时支持语音、短信、多媒体应用等多元化业务。2010 年后，第四代移动通信（4G）逐渐普及，得益于速率上的进一步提升，峰值速率可达 100 Mbit/s 以上，网络吞吐量是 3G 的 4 ～ 10 倍，同时 4G 所能支持的业务更加丰富多样，主要包括以下几个领域。

（1）云计算。进入 4G 时代，移动通信也进入了一个新的阶段，信息的交互越来越便捷，从文本到照片、音乐、视频，业务形式多样，数据存储的需求越来越大。另外，随着技术的发展，各种电子设备逐渐普及，从传统的电脑逐渐扩展到智能手机、平板电脑、智能手表等，终端数量急速增长，导致对平台计算能力的需求也在迅速增加，这种持续增长的需求促进了云计算的发展。作为 4G 时代的新生技术，云计算也推动了 4G 通信技术的完善，为用户提供了更加快捷、安全的云端服务体验。

（2）视频直播。视频直播是互联网的新兴产物，良好的直播体验对于网络的时延、带宽和稳定性均有较高要求。4G 时代的视频直播逐步实现了多元化发展的趋势，主要表现在以下几个方面。第一是视频直播从室内走向了室外。由于 4G 网络具有较高的数据速率并且资费大幅降低，视频直播能够摆脱覆盖范围小且有室内环境限制的 Wi-Fi 网络，走向城市街道、体育赛场、旅游景点等各种开放环境中，直播的创作空间更为开放，直播内容更加丰富，而且新的内容形态也会不断涌现。第二是电竞直播进一步发展。当前电竞直播是视频直播的一个重要分支。4G 较高速率和较低时延的性能优势能够为电竞直播创造良好的游戏环境，有力促进了电竞直播这一分支的发展。第三是跨领域直播逐步成型。4G 为直播的多样化场景提供了技术支持，有利于促进视频直播与体育、教育、新闻、医疗等行业的深度融合，构建新的直播生态。在将来，随着通信技术的不断进步，这种跨领域深度融合的模式将进一步发展，成为驱动各行业发展的因素之一。

（3）远程医疗。我国地域辽阔，目前医疗资源分布不均，部分偏远地区的居民较难获得及时、高效的医疗服务，致使这些地区的患者寻医问药较为不便。远程医疗是 4G 时代的新型业务场景。得益于 4G 网络较高的传输速率和吞吐量，高清图像和大量数据能够实时传输，为远程医疗提供高效的实施途径。病人通过 4G 网络与医疗专家进行远程连线，专家可以进行及时、有效的远程医疗指导，确保救治的最佳时间。此外，患有心血管疾病的患者能够基于 4G 网络的可穿戴医疗器械，实时将血压和心率等个人健康信息与医院诊疗系统及时对接，在医生与病人之间建立及时、高效的双向反馈。由此可见，远程医疗能够对我国目前医疗资源分布不均的状况产生巨大的影响。

（4）移动网络游戏。随着终端设备性能的改善和网络速度的提升，近年来，我国移动端网络游戏的市场发展迅速，且前景良好。相比音乐和视频等业务应用，在线游戏对于网络延迟较为敏感，竞技类游戏、体育类游戏尤为明显，零点几秒的延迟就能直接决定游戏体验的好坏。受限于上一代网络的带宽和时延，在线游戏的体验非常有限，难以满足玩家对移动游戏高质量体验的需求。凭借其较高的网络速率和较低的延迟，4G 网络可为移动游戏用户带来流畅的体验。

2.2.2　5G的业务体系及应用场景

前几代移动通信技术关注的都是人与人的通信，而 5G 最根本的区别在于把通信方式扩展到了物与物、人与物的智能互联，使通信技术能够与各行各业进行深度融合。5G 基于全新的架构，超高带宽、毫秒级时延和超高密度连接等性能指标，推动物联网、远程医疗、智慧城市等新型业务爆炸式增长，使数量超千亿的在网设备构建真正意义的"万物互联"，并催生出极具前景的新兴领域，为人类的信息技术产业带来又一次飞跃。

面向未来的超大数据量、海量设备连接、垂直行业的多样化需求，5G 新引入了用户体验速率、连接数密度、流量密度和能效 4 个关键能力指标。具体来看，5G 用户体验速率最高可达到 1 Gbit/s，能够支持 VR/AR 直播、4K/8K 直播等业务；连接数密度可达 100 万个 / 平方千米，具备海量设备接入能力；流量密度可达 10 Mbit/s·m^{-2}，可以应对移动流量极速增长；传输时延可达毫秒量级，为车联网等行业应用提供了条件。

5G 通过上述网络能力与人工智能、大数据、云计算进一步融合，深度赋能各个行业。图 2-10 展示了 5G 时代的各种赋能技术。面向普通用户，5G 提供 4K/8K 超高清视频、VR/AR 直播等全新的业务体验，使应用种类更加丰富，业务体验更加流畅。

面向行业应用,5G 以低时延、大连接等优异的性能指标为基础,与物联网、远程医疗、自动驾驶等典型业务场景深度融合,创造千亿数量级的设备接入规模。

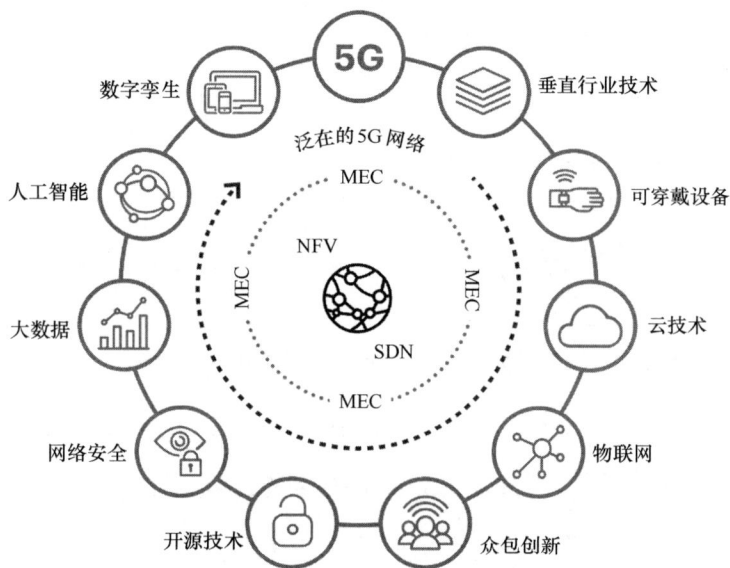

图 2-10   5G 时代的各种赋能技术

增强型移动宽带(eMBB)、大规模机器类通信(mMTC)和超高可靠低时延通信(uRLLC)是国际电信联盟定义的 5G 三大业务场景,如图 2-11 所示,eMBB 场景面向超清视频、高速上网等个人用户的应用体验,多用于高速率、大带宽的通信业务。mMTC 和 uRLLC 则面向机器通信的应用场景,其中,mMTC 能够提供超高数量级设备连接的网络能力,以传感和数据采集等为目标,uRLLC 利用低时延和高可靠特性,满足自动驾驶、工业控制等垂直行业的特殊需求。

1. 增强型移动宽带(eMBB)

eMBB 主要针对在线 4K/8K 视频、VR/AR 等大流量移动宽带应用,是 4G 移动宽带场景的增强,接入速率增幅巨大,其单用户接入带宽可接近目前的家庭宽带。首先该场景对带宽条件敏感度极高,性能指标主要为超高用户体验速率(100 Mbit/s ~ 1 Gbit/s)和峰值速率(数十 Gbit/s)、超大流量密度(数十 Tbit/s·km^{-2})、增强的移动性(500 km/h 运动过程中的连接保证)等。其次,时延也是该场景考虑的因素,因为 VR/AR 等应用的交互操作需要 10 ms 量级的时延才能保证良好的体验。

增强移动宽带（eMBB）	下一代通信/社交/AI助手/实时培训学习……	超清视频/下一代娱乐……	固定无线接入（FWA）/移动5G接入
超高可靠超低时延通信（uRLLC）	虚拟现实（VR）增强现实（AR）扩展现实（XR）	无人驾驶/车联网（V2X Mesh）/边缘计算……	机器人/自动化远程控制……
大规模机器类通信（mMTC）	大规模无线传感器网络……	智慧城市/智慧场馆……	无人机/远程驾驶无人机/天空互联网……

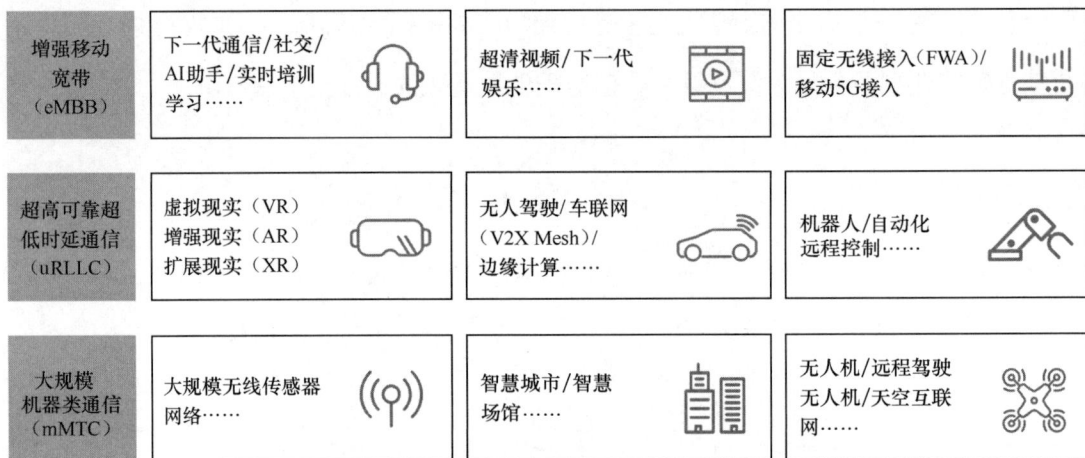

图 2-11　5G 三大场景加速其他数字技术的产业应用示例

2018 年 9 月，在杭州云栖大会上，中国联通、阿里云、京东方等多家企业携手展示了合作开发的国内首例基于 5G 网络和 8K 视频的远程医疗应用，为未来 8K 超高清视频直播的发展铺平了道路。

2019 年 2 月，在央视春节联欢晚会的主会场和深圳分会场上进行了基于 5G 网络传输的 4K 超高清视频直播，直播过程中画面流畅、清晰、稳定，这标志着基于 5G 网络的超高清视频直播应用进一步走向成熟。

2019 年 2 月，江西省春节联欢晚会首次利用 5G 网络，结合 8K 超高清视频和 VR，对春晚现场进行了录制播出，观众可以通过手机、计算机及头戴式 VR 设备等观看。在节目现场，多台超高清全景摄影机进行同步拍摄，为 VR 用户提供了全方位的观看效果。

2. 超高可靠低时延通信（uRLLC）

uRLLC 场景面向自动驾驶、工业控制等垂直行业，聚焦高时延和高可靠性要求的业务。根据相关研究和测试，自动驾驶要求毫秒级的时延，工业制造要求 10 ms 级时延和接近 100% 的可用性。相比前几代移动通信技术，5G 在时延和可靠性方面有了极大提升，uRLLC 场景能够使基站与终端设备之间的上下行用户面时延都保持在 0.5 ms 级别。因此，对于上述业务，5G 可以发挥绝对优势，有利于进一步促进相关垂直行业的快速发展。

2018 年 11 月，中国联通携手华为及中国汽车技术研究中心共同进行了国内首个基于 5G 网络的 V2X 无人驾驶试点，借助 5G 大带宽、低时延、高可靠的性能特点，结合 V2X 短距传输特性，实现了 5G 环境下 L4 级别无人驾驶应用，旨在打造国内车辆速度最快、测试最全面的无人驾驶示范区。本次测试路段的长度为 5 km，设置了 7 个障碍点并进行了 12 个项目测试，测试中，车辆时速可达 120 km/h，现场测试中 5G CPE（Customer Premise Equipment）峰值速率可达 810 Mbit/s。

2018 年 12 月，罗德与施瓦茨公司（R&S）携手华为成功进行了基于 5G 网络的 V2X 延迟测试。本次 5G V2X 通信测试引入了基于无线 IP 传输的端到端延迟测量系统，用于协同驾驶的现场测试。测试数据表明，5G 网络可将车路协同的通信延迟控制在毫秒级别，展现出比 LTE 更优良的时延性能。

2019 年 5 月，包头钢铁集团发布了基于 5G 网络的智慧矿区无人驾驶矿车应用。该项目已在白云鄂博矿区投入使用，此次应用的无人驾驶矿车高达 6.8 m，载重达 170 吨。利用 5G 网络，车辆采集的各种工作参数和信息实时回传到计算平台，再通过 5G V2X 通信系统和远程智能调度监控平台实现车辆远程操控、融合定位、精准停靠、自主避障等功能，大幅提升了作业的安全性和效率。

3．大规模机器类通信（mMTC）

mMTC 主要面向物联网等场景下的传感、数据采集、分析等应用，特点为小包传输、高连接密度、基站协作。为应对万物互联场景下的千亿级连接数增长、减少网络拥塞，该场景首先应具备高连接密度的能力，因此，需要多连接的承载通道和高时钟精度的基站协作。此外，该场景下还存在多样化和差异化的行业需求，例如，智慧城市中的抄表应用要求终端设备功耗低、支持海量小包传输；视频监控部署密度高，要求高速率传输；智能家居终端种类多样，针对不同的家具、电器，需要适应高低温、振动等不同的工作环境。

2018 年 12 月，贵阳市 5G 实验网综合应用示范项目完成航天云网的平台接入。该项目利用 5G 网络，可实现海量工业设备数据的实时上传，以及对生产过程的实时监测。航天云网旨在借助"5G+ 工业互联网"，建立基于 5G 技术的轧机设备振动监测平台，实现全生命周期管理及设备智能维护和故障智能诊断。

2019年2月，中国联通与中国商飞联合在上海举行了国内首个真正意义上的5G智慧厂区发布会，标志着5G和工业制造深度融合的进一步探索，该项目也是中国联通5G行业应用中的亮点项目。上海联通已完成制造园区内的5G信号覆盖和边缘计算节点的部署，基于5G的大带宽、低时延、高可靠等特性，实现了数控车间的全连接、生产过程的全生命周期管控、远程AR巡检等应用，有力地推动了5G在工业场景中的应用进程。

2019年5月，中国联通携手湛江钢铁举行了湛江钢铁·联通5G试验网的开通仪式，标志着中国联通在"5G+智能制造"上又迈出了新的一步，湛江钢铁也成为首个引入5G工业化生产的制造基地。仪式现场拨通了湛江市首个5G高清视频电话，通话过程中语音流畅、画质清晰。此外，现场还实现了基于5G网络的炼钢区域风机摄像头实时运行状态的在线监测。该项目利用中国联通5G网络的大宽带、低时延、高可靠性等性能优势，结合头戴式设备，可进行设备智能化控制、交互式巡检、现场数据可视、远程运维支持等工作，实现高效化、智能化及安全化的巡检流程。

综上，数量众多的业务场景对5G网络提出了多样化的性能需求，包括资源分配、移动性管理、时延要求等。图2-12展示了5G三大业务场景应用。因此，面对众多场景与差异化需求，5G提出网络与业务深度融合的新目标与按需服务的新理念。

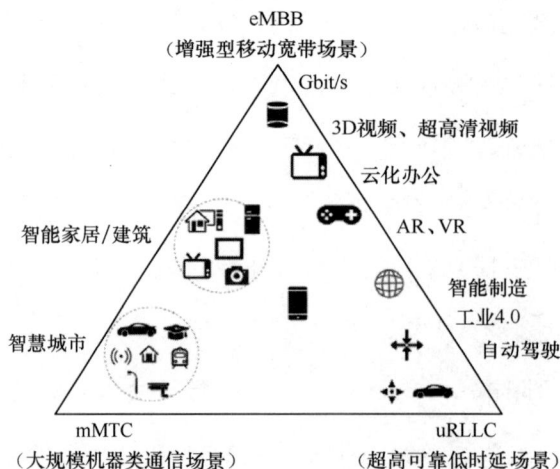

图2-12 5G三大业务场景应用

5G 网络具有"最后一公里"的覆盖优点，用户体验能够进一步增强。例如，基于网络开放的位置区域数据、移动轨迹数据和无线网络环境数据等，应用程序能够提取相关的服务信息，提升用户黏性。此外，利用网络边缘的存储和计算能力，服务提供商可以针对特定用户提供更优的时延和带宽保证。

5G 网络的基础设施能够实现端到端的覆盖，提供给物联网更灵活的业务部署环境。利用先进的网络管理功能，垂直行业对在网终端的监控管理方式更加快捷、高效，对在网业务的运行情况更加透明。利用网络功能定制化和网络资源弹性分配，业务需求方能够实行安全的数据隔离机制和创建资源灵活伸缩的服务平台，降低开发难度。

5G 的最大变革是将人与人之间的通信延伸到人与物、物与物之间的通信，其本质不再局限于网络连接技术，而是赋能各个垂直行业和其他前沿技术的加速器。借助良好的空中接口性能、全面云化及灵活的架构，5G 基于具体应用场景，针对差异化需求按需服务、提供组合服务，显著提高了运营效率，降低了传输成本，并增强了使用体验。由于行业应用对速率、时延、可靠性等指标要求较高，历代通信技术对垂直行业的赋能作用极其有限。然而，5G 出现之后，其三大典型业务场景准确契合了各大行业应用的需求点，为垂直行业的发展提供了强劲动力。未来，可以预期 5G 通信将发展为一种通用的使能技术，成为经济发展的驱动力和科技变革的催化剂。

2.3 创新发展的电信行业

本节首先从降低运营成本、提升网络运维效率等方面说明 5G 时代运营商智能化转型的必要性，然后重点从网络智能化和业务智能化两个方面介绍通信运营商的智能化转型。

2.3.1 5G呼唤运营商智能化转型

随着 5G 时代的来临及物联网等业务的融入，电信运营商面临着网络复杂化、业务差异化和用户需求多样化等一系列挑战。这些挑战对降低运营成本、提升网络运维效率等提出更高的要求，具体体现在以下几个方面。

（1）网络运维更复杂。未来多种通信网络制式将长期共存，网络管理和运维的难度将大幅增加。由于广泛采用了虚拟化分层解耦，故障的定界、定位更加困难。此外，云化网络的动态变化也增加了资源调度管理的复杂性。

（2）网络能力要求更高。相比前几代通信网络，5G 的带宽、时延、可靠性、连接数等指标性能都显著提升，但是 5G 的业务应用性能需求也更大。如何充分发挥 5G 网络能力、快速适应业务需求变化，对新一代的网络设备提出了较高的智能化要求。

（3）业务需求更加多样化。5G 时代来临后，人与人的通信将逐渐延伸到人与物、物与物的通信，业务场景复杂性将大幅增加，需要差异化的服务等级协议（SLA），以及更先进的网络管理机制。此外，5G 业务发展呈现出多元化、个性化的趋势，如何区别于传统模式，支撑更好的业务体验，也成为巨大的挑战。

电信网络是现代信息社会最重要的基础设施之一，其覆盖广阔、结构复杂、网元众多，在网络的规划、建设、维护、优化等方面都具有一定的难度。将人工智能技术应用于电信网络，可以发挥以下几个方面的优势。

（1）数据优势。电信网络各种网元和终端产生的数据量巨大，包括网元状态、系统告警、链路信息等，使用 AI 算法对这些数据中包含的大量有用信息进行提取分析，对无用信息进行筛选剔除，可以大大提升网络运维效率与质量。

（2）算力优势。目前，各种人工智能算法的训练过程需要充足的算力资源。电信运营商数据中心的软硬件设施较为丰富，尤其在云网融合的趋势下，随着芯片技术的进步和成本的降低，数据中心的计算能力显著增强，有希望成为强大的 AI 算力支撑。

（3）场景优势。人工智能在通信网络中的应用场景较为丰富。首先，通信网是结构复杂、功能繁多、覆盖广泛并不断演进的综合信息系统。从技术研发到规划、建设、维护、优化的各个过程都可以通过人工智能来提升效率和质量。其次，通信网络广泛服务于社会生产、生活，支撑众多垂直行业应用，在工业、农业、医疗、交通、教育等领域，均可利用通信网络结合人工智能促进生产力的大幅提升。

综上所述，人工智能为快速发展的电信网络带来了新的机遇。当前互联网企业已经与电信运营形成了竞争之势，运营商面临着强大的竞争压力。运营商需要改变网络建设运营和业务发展方式，提高灵活度与敏捷性，适应激烈的市场竞争态势。此外，5G 网络的部署成本带来的经济压力巨大，运营商迫切需要探索合理高效的部署方式，保证网络建设的经济性。在这种情况下，利用人工智能技术进行网络智能化和业务智能化的转型，是电信运营商在新形势下把握机遇、迎接挑战的必由之路。

2.3.2　网络智能化

当前 5G 网络正在通过 SDN 和 NFV 技术向云化网络转型，可利用人工智能的数据感知、智能分析、意图洞察能力，进一步向智能化网络的方向演进。

（1）数据感知能力。数据感知包含数据采集、数据存储及预处理，能够提供高质量基础数据为智能分析的训练推理过程所用。

（2）智能分析能力。智能分析分为训练和推理两个方面，AI 利用基础数据进行训练，生成各类算法模型，进行应用推理。

（3）意图洞察能力。意图洞察通过用户意图的识别、转译、验证等功能，配合自动化管控，可精准实现用户意图。

面向 5G 及未来网络的智能化网络架构如图 2-13 所示。针对未来网络的人工智能能力呈现泛在化的趋势，可在网络各层依据需求逐步引入人工智能。网络的物理层、控制层、运营及编排层，都可依据对智能化程度的需求逐步使能 AI。

在 5G 网络架构中，越位于上层、集中化的位置，跨域分析能力越强，适合训练及推理全局策略，如跨域调度、端到端编排等。这类任务一般对算力和数据要求很高，对实时性要求较低。越位于下层、接近端侧的位置，专项分析能力越强，对实时性要求较高，对算力的要求较低，如 5G 新空中接口的移动性策略、边缘计算的实时控制等。一般使用嵌入式推理能力或结合边缘计算或具备一定实时性的轻量级训练引擎。

网络智能化总体规划可遵循以下几个原则。

（1）5G 云化网络优先。网络智能化架构优先基于 5G 云化网络架构，同时兼顾传统的网络，因为传统的网络也可以进行局部智能化改造。

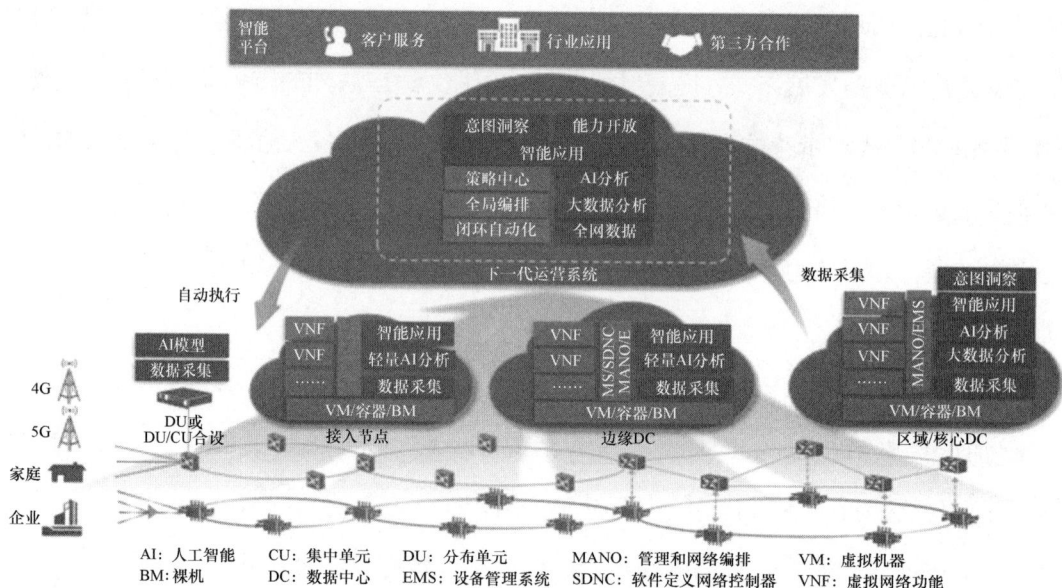

图 2-13　面向 5G 及未来网络的智能化网络架构

（2）统一架构设计。架构设计和能力规划以全网智能化为主要目标，所有子网基于统一架构，易于推进未来跨域、跨子网的综合场景智能化。

（3）解耦设计，多场景部署。与智能化相关的大数据、AI 等多个平台进行组件化解耦设计，根据需求可分可合，灵活进行各种场景部署。

（4）聚焦价值场景，逐步推进。智能化演进可逐步实施，从局部单一功能切入，再进行同域跨专业延伸，最终演进为全网端到端智能化场景。

基于目前的网络现状和 AI 水平，全网智能化难以一步到位，须经历长期演进，逐步达到理想的智能化程度。这一过程有必要借鉴其他领域分级演进的方法，形成通信网络智能化分级标准，一方面可以统一业内对智能化程度的认知，另一方面向行业内提供技术研究、产品规划方面的参考依据。

以自动驾驶分级标准为参考，中国联通也将网络智能化水平划分为 5 个等级。相对于自动驾驶的单一场景，通信网络的智能化评估更加复杂，不能以某个单一维度衡量，既要考虑通信网络规划、建设、维护、优化和业务运营等不同环节，又要考虑从网元到整网的系统，须进行综合评估。

每一级智能化水平对应一组关键特征，且每一级的关键能力都有一定程度的进步。

一般认为目前通信网络的智能化水平处于 L1 ～ L2 级，且大部分场景处在 L1 级，少量场景处在 L2 级。网络架构不同，实现智能化的难度也不同，如云化网络更易于实现高级别的智能化。目前的网络建设可以基于 L2 的标准，逐步发展到 L3 或 L4 级。由于传统的网络只能进行部分智能化改造，可达到 L2 级，但较难达到更高等级的智能化水平。

目前，人工智能在电信领域的应用尚处在起始阶段，未来随着该技术逐渐成熟，它将逐步应用于通信网络的各个场景，助力高等级智能化的网络自治，实现全方位的网络智能化演进。

2.3.3 业务智能化

运营商利用已有的基础设施和业务提供能力及人工智能的赋能力量，既能够提升业务能力和业务质量，又能够提升针对垂直行业的服务能力，成为实现数字化转型的重要抓手。

当下，基于深度学习的机器视觉、语音识别和自然语言处理等技术初具规模，具有一定的实用经验，能够较快地应用于电信网络、业务、运营等方面，形成一定规模的 AI 能力支撑，助力运营商从传统的管道化业务向新型综合数字化服务转型。

目前，基于人工智能的业务智能化主要涉及以下几个方面的应用。

（1）垃圾短信过滤。网关侧和终端侧的垃圾短信过滤十分重要，传统的过滤方法是利用贝叶斯分类器，优点是效率较高、数据需求量较小，缺点是适应性差，精度不高。目前的短信筛选器利用深度学习算法，通过挖掘海量信息，从语义和内容两个方面识别垃圾信息，无须人为定义垃圾短信特征，从而有效提升垃圾识别精度和适应能力。

（2）威胁站点评估。访问所有的互联网网站均须通过运营商网络，分析网站的流量特征是检测网站行为异常的一种重要方法。利用标记的训练模型和无监督训练识别并分类流量特征能够初步评估网站的安全信息，识别出可疑网站后，可利用其他工具进行进一步的准确分析。

（3）智慧家庭。人工智能可为家庭终端设备带来新的交互方式，增强人机互动体验。目前，智能音箱、智能电视、智能冰箱等智能终端及它们的全新交互控制方式已经逐渐普及，各大厂商都在发力智慧家庭领域。运营商可利用宽带网关和智能机顶盒的覆盖优势，深度打造以视频、语音、智能控制为基础的智慧家庭生态系统，进一步拓展业务的广度和深度。

（4）智能监控。基于传统的视频监控，利用机器视觉进行图像分类、目标识别、目标跟踪，可为视频监控业务提供人脸识别、车牌识别、特定目标轨迹追踪等能力。运营商可借助自身优势，建立统一的智能处理能力平台，加以大量的人工智能训练，有效提升视频监控服务的精准度和实时性。

（5）智能交通。利用 5G 网络和人工智能技术，智能交通可提高交通运行效率，降低交通成本，提升交通运输的安全性和便捷性。路侧摄像头采集的海量数据通过网络传输至后台，结合人工智能技术智能分析车辆数量、车辆速度、路面状况等信息，为道路系统的交通疏导和紧急情况处理做出高效指导。此外，随着车联网研究的逐渐深入，电信网络和人工智能可在车路协同中发挥重要作用，如辅助驾驶、路线规划、状况预警等。

（6）智慧教育。随着教育信息化的逐渐普及和教育投入的持续增长，现代教育在教育质量、教育多元化、教育个性化等方面有了更高的要求。基于 5G、大数据、人工智能等新技术的智慧教育新型模式成为该领域关注的热点。智慧教育把上述技术应用于教学、科研、管理等环节，对各种信息进行综合采集、筛选、分析、整合，充分利用数字资源与现代化设备打造信息化、定制化的教育环境，最终提升教学质量、管理效率，增强教育创新，丰富教育形式和方法，实现教育信息化、智能化。

（7）智慧城市。随着人工智能、物联网、云计算等新技术的爆发式增长，以及人们对城市要求的进一步提升，现代城市的智慧化演进已是必然趋势。智慧城市旨在利用信息化与智能化技术促进城市生活和城市治理的高质量转型发展。具体来说，智慧城市以构建实体与虚拟的城市智能基础设施为手段，以人工智能、物联网、大数据、新一代通信网络等技术为有力工具，通过合理、高效的智能解决方案，精准、有效地提升城市的管理水平、政府执政效能、公共服务能力和人们的生活质量，实现城市的科学、和谐发展。

　　人工智能与电信网络的融合应用尚处在初级阶段，该方向在未来存在巨大的发展空间，目前在业界已获得了广泛关注。随着该方向的各种理论研究与实践应用的持续深入，人工智能将在提升电信网络质量、改善用户体验、增强业务能力、拓宽业务范围、避免运营商"管道化"等诸多方面发挥重要作用。

第 3 章

全球电信运营商的
人工智能应用

随着深度学习理论算法的革新、芯片计算性能的提升及大数据的广泛应用，人工智能进入新的发展阶段，给电信运营商带来深远影响。作为通信系统的载体和网络服务的提供商，电信运营商拥有场景应用、海量数据、计算资源等方面的独特优势，将人工智能技术引入通信网络、服务和行业应用领域，能够加速网络智能化转型、提升服务质量、推动人工智能与实体经济的深度融合。

电信运营商应用人工智能提升网络智能化水平。基于海量数据，电信运营商能够利用人工智能技术提供的强大分析、判断、预测等能力来赋能网络，提升网络智能化水平。从流程上来说，人工智能技术可以应用于网络的规划、建设、运维、优化等环节。对于 SDN/NFV 和 5G/6G 等下一代网络，从网络层级上来说，人工智能可以应用于网络基础设施层、网络及业务控制层、运营和编排层。在每一层级中，利用人工智能的分类、推理能力为网络提供服务。

电信运营商应利用人工智能提升服务水平。随着人工智能底层技术和能力的不断升级，基于语音识别、语义理解等技术的基础应用开始广泛与电信运营商的各种服务场景结合，客服和家庭业务在人工智能技术的助力下成为电信运营商进入人工智能领域的重要入口。在智能客服方面，电信运营商利用语音识别、自然语言处理等人工智能技术开发智能客服机器人，与用户开展多轮对话，帮助用户解决常见问题，既能节省大量人力成本，又能提升客户体验。在智慧家庭方面，运营商凭借家庭用户量大的优势，开发和推广基于人工智能技术的智能终端设备和服务。电信运营商通过智能音箱、智能机顶盒、智能管家等智能产品进军智慧家庭。

电信运营商应用人工智能赋能行业应用。2019 年，中国正式开启 5G 商用，电信运营商抓住 5G、人工智能协同发展的机遇，拓展"5G+AI"在智慧城市、智慧政务、智慧农业、智慧交通、智慧零售等多个垂直行业的应用。为了更好地整合行业资源，通过 5G、人工智能赋能实体经济，运营商充分利用自身在网络和产业链上的优势，积极发起或牵头成立行业联盟、论坛、合作中心等组织机构，拓展人工智能应用新场景，推动自身数字化、智能化转型，与合作伙伴共同实现多方共生共赢。

3.1 国内外电信运营商人工智能发展的现状

本节从网络智能化、服务智能化和行业应用智能化的角度论述了中国联通、中国移动、中国电信、AT&T、Verizon、NTT DOCOMO、Vodafone 等国内外电信运营商的人工智能发展现状，希望能让读者全面了解电信运营商的布局与进展。

3.1.1 中国联通

中国联通紧紧抓住国家人工智能发展规划及混改带来的历史性机遇，充分利用混改方的技术、产品、运营实力，促进自身向网络智能化、服务个性化及行业应用智慧化转型。通过人工智能技术降低网络建设维护成本和管理成本，提升用户体验和行业业务的竞争力，深化行业合作，实现中国联通"智而美"的转型。

中国联通率先落实"智能＋"战略，全面拥抱 AI。2019 年 6 月，中国联通在世界移动大会（MWC）（上海）发布了中国联通 AI 战略、网络 AI 发展策略及网络 AI 平台"CubeAI 智立方"，响应国家"智能＋"战略，构建开放共赢的创新生态，推动人工智能落地，助力实体经济发展。

中国联通 AI 战略如图 3-1 所示，以"客户信赖的 AI 服务价值创造者"为愿景，以提升智能水平、提质增效，降低运营成本、降本增效，创造智慧应用为目标，具体策略是，聚焦支撑三大类应用，打造全智能化服务体系架构，具体举措为"1 个数据平台 +2 个能力平台 +3 类业务应用"。数据平台主要是聚焦数据中台，能力平台包括网络 AI 能力平台和企业 AI 能力平台，支撑网络运营、业务创新和企业运营管理 3 类应用。

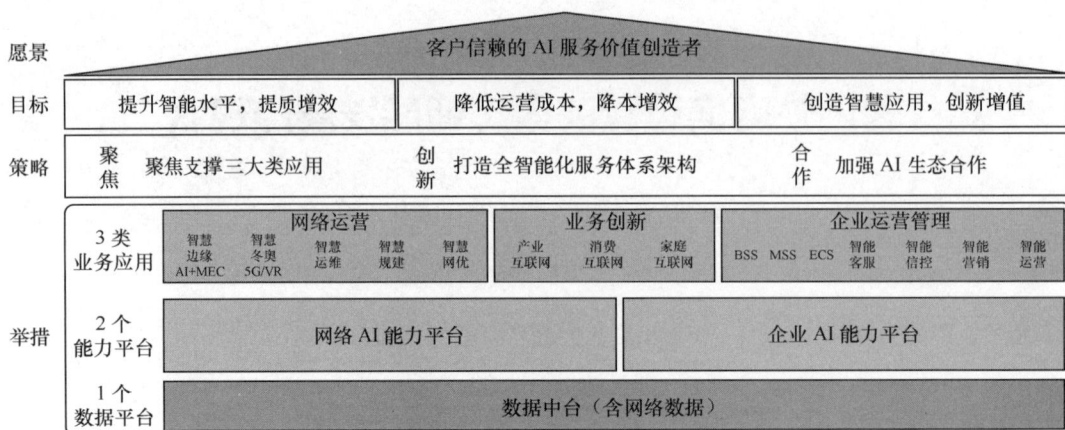

图 3-1　中国联通 AI 战略

1．网络智能化

中国联通认为网络 AI 是中国联通 AI 战略的关键部分，发展策略如图 3-2 所示，具体体现在以下 3 个方面。

- 应用牵引：聚焦 5G+AI、智能运维及行业创新，形成网络 AI 典型应用，突显网络 AI 的价值。

- 平台赋能：研发与建设 CubeAI 平台，打造中国联通网络 AI 发展的引擎。

- 生态共赢：构建网络 AI 共赢生态圈和开放合作体系，加速网络 AI 的创新和应用。

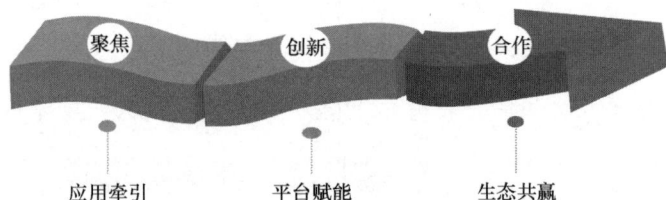

图 3-2　中国联通 AI 发展策略

（1）CUBE-Net 2.0+AI。

CUBE-Net 2.0 是中国联通新一代网络架构，致力于打造开放合作的新生态。2018 年 9 月，中国联通发布了新一代网络架构 CUBE-Net 2.0 与 AI 融合的框架，如图 3-3 所示，致力于打造智能、敏捷、集约、开放的 CUBE-Net 2.0 网络。

（2）基于 AI 的无线网络用户满意度分析。

中国联通利用人工智能算法，以用户侧数据和网络侧数据为基础，分析用户群体特征，找出影响用户网络感知评分的关键因素。基于决策树算法，建立用户网络感知关联模型，预测用户对通信网络的满意度，及时发现用户对于业务感知的真正痛点，为网络规划建设和运行维护部门制定提升用户业务感知策略提供依据，从而提升用户体验。

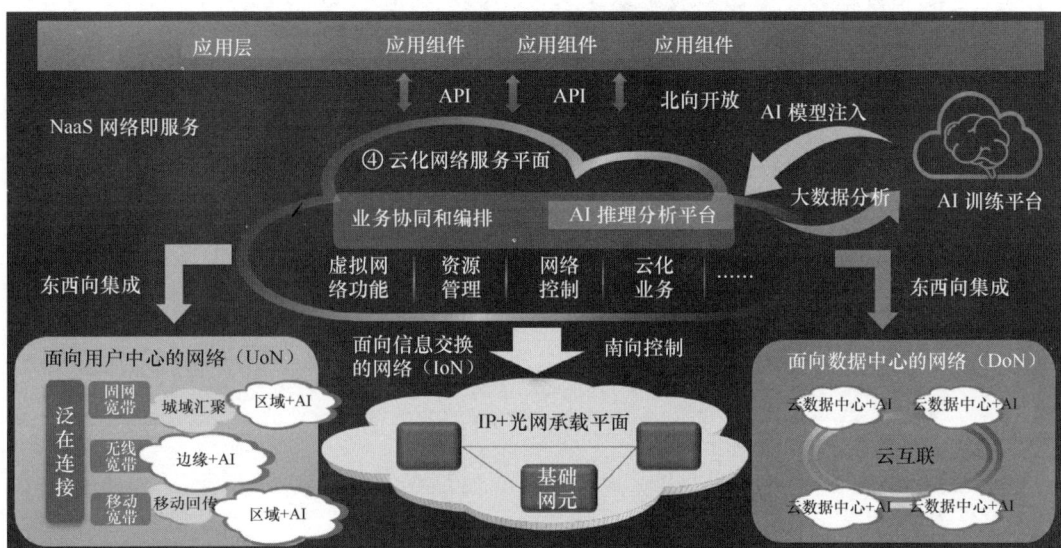

图 3-3　中国联通 CUBE-Net 2.0+AI 网络架构

（3）基于 AI 的告警分析系统。

中国联通网络技术研究院研究并开发了具有自主知识产权的 AI 告警分析系统，能够对 IPRAN 告警数据之间的关联信息进行挖掘分析，定位根源告警，实现对告警的压缩过滤，提高了 IPRAN 的运维效率及准确率，提升了网络质量和用户体验。

（4）基于 AI 的天馈自调优系统。

天馈系统的参数是影响无线移动网络性能和质量的重要因素之一，因此，如何设置天馈系统的参数并进行优化至关重要。中国联通针对近年来基站数量呈指数增长、网络优化的复杂度急剧增大的痛点，将人工智能技术引入天馈自调优系统的智能自动寻优系统中，基于基站工参、数字地图、天线增益文件、MR/MDT 等数据，针对综合覆盖率等指标，通过智能迭代寻优，达到目标区域的最佳覆盖和带宽性能。

（5）运营商固网存量业务保障。

中国联通使用神经网络及决策树相融合的技术，对用户固网存量业务进行预测，并且对每个影响固网业务质量的变量进行重要度排名，以提高运营商维系客户的效率和精准度，并改善用户在使用固网业务时的体验。

（6）智慧专线。

针对专线运营缺少从售后运维数据支撑售前营销的反馈闭环，中国联通通过大数据+AI能力，进行流量建模和客户画像，帮助网络部门基于网络和业务级流量预测，指导网络精准扩容，向销售部门提供租户套餐升级评估建议和按租户的带宽进行优化的建议。

（7）标准与开源。

中国联通积极牵头或作为主要参与者制定国际、国内网络智能化标准，向 ITU、ETSI、3GPP、GSMA、CCSA 等输出研究成果。中国联通还积极参与网络人工智能开源开放活动，发布开源软件或 AI 模型，撰写 AI 开源白皮书。

2. 服务智能化

（1）智能客服。

中国联通与互联网企业强强联合共同打造了一款具有优质体验的智能客服产品。它整合了语音识别、语音合成、自然语言处理、对话系统等人工智能技术，听得懂、说得出、能理解、能回答用户的来电。用户拨打中国联通 10010 热线后，只需要通过自然语言提出需求，智能客服即可准确识别用户的来电诉求，并运用自然语言与用户进行多轮对话交互，提供查询、咨询、业务办理等服务。

（2）智能外呼系统。

外呼是企业维系客户、扩展市场的重要手段，但是传统的人工外呼方式在人力成本、用户体验、话务分配等方面都面临很大的挑战。为了应对这些挑战，中国联通研发了一种智能外呼系统，使用语音识别、语音合成、自然语言处理等技术构建智能外呼系统，可以针对特定的场景，自动对用户进行回访，代替人工维系客户，既降低了成本，又提高了回访质量。

（3）智慧家庭。

针对智慧家庭场景，中国联通研发了基于语音识别技术的智能音响、机顶盒等产品，并推出智慧家庭管理平台 "沃家总管"，帮助用户打造一个智能、安全、舒适、环保的家，让用户步入智能生活。

3. 行业应用智能化

（1）智能城市。

2019 年 4 月，中国联通成立了智能城市研究院，全方位参与、支撑雄安数字智能城市的规划建设，围绕智慧城市相关领域开展行业 / 产业洞察、政策法规研究、国际国内标准制定工作，开展智慧城市顶层设计与规划咨询、产品研发及技术方案创新。中国联通智能城市研究院推出了智能运营管理平台，依托数字孪生城市建设理念，构建数据驱动、可视、可管、可控的智能管理决策中心，实现城市微单元全要素实体数字化、运行态势可视化、运维管理集中化和决策管理科学化。

（2）智慧政企。

中国联通积极将人工智能技术引入 "雪亮工程"，将人脸识别、车牌号比对、大数据分析、综合布控等技术与县、乡、村三级综治中心建设相结合，将防范措施延伸到群众身边。

中国联通打造智慧足迹相关产品，融合内部和互联网等数据，利用深度学习技术，为用户画像，广泛应用于金融、商业、交通管理运营、城市规划管理等领域，已为多个部委、城市和 500 强企业提供服务。

（3）智慧金融。

中国联通依托精品网络、客户渠道等优势资源及大数据、云计算、人工智能等技术，为金融保险等客户提供精准营销、风险预测等服务。

（4）智慧教育。

中国联通网络技术研究院与华南师范大学合作成立 " 人工智能 + 教师能力发展联合实验室"，双方围绕教师能力发展评测、教育行业人工智能技术、教育行业平台等方面开展相关合作研究及产品开发。中国联通研发了一种智能教育质量评估系统，该系统利用各类人工智能算法对收集到的与教师教学质量有关的图像、声音、文字数据进行分析，并生成客观的可视结果，用于科学、客观地评估教学质量。

（5）智慧交通。

中国联通提出智慧交通解决方案，通过"端－管－云"的架构，实现地面交通在云端的数字孪生映射，利用人工智能实现快速、高效的智慧交通业务应用。

中国联通与合作伙伴一起将智能驾驶与通信技术紧密结合，在国家智能网联汽车（上海）试验基地采用实车测试，首次面向公众展示了支持多场景融合的蜂窝车联网（C-V2X）应用解决方案。

（6）无人机。

中国联通自主研发的无人机搜救产品"5G沃救援"，基于5G网络的大带宽传输能力和无人机机动性高、飞行轨迹灵活的特点，通过机载摄像机实时拍摄并回传受灾现场高清视频画面，利用人工智能技术和5G边缘计算能力，识别受困人员、分析灾区情况，有效降低了搜寻难度，缩短了搜救时间，彰显了社会效益。

（7）智慧环保。

中国联通将人工智能视觉技术运用到联通"智慧河（湖）长"解决方案中，实现对河（湖）道、水库、排污口等重点区域的智能化视频监控，助力水域治理。

4. 行业合作

（1）产业联盟。

2017年10月，中国联通积极推动成立了"中国人工智能产业联盟"（AIIA），当选为副理事长单位，积极输出中国联通在人工智能领域的研究成果，并承办了2018年首届"AIIA杯"人工智能巡回赛中国联通＆腾讯联合赛点，以及2019年"AIIA杯"人工智能大赛5G网络应用专项赛，获得地方政府和社会各界的高度认可。

2018年，中国联通成立了"智慧联盟"，旨在聚合产业合作伙伴的各方力量，在新零售、消费互联网、产业互联网等多个方面展开全方位、深层次、系统性的全面合作，共促业态发展，为全民智慧生活加速。

（2）论坛。

中国联通于 2019 年 3 月联合中国信息通信研究院、AIIA、中兴、华为等机构或企业发起成立了网络 AI 论坛，为"产学研投"各界提供交流与合作平台，促进企业人工智能产品在运营商网络中的应用，推动实现运营商网络云化、网元虚拟化、网络 SDN 化和运营智能化，响应国家"智能 +"战略，深化人工智能在通信领域的研发应用，提高网络"智能 +"水平。

（3）实验室。

中国联通于 2018 年与百度共同发起成立了"5G+AI 联合实验室"，充分发挥通信网络和人工智能技术的优势，共同致力于 5G、车联网、AI、边缘计算、翻译、语音、地图、大数据等方面的产品和商业模式创新。

3.1.2　中国移动

中国移动认为电信运营商在人工智能产业中有三重角色，即人工智能技术的使用者、人工智能产业的核心驱动者、人工智能服务的提供者，并具备独有优势。中国移动实施"大连接"战略，推进"四轮驱动"融合发展，推动先进信息通信技术应用普及，创造智慧互联新生活。中国移动在人工智能领域进行战略布局并取得阶段成果。

1. 网络智能化

中国移动认为人工智能会为运营商网络带来 3 个层级的智能化，上层是对外服务智能化，实现通信产品、服务的创新和智能化转型，提升用户体验；中间是网络运维智能化，推动网络运维及管理等领域智能化，降低运营成本、提升运营效率；底层是网络自身智能化，推动构建动态、灵活、开放的网络能力和服务，进而赋能传统行业的智能化升级。

2019 年 11 月，中国移动发布了《5G 智慧网络白皮书 2.0》，阐述中国移动在网络智能化方向的关注、思考和推进工作。

一是构建智慧网络：中国移动在新的网络架构中引入人工智能能力，构建端到端的智慧网络，对内提升运营效率，对外提升开放能力、赋能行业，实现网络即服务愿景。

二是主导和参与国际、国内网络智能标准制定：中国移动联合牵头行业合作伙伴制定了网络智能化分级标准，给出了网络智能化等级评价方法，并推进 ITU、3GPP、CCSA、AIIA 等标准组织的立项、结项工作，未来将继续开展细分场景标准研究。

三是将人工智能能力引入典型应用场景：中国移动将人工智能与网元自治、边缘智能、运维智能、业务保障、行业能力开放赋能、终端智能等场景相结合，实现人工智能赋能通信网络和业务。

（1）NovoNet 新一代网络。

中国移动提出了 NovoNet 网络架构，构建以新型数据中心、新型网络和新型大脑为核心的未来网络，打造智慧网络。

（2）深度学习的覆盖优化系统。

中国移动构建了基于深度学习的覆盖优化系统，智能分析小区覆盖痛点和问题，输出覆盖优化建议。

（3）智能参数优化系统。

中国移动构建了智能参数优化系统，通过丰富的算法和灵活的调用形式，服务网络优化。

（4）网络智能运维机器人。

中国移动以贴近用户、提升用户体验为目标，探索了从用户客服数据出发，通过智能关联相关的网络数据，利用语音识别、自然语音处理和智能建模技术，实现用户投诉的自动化、智能化处理。同时挖掘用户投诉热点区域和网络问题，支撑网络不断优化和提升。

（5）巡检机器人——"锐目"。

针对 IDC 机房，中国移动还自主研发了巡检机器人——"锐目"，集成自主导航、智能避障、图像识别、数据分析等前沿人工智能技术，实现机房自动化巡检。

（6）标准与开源。

中国移动牵头或作为参与者在 ITU、ETSI、3GPP、GSMA、CCSA 等组织制定了数项网络智能化标准。中国移动与 AT&T 主导的开源网络自动化平台 ONAP，致力于 SDN/NFV 网络全生命周期管理平台的研发，实现智能化的网络编排与控制。

2. 服务智能化

（1）智能客服。

中国移动自主研发的智能客服机器人"移娃"已在客服体系全面应用，支撑中国移动 31 省分公司，拥有 App、微信、微博、短信等 200+ 渠道，单月与客户交互量达 2 亿多次。

（2）智能语音助手。

"咪咕灵犀"是中国移动推出的一款中文智能语音助手，能够帮助用户拨打电话、发短信、查天气、查话费、查流量、买彩票、订购彩铃、设置提醒等，还可以与用户语音聊天。

（3）智慧家庭。

中国移动正在探索"AI+ 大视频 + 大数据 + 智能家居"模式，与智慧家庭产业链上下游合作伙伴共同打造智慧家庭生态开发应用平台，实现互利共赢。中国移动研发智能家居 Andlink 协议，实现智能家居设备间的互联互通，为用户创建便捷、安全的智慧生活；发布了智能门锁、智能音响等智能家居设备，争夺智慧家庭入口。中国移动借助科大讯飞智能语音技术研发的"智能语音遥控器"，使电视语音用户能够通过语音在电视机上完成节目选择、商品选购、天气查询等操作，即使普通话不标准或者只会说方言，也一样能得到准确的结果。

3. 行业应用智能化

（1）智慧城市。

中国移动打造了智慧城市能力开放平台，根植于海量用户数据，开放基础通信、物联网、大数据、云计算、人工智能等方面能力，构建智慧城市生态。

（2）智慧政企。

中国移动通过构建"云 +、视频 +、通信 +、办公 +、安全 +"五大关键信息化能力，为党务、政务、军务建设提供网络化、智能化服务体系。

"云 +"：中国移动为行业客户提供虚拟机和云资源，包括高性能计算、GPU 图形计算、SSD 高性能硬盘、SDN 等产品，以及 docker 容器服务、大数据分析、深度学习等服务。

"安全＋"：中国移动推出了智能终端管理安全产品"和管家"，有针对性地满足客户对网络安全的需求。

（3）智慧金融。

中国移动依托海量数据资源和网络整合能力，为金融机构提供面向贷款审批、用户画像、精准营销等应用场景的多种智能产品和服务。

（4）智慧教育。

中国移动启动了"5G＋智慧教育"行动计划，提供包含"5G 双师互动教学""5G 全息投影教学""5G VR/AR 沉浸式教学""5G 个性化教学"4 类教学场景的"5G 智慧课堂"行业应用，打造了互动型、沉浸式、跨区域多点远程教学模式，并提供了校园管理和大数据管理两个延伸应用，创新智能化、自动化、数据化的校园管理模式。

（5）智慧交通。

中国移动发力车联网领域，研发智能车载设备及管理平台，使用语音处理、图像识别等人工智能技术，实现车辆监控、行车记录、智能控制、故障报警等功能。

（6）智慧畜牧业。

中国移动提供智慧畜牧解决方案，以生物位置信息、行为信息、环境信息感知为起点，通过人工智能、大数据、物联网等技术，促进畜牧产业各环节实现信息化、智慧化。

（7）智慧零售。

2019 年，中国移动打造的 5G 无人贩卖机器人在重庆机场提供服务。该机器人充分利用 5G、室内自动导航、移动支付、自动驾驶、语音识别、自主避让、远程控制等多种技术，实现自主巡航售卖。当消费者召唤机器人时，机器人能够识别出目标客户的声音来源，通过智能规划的路径向目标移动，主动寻找和精准识别客户，通过语音提示客户使用手机扫码或人脸识别进行购买。

4.行业合作

（1）产业联盟。

2018 年，中国移动联合美国 AT&T、德国电信 DT、日本 NTT DOCOMO、法国 Orange 成立 O-RAN 联盟，实现在无线接入网领域开放、开源、智能化的目标。

2018 年 5 月，中国移动增补为 AIIA 副理事长单位。

（2）实验室。

2019 年 1 月，中国移动杭州研发中心与比特大陆成立中移杭研 - 比特大陆人工智能联合实验室，面向数字家庭、智慧社区、智慧旅游等场景，开展 AI 视觉芯片和视觉边缘计算等方面的合作，打造全屋智能、智慧厅 / 店 / 楼宇等产品。

3.1.3 中国电信

伴随智能服务的到来，中国电信第三次推出了企业转型升级（转型 3.0），着重推进网络智能化、业务生态化、运营智慧化，云、管、端、芯协同支撑网络、业务、运营、管理四大智能化重构，使用智能化技术，引领数字生态，做领先的综合智能信息服务运营商。

2019 年 6 月，中国电信发布《中国电信人工智能发展白皮书》，介绍中国电信人工智能发展总体布局（如图 3-4 所示）及中国电信人工智能发展的驱动力、发展目标、演进路线、切入领域与关键举措，阐述中国电信应用、发展人工智能技术的未来愿景与顶层设计。

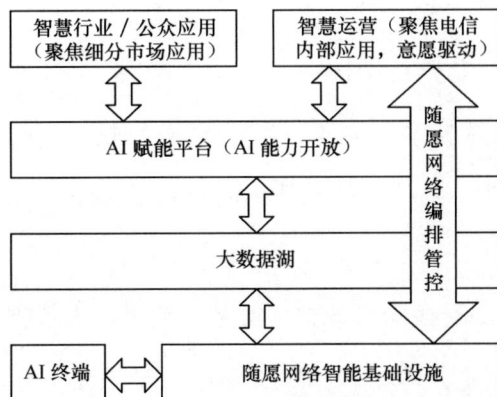

图 3-4 中国电信人工智能发展总体布局

1. 网络智能化

中国电信通过电信网络和业务的需求与具体场景等切入点，提出了基于人工智能的"随愿网络"。中国电信随愿网络主要由随愿网络智慧大脑、随愿网络编排管控层、随愿网络智能基础设施及 AI 终端 4 个部分组成。其中，随愿网络智慧大脑包括中国电信人工智能总体布局中的大数据湖、AI 赋能平台及在其基础上形成的各类 AI 能力，随愿网络编排管控层是在随愿网络基础设施的基础上实现智慧运营的关键通道枢纽，整体架构如图 3-5 所示。

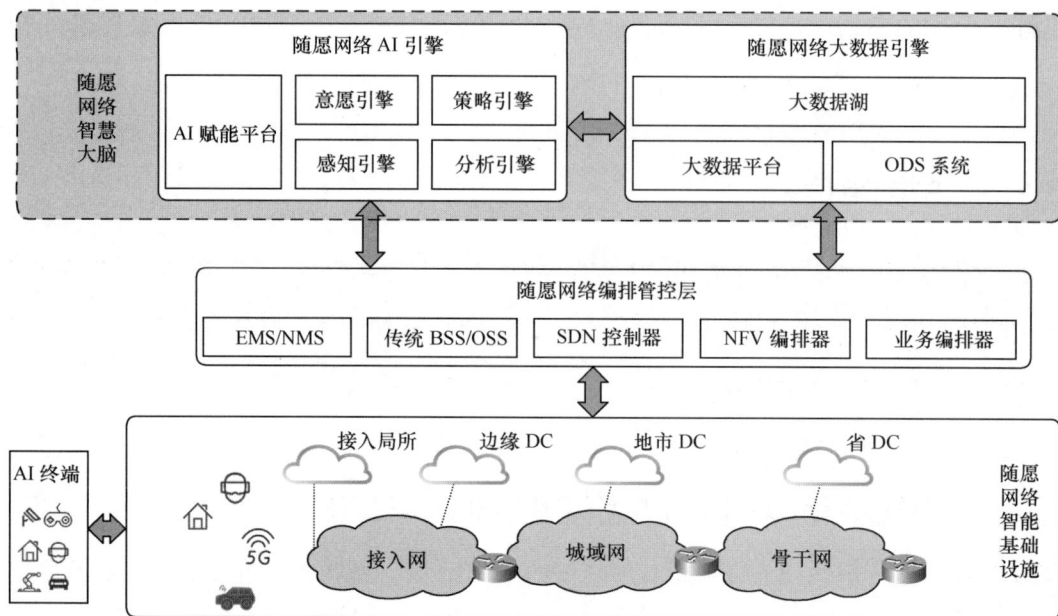

图 3-5　中国电信随愿网络目标架构

（1）CTNet 2025。

中国电信发布了新一代网络架构——CTNet2025，开启网络智能化重构工作，积极引入 SDN、NFV、云等技术，构建简洁、集约、敏捷、开放的新一代智能网络运营系统，为用户提供可视、随选、自服务的全新网络体验。

（2）海牛系统。

中国电信构建了海牛无线网络智慧运维系统，引入大数据处理和人工智能技术，在数据质量控制、无线小区异常检测、无线小区容量预测 3 个方面展开实践。依托华为 NAIE（Network AI Engine）的网络 AI 数据处理和模型训练能力、海牛系统实时推理和模型评估优化能力，在异常检测的多路径选择算法、短周期容量预测的 LSTM 算法、长周期容量预测的融合算法中进行多项实践，提升了异常小区检测准确率和小区流量预测精度。

（3）基于人工智能和大数据的无线网络运营平台。

中国电信将人工智能运用到多方面的网络运营分析中，准确地找到网络异常点，提前判断网络趋势，给出准备的整改建议，提升了网络管理运营效率，提高了智能化网络管理水平。

（4）无线告警根因分析系统。

中国电信基于网络拓扑，使用人工智能技术对无线网络告警进行分析诊断，处理告警、事件、操作日志及故障解决历史记录等数据，找出了故障特征与故障原因的系列规则。在实际网络运维中，根据故障特征智能匹配诊断规则进行诊断，自动得出故障点及相关处理建议。

（5）数据中心。

中国电信引入深度学习技术，发掘节能潜质，在非峰负荷期实行休眠，实现绿色节能。

（6）标准与开源。

2017 年，中国电信联合华为等在欧洲电信标准化协会（ETSI）成立全球第一个网络人工智能标准工作组（ENI，Experiential Network Intelligence）。中国电信将研发成果输出到 ITU、ETSI ENI、3GPP、CCSA 等国际、国内标准组织中，引导网络 AI 技术、标准和产业发展。

2. 服务智能化。

（1）智能客服。

中国电信打造的智能客服机器人"小知"，结合神经网络、语音识别、上下文场景交互等核心技术，以人机交互方式向用户提供 7×24 小时智能应答服务，月服务量超过 4000 万次。

中国电信搭建的集约"智能客服云平台"，利用智能语音、语义识别技术统一赋能各地 10000 号，提高用户拨打客服电话的便捷性，实现"即问即答"。

（2）智慧家庭。

中国电信依托于光宽带接入网络、天翼网关和智能机顶盒／电视等智能终端的硬件，推出了丰富的智能扩展应用，涵盖信息增值服务、智能网关应用、智能家居控制和智能终端外设等方面。天翼高清、可视通话、智能组网、智能监控和家庭云等重点业务产品致力于为用户打造便捷、智能和人性化的家居体验。

3. 行业应用智能化

（1）智慧城市。

中国电信打造一个"三融合聚数生智"的城市智慧管理平台，融合数据、能力和应用，使用人工智能、大数据分析等技术挖掘城市数据价值，为城市提供全面、精准、高效的管理、应用和服务。

（2）智慧政企。

中国电信自主研发的基于人工智能和大数据分析技术的"智察"系统，辅助警方智能部署警力、深度挖掘线索、智能分析潜在威胁，提升了警务工作效率。

（3）智慧金融。

中国电信依托自身在云计算、大数据、人工智能等技术和基础设施资源的优势，为金融客户的信贷、保险、投资等业务提供风险评估、预测服务。

（4）智慧教育。

中国电信构建全场景、全维度、全设备、统一的智慧校园综合管理平台，助力校园管理朝着创新化、生态化、智能化的理念发展。

（5）智慧交通。

中国电信构建智能交通管理指挥平台，将交通信号、摄像头、拥堵路段报告、天气情况等信息融合起来，形成汽车与道路的互联，实现人、车、路之间的实时信息感知和交互，为人们出行提供更便捷的服务。

（6）智慧农业。

中国电信采用"人工智能＋区块链＋物联网"技术，开发出"小牧童"畜牧监测系统，适用于多种应用场景，改善养殖环境，降低饲养成本和人工成本，提高产量，实现养殖行业数据价值变现。

（7）智慧医疗。

中国电信打造医疗影像云，提供云归档、云 PACS（Picture Archiving and Communication Systems）、远程诊断、移动影像、智能诊断、数据监管、集中诊断等智慧医疗服务。

（8）"互联网+"。

中国电信研发了深度搜索系统，系统聚焦于文本信息处理领域，应用于语义搜索、自动问答机器人、社会媒体挖掘、数据分析决策等场景。

4. 行业合作

（1）产业联盟。

2018 年 5 月，中国电信增补为 AIIA 副理事长单位。中国电信在其 5G 产业创新联盟中成立了"5G+AI"工作组，致力于探索基于 5G 网络和 AI 技术的业务创新与服务创新。

（2）实验室。

2020 年 1 月，中国电信与小米共同发起 5G 联合创新实验室，围绕"5G+AIoT"领域的技术，开展消费电子和智慧家庭领域的产品研发和推广技术的合作。

3.1.4 AT&T

1. 网络智能化

AT&T 基于 2016 年发布的 Domain 2.0 网络转型，将其 AI 智慧引入一个统一的平台，供物联网、大数据及安全分析等多种应用使用。

2016 年 7 月，AT&T 推出了一个名为"威胁智能"（Threat Intellect）的安全情报平台，其核心是使用机器学习技术，分析网络数据，识别并处理网络中存在的威胁。

AT&T 使用人工智能技术满足自我修复和自我学习的网络应用，从而更好地预测网络故障并在故障发生前采取措施，以提高网络服务质量。

AT&T 推出 UNI（UAS Network Inspection）系统，在智能运维系统中引入无人机，实现基站的智能巡检和运维派单；还开展网络大数据分析和应用，涉及威胁预测及自动化决策等方面，包括执行某些任务时的异常检测、分类归并、数据分析等。

2. 服务智能化

AT&T 推出商用语音技术、虚拟助手等，并将人工智能技术嵌入社交媒体和聊天分析工具中。AT&T 还研发了智慧家庭产品"Digital Life"，为客户提供家居传感器和摄像头，使用户能够在手机上智能监控家中的动态。

3. 行业应用智能化

（1）智慧城市。

AT&T 与 IBM 等合作成立 AT&T 智慧城市战略联盟，旨在支持构建新型智慧城市，帮助解决城市交通堵塞、基础设施老化和公共安全等问题。

（2）智慧医疗。

2018 年，AT&T 开发了智能眼镜和"Hey Chloe"医疗平台，以帮助有视力障碍的人。Hey Chloe 可以帮助人们正确识别处方药和非处方药。

（3）物联网。

AT&T 和 CarForce 在汽车经销领域进行了深入合作。AT&T 的物联网平台与 CarForce 的 AI 和机器学习相结合，帮助汽车经销商更好地进行汽车维护，预测汽车故障。

4. 行业合作

AT&T 联手中国移动成立 ONAP 项目，致力于 SDN/NFV 网络全生命周期管理平台的研发，实现智能化的网络编排与控制。

AT&T 联合德国电信等成立 O-RAN 联盟，实现在核心网和无线接入网领域的开放、开源、智能化目标。

AT&T 和微软围绕 5G、人工智能、云计算和边缘计算展开战略合作，双方将 AT&T 的网络与微软的 Azure 云计算能力结合起来，利用 5G 优化的带宽和速率提供更快的智能化云服务。

3.1.5 Verizon

1. 网络智能化

Verizon 在软件定义无线局域网中嵌入人工智能技术，自动对网络进行实时监测，并实时地分析网络数据与用户数据，以实现网络故障的预防及自修复，阻止未获得授权的终端接入网络，同时可让客户自主进行网络接入与安全设置。

2. 服务智能化

Verizon 推出了名为"CX"（Customer Experience）的端到端数字化客户体验服务，该服务融合 AI 技术，根据用户的历史交互情况，为用户提供更好的个性化体验。

3. 行业应用智能化

（1）智慧城市。

Verizon 在智慧城市中使用视频分析技术处理监控视频、检测异常行为。Verizon 还开展了使用地下光纤光缆作为分布式光学传感器，人工智能技术作为驱动的智能交通监控实验，通过收集车辆密度、方向、速度等信息，来智能分析城市交通道路情况和道路通行能力。

（2）医疗健康。

Verizon 使用计算机视觉、语音识别等技术为视障群体开发智能眼镜，分析摄像头捕获的环境信息，利用骨传导技术将信息清晰地传递给有视觉障碍的用户，并提供智能语音服务。

（3）物联网。

Verizon 将人工智能技术嵌入物联网平台，打造出人工智能物联网（AIoT）平台，并应用于智慧城市、智能追踪等领域。

3.1.6 NTT DOCOMO

1. 网络智能化

NTT DOCOMO 与 AT&T、SK 电信、中国移动等全球 12 家电信运营商合作，建立了 O—RAN 联盟，并在网络规划、运维中使用人工智能技术，提高网络服务质量，降低人工成本。

2. 服务智能化

（1）智能语音助手。

NTT DOCOMO 推出基于人工智能技术的语音助理软件 Shabette Concier、聊天机器 OHaNA 及眼镜型可视电话终端 Hands—free Video Phone 等人工智能产品，丰富智能语音服务的种类。

（2）智慧家庭。

NTT DOCOMO 推出"d 生活"服务，提供智能家庭监控、儿童护理、信息公告、家政保姆等服务。

3. 行业应用智能化

（1）智慧城市。

NTT DOCOMO 联手戴尔推出智慧城市解决方案，利用传感器、高清摄像头等建立分布式平台，先在边缘进行预测和诊断，然后使用机器学习方法集中处理数据，缩短城市公共事件响应时间。

（2）智能安防。

NTT DOCOMO 推出 AI 监视器，使用机器学习等技术，可以有效分析可疑行为，向管理人员的智能手机发送警报，并传送嫌疑者的照片及所在位置。

（3）智能交通。

NTT DOCOMO 与丰田汽车合作开发基于 5G 网络的智能汽车，致力于将更安全的自动驾驶汽车商业化。

（4）智能零售。

2018 年 3 月，NTT DOCOMO 推出了一款基于视觉分析的监控系统，该系统使用智能手机和其他常用设备拍摄照片，准确分析商店和仓库中的货架分配情况，预测商品销售情况。

3.1.7 SoftBank

1. 网络智能化

SoftBank 与爱立信合作，应用机器学习和大数据分析改进 RAN 设计，实现自动网络规划。

2. 服务智能化

SoftBank 推出了一款名为"Pepper"的半人形机器人，通过检测情绪表达和语音音调实现与客户互动。SoftBank 还与华为合作，共同研发智能服务机器人，利用 5G 网络连接到云端的 AI 大脑，由云端 AI 对机器人周边的环境进行识别和分析，将结果返回给机器人，实现云端 AI 和本地智能的结合，提高机器人的数据处理能力。

3. 行业应用智能化

（1）智能驾驶。

SoftBank 与本田合作推出了一款名为"NeuV"的电动汽车，能够通过车内摄像头监测驾驶员的驾驶状态，并可以根据路况提供导航服务。

（2）物联网。

SoftBank 在物联网领域积极引入人工智能技术，使用 3D 传感器来增强物联网的感知能力。

3.1.8 KDDI

1. 网络智能化

KDDI 早在 2016 年就展示了面向 5G、AI 辅助的自动网络运营系统案例。2019 年，KDDI 与爱立信共同部署一项基于人工智能的 LTE 无线接入优化方案，以提升终端用户体验。该方案可智能配置最佳的无线网络参数，从而增大接入带宽，提高频谱效率。

2. 行业应用智能化

（1）智能交通。

KDDI 联合丰田等公司研发了一个出租车智能调度系统，根据出租车日志数据、智能手机位置数据等，预测出租车的需求，减轻高峰期乘客打车难的问题。

（2）物联网。

KDDI 为制造企业提供了基于 AI 的统一的物联网解决方案，该方案通过分析工厂生产线上安装的传感器采集的数据，挖掘机械故障的原因并进行故障预测。

3.1.9　SK Telecom

1. 网络智能化

SK Telecom 部署了具有大数据分析和机器学习功能的人工智能辅助网络TANGO，通过自行检测移动网络、排除故障、实现优化来增强用户体验。

2. 服务智能化

SK Telecom 推出了语音助手 NUGU 和家庭管家智能机器人"Vyo"，NUGU 使用语音识别和自然语言处理，使用户能够控制智能家电、在互联网上查询资料信息或播放音乐。

3. 行业应用智能化

（1）智能驾驶。

SK Telecom 构建了人工智能汽车导航系统 T-MapX NUGU，使司机能够通过语音启动导航功能及了解实时交通信息，并通过语音调整音量、关闭应用程序等。

（2）智能教育。

针对儿童市场，SK Telecom 研发了儿童手表 JOON X NUGU，该手表能够提供位置分享、百科全书、词典、天气、闹钟、情感对话等功能。

3.1.10　KT Telecom

1. 网络智能化

KT Telecom 发布了一款名为"劳伦博士"（Dr Lauren）的新的人工智能解决方案，主要用于采集和分析通信网络中的数据，挖掘导致故障的原因。

2020 年 1 月，KT Telecom 推出了名为 5G AIKON（AI KT interactive Optimized

Network）的技术，用于优化和控制 5G 网络。这项技术以大数据为基础，使用深度学习等技术对 5G 基站数据进行自动迭代寻优并得出最佳结果，用于辅助 5G 网络优化决策。通过这项技术，工程师无须到现场操作，通过远程控制系统即可对基站天线覆盖进行优化。此外，5G AIKON 还将用于故障预警、分析诊断、故障自愈等。

2. 行业应用智能化

KT Telecom 为酒店打造了一款人工智能语音助理服务，辅助客人办理入住手续，改善入住体验。

3.1.11　Vodafone

1. 网络智能化

Vodafone 探索了集中式自组织网络，使用人工智能技术，自动选择网络最佳频率或节点，减少网络事故，改善故障管理。Vodafone 还使用人工智能技术优化网络速率，改善用户接入体验。

2. 服务智能化

（1）智能客服。

Vodafone 推出了智能客服机器人 TOBi，帮助处理手机维修和订单追踪等问题，快速响应需求。

（2）智能语音助手。

Vodafone 推出一款名为"Vodafone Bots"的虚拟语音助理，使用了智能聊天机器人技术，能够更好地支持和加强用户的数字自助服务。

3. 行业应用智能化

（1）智慧城市。

Vodafone 推出了智慧城市项目"Ready City"，布局全球智慧城市业务，推出多项垂直行业解决方案，包括垃圾智能管理、智能能源、智能交通等。

（2）无人机。

Vodafone 为无人机开发了无线定位系统，结合自主研发的 AI 算法，可以远程跟踪和监控无人机集群。

3.1.12　Telefonia

1.　网络智能化

Telefonica 使用人工智能技术改善网络运营，利用人工智能、机器学习技术研究具有自我配置、自我监控、自我诊断功能的自动驾驶网络解决方案，降低运营成本、提高安全性和灵活性，加快业务发展。

Neptuno 是 Telefonica 研发的网络优化平台，能够根据需求预测、客户体验和客户价值形成部署计划，从而降低移动无线接入网络的资本支出，最大限度地提高网络投资回报率。

2.　服务智能化

（1）智能虚拟助手。

Telefonica 电信于 2018 年 2 月在巴塞罗那 MWC（世界移动通信大会）推出 Aura，这是一款由 AI 供电的数字助手，改变客户与 Telefonica 互动的方式。Aura 首先在阿根廷、巴西、智利、德国、西班牙和英国使用。

（2）智慧家庭。

Telefonica 推出了智能助手 "Aura"、智能家居设备 "Movistar Home" 及智能信息推送平台 "Smart Notifications"。

3.　行业应用智能化

Telefonica 推出了智慧交通业务 "Smart Mobility"，并将人工智能技术引入智能零售、智能能源、智慧城市等。

3.1.13　Orange

1.　网络智能化

Orange 使用人工智能技术分析多种应用场景对 5G 网络的要求，以合理规划和调节 5G 网络资源，避免产生网络资源浪费。此外，Orange 还在网络优化、SDN/NFV

等方面引入人工智能技术，提高通信网络的性能。

2. 服务智能化

Orange 推出了虚拟助手"Djingo"、智慧家庭解决方案"Homelive"及智慧家庭业务"Connected Home"。

3.1.14　Deutsche Telekom

1. 网络智能化

Deutsche Telekom 在光纤网络扩容规划、网络优化、故障检测、SDN/NFV 等方面应用了人工智能技术。

2. 服务智能化

Deutsche Telekom 推出虚拟助手"Tinka""Sophie""Vanda""Magenta"、智能家庭业务平台"Qivicon"及智能音箱。

3. 行业应用智能化

Deutsche Telekom 将人工智能技术应用于招聘的聊天机器人，并推出了智慧城市 App。

3.2　电信运营商人工智能能力开放平台

人工智能能力开放平台是提升 AI 服务能力的重要基础设施，为了借助人工智能技术优化通信网络和提升业务服务质量，国内外电信运营商都在发力构建智能化基础设施体系，基于主流开源深度学习框架搭建自身人工智能能力开放平台，并依托人工智能能力开放平台，开展在网络、业务等方面的应用研究，构建人工智能生态系统。

3.2.1　中国联通

中国联通 AI 能力平台分为网络 AI 能力平台和企业 AI 能力平台。网络 AI 能力平台是提供 AI 即服务（AIaaS，AI as a Service）的云化平台，是构建智能化应用所需要的核心组件。企业 AI 能力平台是中国联通基于大数据和机器学习技术的数据驱动型

AI 应用开发平台，服务于市场、政企、创新业务和运营管理等。

1. 网络AI能力平台：智立方（CubeAI）

作为中国联通网络 AI 发展策略的支撑设施核心——中国联通网络 AI 能力平台智立方（CubeAI）也与中国联通网络 AI 策略同步发布，其总体架构如图 3-6 所示。CubeAI 平台聚焦于技术服务、产业合作和交流共享 3 个方面。

（1）在技术服务方面，支撑网络运营和业务创新，提供网络 AI 算法、模型应用等方面的技术服务。

（2）在产业合作方面，构建网络 AI 产业合作生态，发挥产业链各方优势，共同推动网络 AI 创新和应用。

（3）在交流共享方面，面向内外部开展技术交流、开源合作、标准制定、试验验证、应用示范和经验分享。

基于 CubeAI 平台，中国联通与中兴、华为、诺基亚、爱立信、大唐电信、联想、百度智能云、英特尔等近 30 家企业联合发起网络 AI 合作伙伴计划，携手推动 5G 与 AI 融合创新。

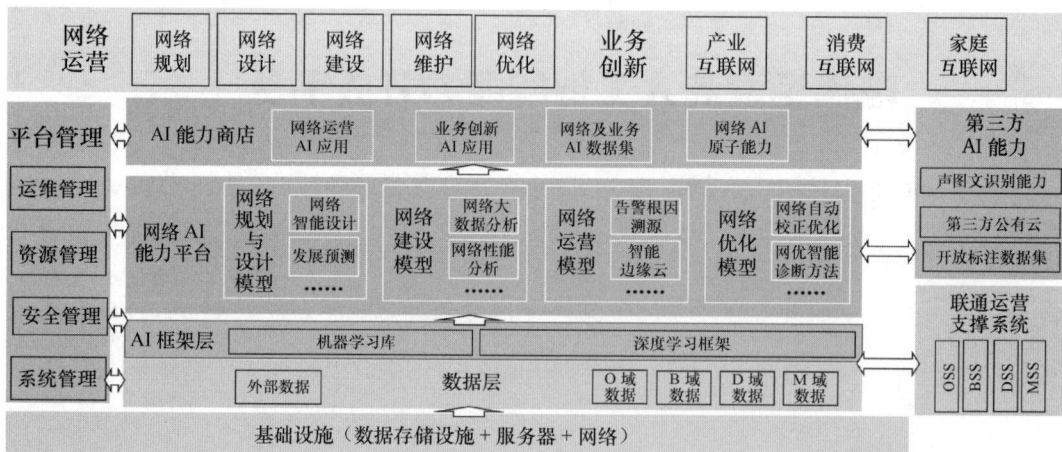

图 3-6　中国联通网络 AI 平台 CubeAI 总体架构

CubeAI平台：AI模型共享与能力开放实验床。

作为 CubeAI 平台的重要组成部分，中国联通还推出了 AI 模型共享与能力开放实验床。该实验床是参考 Linux 基金会 AI 开源项目 Acumos 的设计理念，由中国联通完全自主开发并全栈开源，支持 AI 模型自动微服务化封装、托管、共享、容器化部署和能力开放，功能架构如图 3-7 所示。该实验床采用云原生微服务架构，提供便捷的 AI 模型部署服务，加速 AI 算法产业化落地。目前，已上线 50 多个 AI 模型，涵盖运维网优、营销客服、人脸识别、图像处理、自然语言处理等领域。

该实验床的源代码已经发布到国际开源托管社区 GitHub 及国内著名开源托管社区鹏城汇智 iHub。上线并开源不足 5 个月，该实验床在业界和开源社区的影响力日益提升，在 iHub 上已进入热搜榜前 3 名，并被遴选为 AI 优选项目在首页进行推介，吸引了诸多社会力量参与社区合作开发。

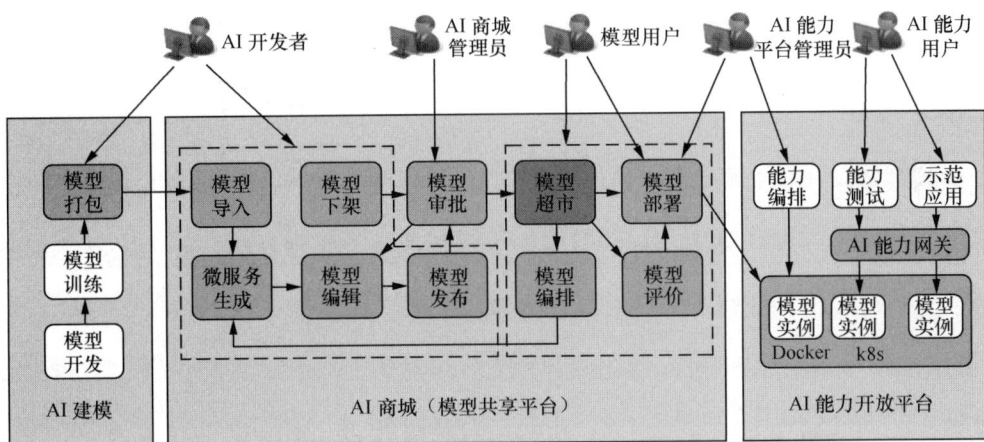

图 3-7　中国联通 CubeAI 模型共享与能力开放实验床功能架构

2. 企业AI能力平台：智汇

智汇企业 AI 能力平台是中国联通基于大数据和机器学习技术的数据驱动型 AI 应用开发平台，其架构如图 3-8 所示。智汇采用容器化技术，集成各类流行的机器学习和深度学习算法框架，面向业务专家、一线业务员、运维工程师、数据科学家和管理人员，通过编码式建模、向导式建模多种方式，提供从构建模型到共享模型的全流程服务，提供智能辅助建模、知识沉淀共享、多种能力输出接口等功能。机器学习与模型孵化平台作为一套完整的数据抽取、存储、模型建立、模型训练和应用的综合性机器学习和深度学习平台，主要功能应包括平台基础功能、模型训练管理、数据管理、模型应用四大部分，须具备采用分布式文件系统保障海量数据的存储能力，采用分布式调度和资源管理技术保障分布式并行运算的安全、高效和可靠。

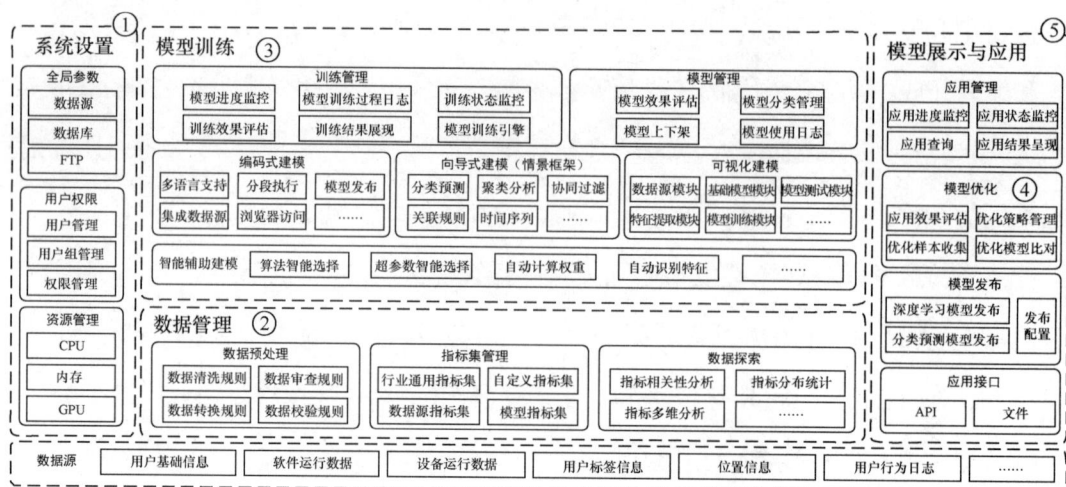

图 3-8　中国联通企业 AI 能力平台总体架构

3.2.2　中国移动

中国移动聚焦电信行业场景，研发"九天"人工智能平台（如图 3-9 所示），提供算力、数据、环境和算法，打造开放的人工智能基础平台和核心能力，并开始在网络智能化、市场营销和客户服务智能化等领域开展应用。该平台具有以下特点。

（1）基于深度学习平台，依托语音分析、自然语言理解、人脸识别、数据深层分析等核心能力，聚焦于运营商网络、市场运营及服务等应用领域。

（2）面向垂直行业，以应用场景驱动的方式提供端到端的 AI 应用解决方案。

（3）面向 AI 应用研发人员、企业等提供开放 AI 能力的服务，用户可通过远程 API 形式服务，也可通过本地部署 SDK 方式使用平台 AI 能力。

图 3-9　中国移动"九天"人工智能平台架构

"九天"人工智能平台汇集了中国移动内外部强大的 AI 能力，结合运营商数据和业务特点，抽象并规划出结构化数据、网络智能化、营销智能化、智能搜索、智能推荐、人机对话、智能语音、自然语言处理、图像视频、知识图谱 10 类 AI 能力，支撑各领域 AI 研发。"九天"对内服务网络、管理、市场、安全、服务五大领域 (如图 3-10 所示)，对外赋能各大垂直行业，带动 AI 产业发展，践行 "AI 技术的使用者、AI 产业的核心驱动者和 AI 服务的提供者"的理念。

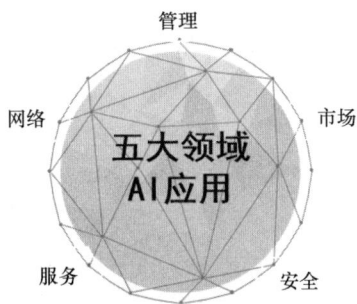

图 3-10　中国移动人工智能应用规划

3.2.3　中国电信

中国电信已发布自主可控、开放人工智能通用赋能平台，其架构如图 3-11 所示。该平台是集 AI 模型算法、计算集群等软硬件于一体的通用研发平台，通过微服务提供多层面的 AI 能力，用户可以使用简洁的操作命令调用平台上的各种 AI 算法，开展模型训练、预测和评估工作，实现降低 AI 应用研发难度、提高研发效率的目标。人工智能通用赋能平台包括应用赋能、算法数据赋能、算力赋能、环境赋能。

（1）应用赋能。在公司内部，支撑后端的智能网络规划、网络建设、网络维护、网络优化等工作；同时支撑前端精准营销、智能客服、用户画像等服务。在外部，提供智慧家庭、智慧园区等精细化服务及面向公安、农业等领域的智能化解决方案。

（2）算法数据赋能。充分利用中国电信的内部数据和外部数据，支撑人工智能应用落地。通过 Tensorflow、Caffe 等主流开源 AI 计算框架，提供基于海量数据的智能化分析和挖掘能力。针对典型的人工智能业务场景，提供通用和行业领域模型算法支持及参数配置支持，例如，用于图像识别的 CNN（卷积神经网络）、用于自然语言处理的 RNN（循环神经网络）等。

（3）算力赋能。通过 AI 计算芯片、云数据存储、SDN 服务网络，构建物理或虚拟的高性能异构资源池，为人工智能推广加速。

（4）环境赋能。使用固定、4G&5G、IoT 等基础网络和云 IDC、边缘 DC 等设施构建、培育人工智能的基础环境。

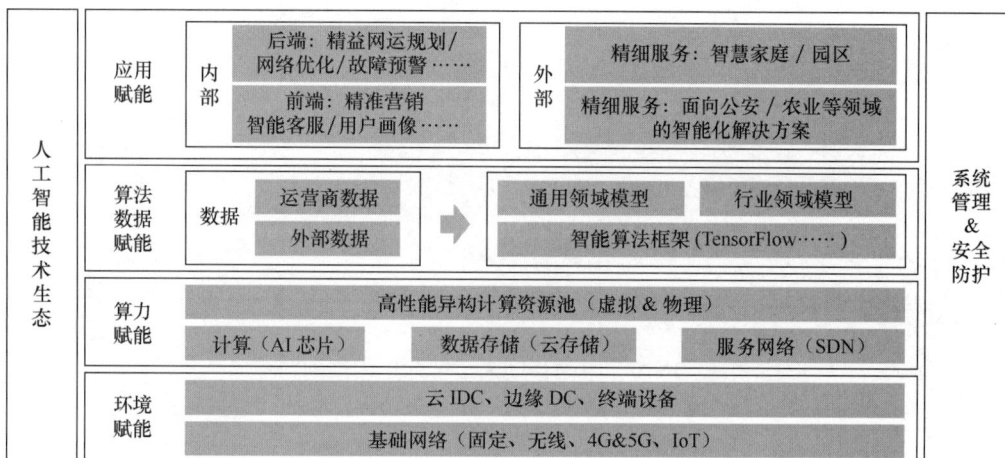

图 3-11　中国电信 AI 赋能平台架构

中国电信人工智能通用赋能平台聚焦企业内部的智能化业务，积累平台运营经验、丰富平台能力。中国电信在不断满足企业内部智能化业务需求的同时，还对 AI 应用开发平台能力进行整合、封装，对外提供数据采集、数据标注、模型训练、模型测试等 AI 能力的通用接口，与行业内产学研合作伙伴开展电信网络、图像、视频、语音等领域的深度合作。

3.2.4　AT&T

Acumos 是由美国电信运营商 AT&T 联合科技公司 Tech Mahindra 推出的人工智能开源平台，吸引了中兴、腾讯、百度、诺基亚等企业的加入。Acumos 致力于实现 AI 开发过程的可视化、模块化，降低 AI 开发门槛，提高 AI 开发速度，扩大 AI 在产业界的应用规模，提升 AI 产品的商业价值。

1. Acumos平台架构

图 3-12 展示了 Acumos 平台的整体架构，内部主要由 Onboarding（导入）、Model Repository（模型仓库）、Design Studio（开发模块）、Validation（校验模块）、Platform Database（平台数据库）、OA&M（管理 & 运维）、Portal/Market Place（AI 模型商店）7 个模块构成，并通过内部的 API 相互有机地连接在一起，用户可以自由且免费学习、使用 Acumos 架构，也可以对其进行修改、发布，进一步完善平台功能。

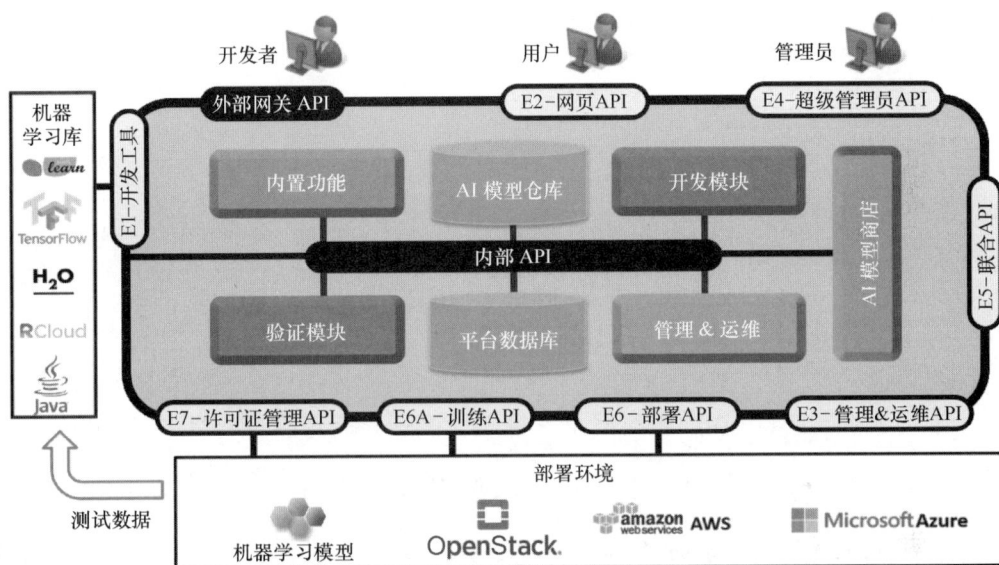

图 3-12 Acumos 平台架构

（1）Onboarding：Acumos 内置功能，包括命令行界面、Web 入口等功能。

（2）Model Repository：AI 模型仓库，存储开发者公开发行或私有 AI 模型。

（3）Design Studio：开发模块，Acumos 提供的可视化 AI 开发环境，提供数据收集、AI 模型选择、AI 模型搭建与训练等功能。

（4）Validation：提供身份验证等功能。

（5）Platform Database：平台数据库，存储系统数据、训练数据等资源。

（6）OA&M：管理 & 运维模块，提供用户管理、安全管理、实时监控等功能。

（7）Portal/Market Place：Acumos AI 模型商店，开发者或用户可以发布、搜索、使用及评论 AI 模型。

为了更好地为外部用户提供 AI 开发和管理运营服务，Acumos 同时开放了 E1 ～ E7 7 类接口，供开发者、用户以及管理员等使用。

（1）E1：调用第三方机器学习库（SciKit-Learn、TensorFlow 等）的统一接口。

（2）E2：Web 用户接口，用户可以通过门户网站直接搜索、调用 AI 模型。

（3）E3：操作、维护和管理 Acumos 平台的接口。

（4）E4：平台超级管理员接口。

（5）E5：可选组件，提供与其他 Acumos 系统或兼容系统的接口服务。

（6）E6：训练或部署 AI 模型接口。

（7）E7：第三方工具许可证管理接口。

2. Acumos平台创建AI应用流程

Acumos 底层可以使用不同的第三方 AI 开发工具，实现逻辑回归、支持向量机及神经网络等机器学习算法。不同的 AI 开发工具存在兼容性差的问题，主要体现在两个方面，一是开发语言可能不同，利用不同语言创建 AI 模型时需要提供转换接口；二是训练完成的 AI 模型在不同机器学习框架之间迁移时存在兼容性差的问题，如把使用 PyTorch 框架构建的 AI 模型迁移到 CNTK（微软认知工具集）框架下的生产环境需要使用框架迁移工具。为了解决以上问题，Acumos 提供了跨编程语言、跨机器学习库的通用接口，让开发者仅需 4 步便可快捷创建 AI 模型。图 3-13 展示了使用 Acumos 创建 AI 模型的流程。

（1）创建或从模型仓库中导入初始 AI 模型到 Acumos 可视化开发环境中。

（2）利用数据资源训练 AI 模型。Acumos 为 AI 开发者提供充足的标准化训练数据，并具有引入外部数据的功能，以满足不同开发者的需要。

（3）将训练完毕的 AI 模型发布到 AI 模型商店，其他开发人员可以搜索、使用、评价、跟踪、完善相关 AI 模型。

（4）将 AI 模型通过 Docker 等工具部署到生产环境，产生经济效益。线上运行的 AI 模型可基于最新产生的数据在生产环境中持续训练机器学习算法，提高模型准确度。

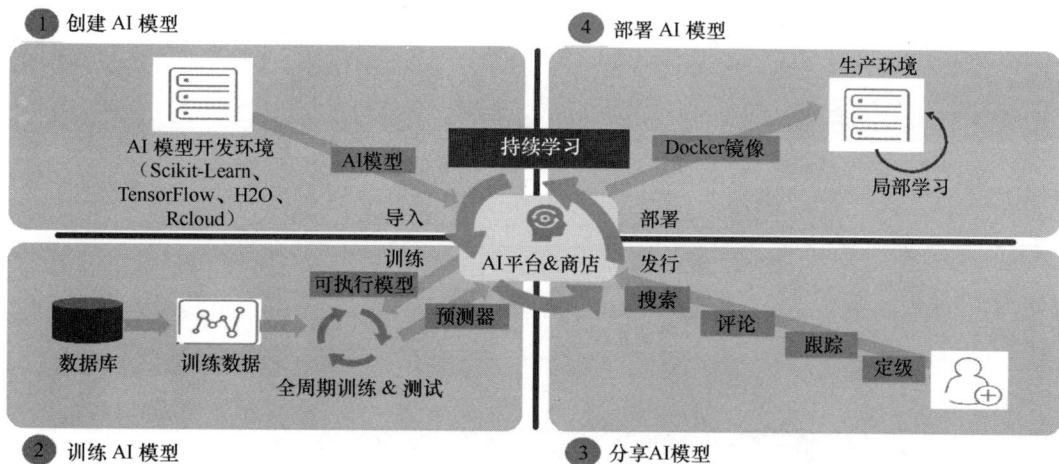

图 3-13　Acumos 创建 AI 模型的流程

3.2.5　NTT DOCOMO

NTT DOCOMO 早在 2016 年就开发了 AI 云端平台 COREVO，聚焦助力 AI、心动 AI、环境 AI、网络 AI 这 4 个功能，如图 3-14 所示。助力 AI 用于理解人类发送的信息中的意图和情绪，并与人互动；心动 AI 用于分析和理解人们的心理、智力和本能；环境 AI 用于分析和了解世界，并预测一些情况；网络 AI 用于利用 AI 技术评估和优化社会系统。

图 3-14　COREVO 平台的 4 个功能

3.2.6　Telefonica

Telefonica 为了驱动大数据和人工智能技术的快速应用，推出了"第四平台"，其架构如图 3-15 所示。该平台定位于"云端大脑"，致力于使用人工智能技术实现端到端的跨业务流程，优化业务运营，提升客户体验，同时引入第三方服务和新商业模式。

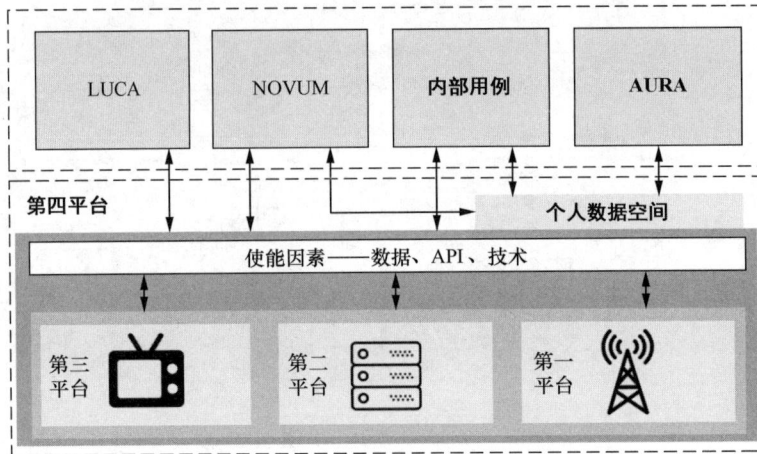

图3-15　Telefonica第四平台

第 4 章

人工智能赋能通信网络

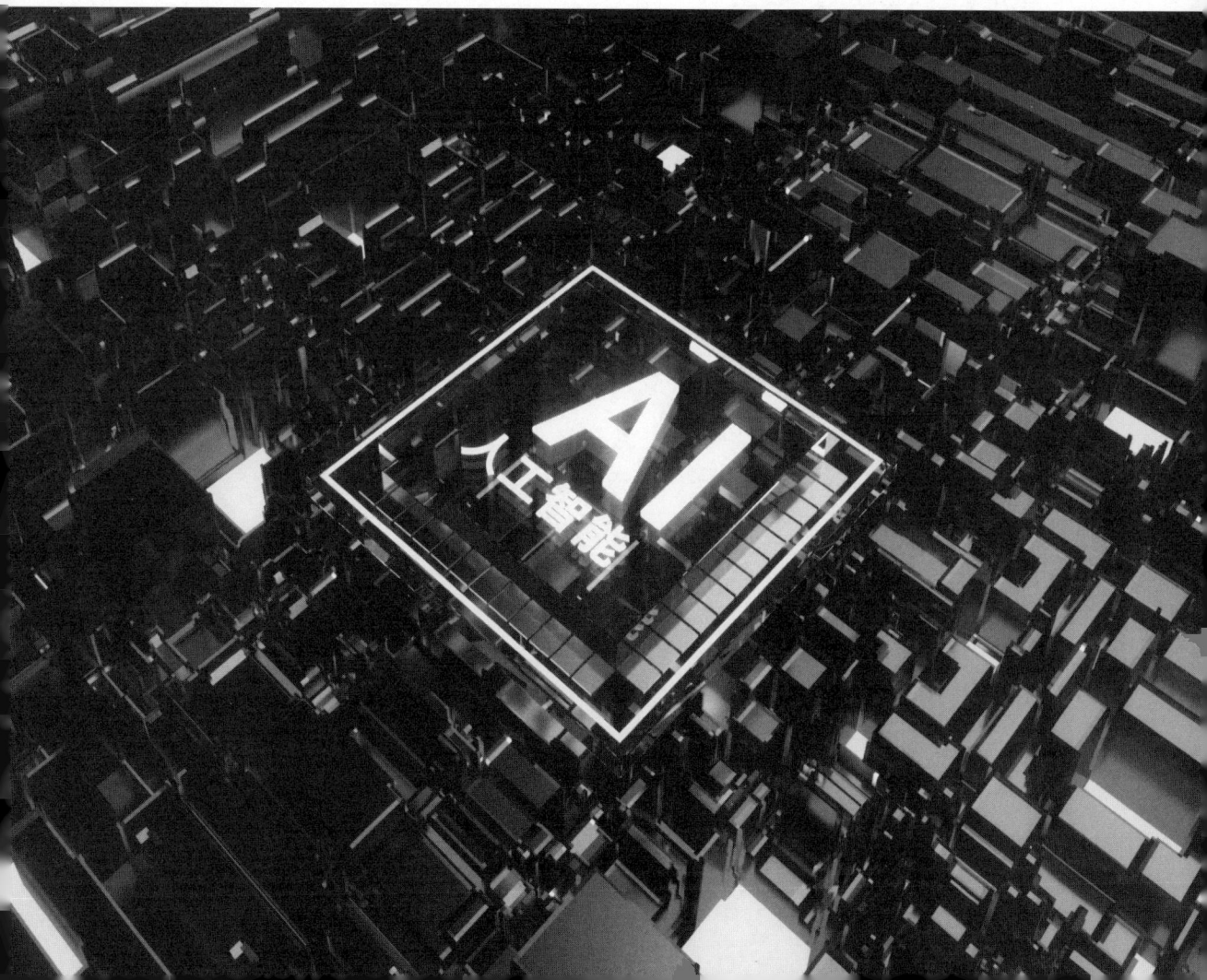

电信运营商作为信息与通信产业生态的主体之一，坚持推进人工智能技术与网络运营和业务创新相结合，使通信产业成为人工智能技术落地应用的主要领域之一。本章按照通信网络的生命周期，介绍了人工智能在网络规划、网络建设、网络维护、网络优化中的应用，同时对通信网络智能化分级及验证研究进行了介绍。

4.1 概述

通信网络现已发展到第五代移动通信技术（5G），网络的传输速率、传输时延、连接规模等关键性能指标在不断提升，应用场景也越来越丰富，性能和灵活性均发生根本性改变。但5G在性能和灵活性上带来质的飞跃的同时，网络的复杂性也在显著增加，灵活性要求也越来越高，为5G网络的运营和维护带来前所未有的挑战，传统运维模式存在的问题更加突显。

随着大数据和计算技术的迅速发展，人工智能迎来了发展的黄金时期。人工智能技术在许多领域已得到了广泛重视和大量研究，在自然语言处理、计算机视觉等方面已经取得了突破性进展和较大规模的商业应用。目前，人工智能技术在通信网络中的应用日渐成为行业的关注重点和研究热点。通信企业希望通过引入人工智能技术解决通信中的难题、提高效率。

网络人工智能是指将人工智能技术应用在通信网络中，通过开发智能的子系统或在已有的子系统中引入人工智能技术达到提高网络效率的目的，提供更加高效、优质的网络服务。网络智能化大体可分3个阶段：第一阶段以实现网络资源的统一部署、控制和管理为目标，释放大量重复、低效的手工劳作和人工交互；第二阶段引入人工智能技术提供网络感知和前瞻性的保障能力，确保网络可靠、平稳运营并提供优化建议；第三阶段需要在自动管控、深度感知的基础上对意图持续验证和综合优化，实现运营意图驱动的闭环自治，在降低成本的同时释放网络的潜能和效益。

网络人工智能可以按照网络生命周期划分为智能网络规划、智能网络建设、智能网络维护、智能网络优化。各部分可进一步分为不同的细分场景，通过人工智能技术赋能。

4.2 智能网络规划

4.2.1　智能网络规划概述

通信网络规划是指对通信网络中的目标和实现步骤进行决策，找到最优的解决方案，达到收益和投入的最优比。ITU-T 对电信规划的定义是：为了满足预期的需求和给出一种可以接受的服务等级，在恰当的地点、恰当的时间、以恰当的费用提供恰当的设备。

日益增加的网络带宽和容量需求，尤其是涉及大规模节点、大带宽链路、大容量存储和多样化业务灵活应用的复杂网络规划需求，对当前电信网络的规划模式提出新的挑战。基于人工智能的电信网络规划是一种基于机器学习算法的全新的网络规划方式，通过对电信固网、移动网等运营商网络的容量、带宽、链路拓扑、时延、分组丢失率及网络规划专家知识库等数据进行机器学习，构建各种网络趋势预测模型，同时结合网络规划新需求，形成新的网络规划。通过将人工智能技术引入网络规划中，自动化预处理规划数据，优化规划流程，辅助制订规划指标、确定网络目标结构，提升网络规划效率。

人工智能网络规划摆脱了传统的专家模式，实现节省成本、优化流量、提升效率等目标。人工智能网络规划技术是电信网络向人工智能转型诉求下的技术实践，通过利用人工智能技术构建更优的电信网络，走进人工智能和电信网络融合的新时代。尤其是当前，5G 网络规划的考虑因素相比 4G 有大幅增加，例如，SA 和 NSA 两种组网方式，需要考虑低、中、高频及非授权频谱多种频段，存在 4G/5G 频谱共享、多阵列天线等多样站型。这一系列新变化给 5G 网络规划带来的复杂性呈指数级增长。而基于 4G 现网积累的容量、覆盖等方面的历史数据，再结合 5G 新特性，借助人工智能技术进行关联分析、学习训练、智能推理，将有效指导 5G 网络规划。

4.2.2 智能网络规划案例

1. 智能规划机器人

（1）场景描述。

在无线网络规划中，AI 的应用面临无线网络场景复杂多样、数据维度多、时变性强、信道变化随机性强的问题，导致网络参数变动很大，传统的机器学习算法难以准确建模，且由于需要考虑的数据维度多，求解十分复杂，最终导致无法准确分类。

面对这些问题，通过设计网络规划机器人，从基于神经网络的指纹库定位、基于神经网络的室内外用户区分、互联网化场景智能管理 3 个部分来解决这些问题。

（2）技术方案。

智能规划机器人的流程：问题管理、多维智能分析、智能价值评估、勘察和选址、建设运营管理、开站和交维、后评估、业务感知保障。业务感知保障的问题会补充到问题管理中，需要采集的基础数据包括 OMS、VMOS、DT/CQT 测试数据、互联网 App 数据等。该解决方案通过使用指令适配、场景识别和 KQI-KPI 模型的匹配算法，实现无线网快速评估、敏感监控、自动优化、迭代规划。当前 AI 算法主要应用在多维智能分析和智能价值评估两个流程中，具体的算法包括基于神经网络的指纹库定位算法、基于神经网络的室内外用户区分和互联网化场景的智能管理。

① 基于神经网络的指纹库定位。

基于神经网络的指纹库定位是通过 AI 的自学习、深度学习能力，在海量的网优数据 [MR（Measurement Report）弱覆盖 + 用户、竞对、投诉] 中抽取内部隐含的关联特征和规则，从而对未来网络的演进进行预测（如图 4-1 所示）。通过利用相关数据，包括 DPI 用户面数据、MR 定位数据、高精度楼宇地图、CAD 建筑文件、KPI 性能数据、投诉数据、口碑数据、套餐数据等，根据数据和场景，分别使用神经网络、密度聚类、回归分析等算法，将细分场景、网络价值、流量压抑分析、高价值区域定位、流量潜力挖掘等以指纹库的形式呈现出来。

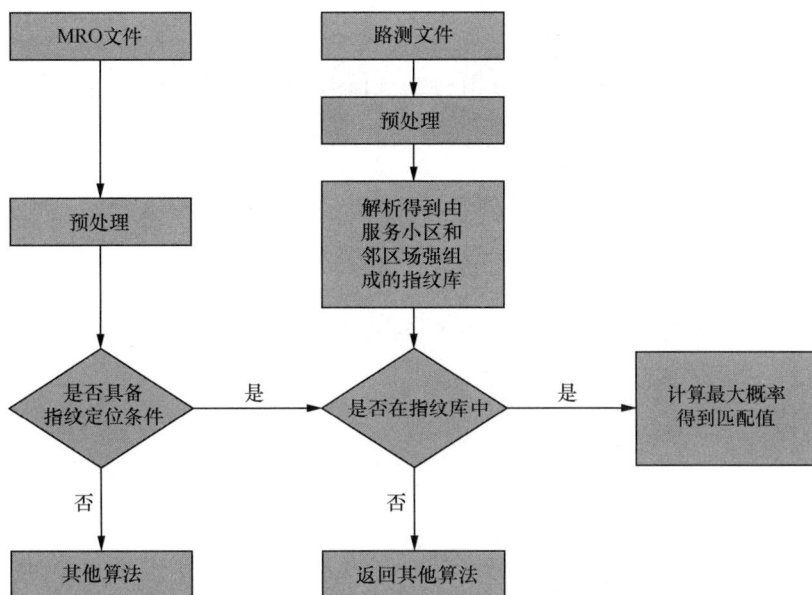

图 4-1　基于神经网络的指纹库算法选择流程

② 基于神经网络的室内外用户区分。

MR 定位技术不断发展和优化，定位的精度也较之前有了很大的提升，为网络的规划和优化工作提供了基础。传统的 MR 定位存在以下问题。第一，在传统的路测过程中，不能区分室内外的 MR，导致无法反映室内网络的质量；第二，室内测试工作量较大，测试范围难以控制，覆盖评估准确率无法得到保障。因此，需要研究室内外区分技术，来解决 LTE 网络深度覆盖的问题，从而支撑网络规划、优化工作的开展。

基于神经网络的室内外用户区分算法原理如下，首先确定服务小区为室分还是室外，如果为室分小区，则全部判断为室内用户（暂不考虑室分泄漏）；如果为室外小区，则通过无线信号传播原理进行判断，对于位置相同或相近的室内和室外用户主要区别在于建筑物的穿透损耗，室外用户 RSRP（参考信号接收功率）比室内用户 RSRP 高 10 ~ 20 dB，中值为 15 dB 左右。经过深度机器学习，对相同或相近位置上的穿透损耗进行比对，获取大量的同小区室内外用户路测 RSRP 的数据，同时在 Wi-Fi 的协助下，提高室内外用户定位的准确性，加入时间和空间维度的考虑，提升定位的准确性。

③ 互联网化场景智能管理。

互联网化场景智能管理即进行场景化的网络质量的自动化管理，通过对互联网上的场景数据（一般为商用地图数据）和小区的覆盖数据进行关联分析实现。

通过从覆盖容量、感知对比、社群分布、固移融合和收入指数等不同角度进行聚类分析，分别将各个维度表现相似的场景聚为一类。覆盖容量通过覆盖栅格评估，同时结合无线网络覆盖强度、3G/4G网络协同价值、网络容量价值进行综合判断和分类。感知对比通过对用户投诉、业务感知DPI、路测、VoLTE感知等几类数据进行分析聚类，获得场景。社群分布根据场景定义（如商务区、住宅区等）、人口密度、网络结构数据进行聚合，获得场景。固移融合将场景点的MR覆盖率和宽带端口开通率进行聚类，获得场景。收入指数将场景区域内用户规模、宽带端口开通数、互联网业务规模进行聚类，获取收入类别。

2. 承载网智能流量预测

（1）场景描述。

为了提高市场竞争力，满足用户的需求，运营商推出了很多不限量套餐，这些套餐在为用户提供更优服务的同时，对现有网络也产生了一定的冲击，为了应对这些冲击，需要制订合适的承载网络的调整和扩容计划。

为了保障调整和扩容计划的性价比，需要对承载网的流量，尤其是节假日、黄金周期间的流量进行预测。通过预测模型对工作日、周末、节假日的早、中、晚等不同时间的流量进行预测，从而指导现有网络进行针对性的运维保障。

承载网络流量预测从主动建设和运维角度出发，提前获取给出各区域各类业务的忙闲时预测值，从而为新建网络的组网、分配网络资源提供依据。

（2）技术方案。

承载网流量预测通过时间序列算法完成，考虑历史数据的长期趋势、季节变动、循环变动和随机波动规律，形成增长趋势和日流量基线，从而完成带宽预警、扩容预测和差异化服务保障。方案主要分为算法探索和流量预测应用两部分，目前的时间序列算法包括ARIMA（自回传移动平均模型）系列、LSTM（长短期记忆网络）等，首先需要对这些算法的性能进行分析，对现网流量数据进行训练和预测，包括增长预测和忙闲时预测两类，并且每种算法应形成评估结果，方便算法的对比和优化。为了提高预测结果的精度，在进行预测时，添加了忙闲时因素，使用的算法为 SVM（支持向量机）/ 贝叶斯网络。

数据集使用需要预测流量的资源（端口、链路、环网、业务等）历史流量数据，具体步骤如下（如图 4-2 所示）：

① 进行现网流量采集；

② 对现网的历史流量数据进行特征处理并进行多种模型训练；

③ 选用可选模型进行流量预测，评估每一种模型的结果；

④ 根据目标选择合适的算法模型；

⑤ 新的流量数据采集完成并进行流量预测；

⑥ 叠加节假日等因素得出最终的流量预测结果。

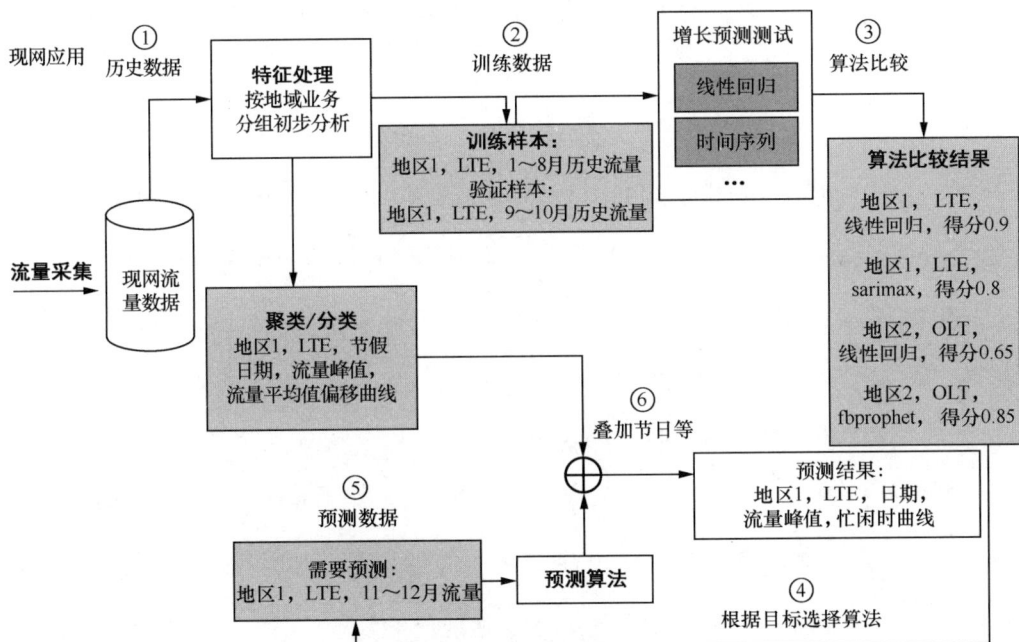

图 4-2　智能流量预测方案

3. 智能覆盖评估

（1）场景描述。

为分析网络规模部署的建设效果以及为 5G 规划进行预估，需要开展全国范围内基于 MDT（基于最小化路测）数据的场景化覆盖评估工作。评估工作存在如下困难：

① 场景数量多，场景位置及边界获取耗费大量人力且难以保证准确性。

② 覆盖率定义不准确：传统的"覆盖率"难以对无覆盖进行合理评价，如何处理"空栅格"有待商榷。

③ MDT 数据采样点不足：现网支持 MDT 经纬度上报的手机终端不足，大量 MR 定位数据缺少经纬度信息。

（2）技术方案。

为按时完成网络覆盖评估工作，当前在场景信息获取及 MDT 数据栅格化的工作中，主要按照传统方式进行。

场景信息获取采用网络爬虫，从互联网地图中爬取场景类型和场景边界经纬度，以及商业热点信息等，采用人工划界的方式绘制场景边界。但是互联网地图中定义的场景有限，无法获取评估所需的所有场景信息，采用人工的方式效率较低，且难以保证准确性。同时存在瞒报等情况，无法管控。

MDT 数据栅格化采用根据历史经验确定评估栅格门限的方式，为保证覆盖评估结果的客观性，规定每个栅格的最少采样点应大于 20 个，如果不满足该条件，则视为无效栅格。这种方法导致无效栅格较多，覆盖评估有效面积比例较小

在此背景下，为改善场景化覆盖评估的工作方式，提升整体工作效率，本项目将探索基于人工智能的关键技术改进方法，实现更科学有效的网络覆盖评估。

① 基于图像识别的地理信息精细获取。

基于图像识别技术，在卫星图中实现对楼宇、水域等地理目标的精准识别并标注场景信息，助力中国联通建立场景地理信息的数据集，为基于场景的规划、建设、维护、优化一体化覆盖分析工作及精细化、智能化的建设、优化工作提供技术支撑。本项目选用的地理信息精细识别模型为语义分割模型 SegNet。整体工作可以拆分为两部分。

● 语义分割模型 SegNet 的训练。

● 模型嵌入地物识别系统的工作流程中，实现在地物识别系统中一键完成地理信息识别。

② 基于机器学习算法的 MR 精准定位。

利用包含经纬度信息的 MDT 数据作为训练集，采用机器学习算法进行模型训练，对普通 MR 数据进行经纬度填充。

- 利用 CQT（呼叫质量拨打测试）研究覆盖指标的分布规律。

- 圈选某一区域，采集区域内 MRO 数据进行解压、解析，建立初始数据集。

- 进行数据探索，发现数据集内的缺失值、异常值及数据分布规律。

- 基于数据探索结果进行数据清洗，对缺失值进行填充，对数据中的经纬度信息进行栅格化处理。

- 利用随机森林算法进行特征选择，删除重要度较低的特征。

- 对特征进行分类，分别对连续值特征和类别特征进行特征处理。

- 划分训练集和测试集，采用不同的分类算法进行数据建模实验，通过调整参数，找出准确率最高的模型。

4.3 智能网络建设

4.3.1 智能网络建设概述

通信网络建设经过多年的耕耘，已经具有相当的规模，网络质量的提升更多地转向更丰富的部署场景、更精细的网络服务和更广泛的网络覆盖。这就要求网络建设整体方案必须同时满足以下多种特征：适应更多、更具体的细分部署场景，包括不同的站点环境场景、不同的传输及供电等站点条件和不同的站点空间及美化要求等；与此同时提供更大的容量、更强的性能和支持更丰富的制式和业务；更简便、高效的部署和更具竞争力的综合成本优势。

人工智能技术蓬勃发展，如何借助人工智能技术获取高效而具有成本优势的现有网络解决方案，使现有网络具备快速平滑向下一代网络升级演进的能力，对运营商来说具有重大的意义。例如，网络的发展使站点资源变得越来越宝贵，5G 部署在很大程度上将和现有网络共享部分站址，这就对现在的 4G 网络解决方案提出了更小型化、更高集成度的要求，以便在现有的站点基础上留出足够的空间保障 5G 的部署，避免 5G 部署付出高昂的工程代价。

4.3.2　智能网络建设案例

1. 站点自动部署

（1）场景描述。

基站部署场景是指现场调查后部署基站的整个工作流，包括网络规划和设计、站点设计、配置数据准备、站点安装、现场调试和现场验收。图 4-3 展示了运营商完整的站点部署流程。

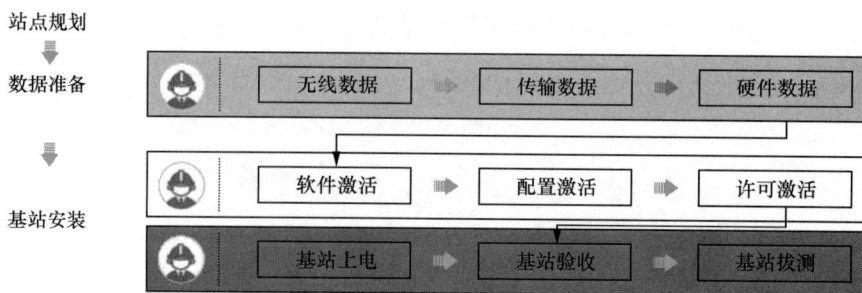

图 4-3　运营商完整的站点部署流程

传统的无线网络基站部署在以下几个方面存在挑战。首先，存在大量参数配置（通常参数的数量上千），如基础传输、设备和无线等配置，且在站点的设计规划阶段，需要详细了解并掌握全部基站的设计参数和变更，才能完成正确配置。其次，站点规划和站点安装的不一致及手动拨号测试会导致站点访问时间过长，以及频繁的站点访问问题。目前，站点部署方案大都介于使用工具辅助管理和部分自治网络之间。一些领先的平台可以达到有条件的自动部署。可以预见，站点部署过程的端到端全面自动化，将有望在不久的将来实现。

人工智能技术的引入和发展，对于实现全面的端到端部署自动化会带来革命性的变化。以在存量网络中部署新的基站为例，如果引入大数据分析和深度学习算法，未来可以实现真正的极简参数规划，大幅度减少部署策略开发，极大地提升部署的准确性，最终实现可以"智能跟随"的存量网络。在存量网络中，根据场景分类，很多参数实际上是固定的。运营商目前的存量网络中存在大量数据，日常可以基于现网（无线、传输和硬件）特征数据，通过深度学习算法在线学习，针对不同场景（如吸热、补盲等场景）生成部署策略和模板。

由此，针对相同场景的新增基站，不需要针对每个站再进行规划，而可以根据存量站点的参数进行匹配配置，自动生成新增站点的参数配置规划，从而实现真正的极简输入、极简参数规划。

（2）技术方案。

即使对于同一个运营商、同一个项目，由于站点覆盖区域的不同特征，使用的参数也不完全相同。过多的差异性会增加运营、运维的复杂度。同时，由于网络优化是持续进行的，无线网络配置参数一直在动态变化，无法长期根据固定信息进行站点部署，否则会给后续优化工作带来更大的负担。基于上述原因，在已经存在正常运维的无线网络的基础上，新增站点部署，其初始配置部分参数可以基于现网的规律自动生成。

部署前，根据规划数据、基站地理位置等信息生成此次部署特征，系统将会根据基站的实际特征，自动匹配最佳的现网参数配置和部署策略。应用部署策略后，还可根据站点周边基站的关键信息检测进行实时学习，对现有策略进行进一步的优化和完善，生成邻区、功率等补充信息。由于场景化部署策略由现网自动分析获得，这大幅减少了对相似场景的策略开发。部署后的在线学习能力，则可以对部分提前规划的参数进行实时优化，降低由于工作参数等信息获取问题导致的规划偏差，从而极大提升部署准确性。

无线网络智能部署解决方案的流程说明如下（如图 4-4 所示）。

① 利用专家经验生成配置经验库，使用关联算法并设置置信门限。

② 根据存量无线网络数据和关联项集，使用数据挖掘和分析技术，针对特定场景生成可能的配置推荐，获取频繁关联参数。

③ 根据现网数据并基于用户输入的置信门限计算配置预测的置信度，对获取的

配置推荐进行验证。

④ 如果置信度超过置信门限，则自动根据关联项生成对应的最佳配置规则。

⑤ 如果人工判断推荐规则有效，则进入统一的初始配置规则库。

⑥ 新增站点部署时调用既有配置规则，不需要外部输入数据直接生成新增站点的配置数据。

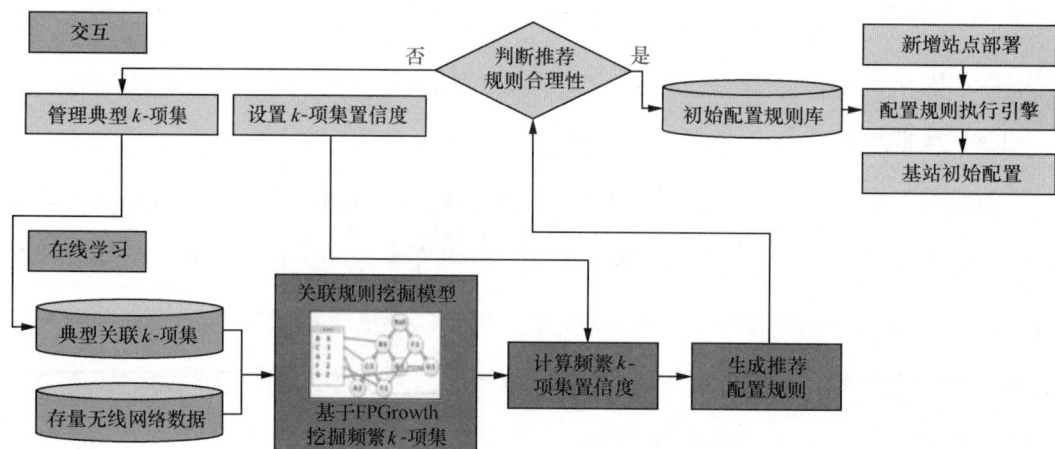

图4-4　无线网络智能部署解决方案的流程

2.　宽带装机质量监控

（1）场景描述。

FTTH/FTTB 接入是中国家庭宽带的主要接入方式，在实际施工过程中，如何保证宽带装机质量，目前面临几个突出的问题。首先，光纤接入施工对装维人员的技能要求较高，如何确保装维人员自觉按照装机工艺施工，目前还是采用事中拍照、事后抽检的方式进行，但人力投入非常巨大，无法全检，往往只能部分抽检，给施工质量埋下隐患。其次，PON 接入光纤属于"哑资源"，其无源特性使这部分资源难以管理，由于光纤接入的快速发展和"重建设不重维护"的历史原因，分光器端口的实际占用情况与资源系统记录情况经常不一致，装维人员追求施工速度，经常将错就错，随意占用端口，导致无法按单施工，端口资源占用越来越乱。最后，为修正端口资源占用，有效利用端口资源，运营商需要定期投入巨资安排人工核查，在资源核查时，人工核查效率低，质量无法保证，缺少快速识别资源和自动比对的工具。

（2）技术方案。

目前，在装机过程中，运营商一般都要求将施工过程的几个关键环节拍照、上传、留档，目前装机图片质检主要通过人工抽检方式，如何通过 AI 图像识别技术提升装维的规范性、管理"哑资源"、降低用人成本、提升宽带装机质量，须从如下几个方面着手。

① 人脸识别装机打卡。

② 装机工艺质检。

③ 分管器端口施工识别，确保按单施工。

④ 资源快速识别。

在质检前通过初步预处理过滤无效图片和重复图片，经过初步处理能发现装维人员上传的无效图片和虚假图片，并记录、统计。

装机打卡主要通过人脸识别技术、物体检测技术检查装机人员着装是否符合规范，如佩戴安全帽、穿工作服；支持每日刷脸打卡、智能考勤；定位装机施工位置，判断装机师傅本人是否到现场。

基础装机工艺质检基于深度神经网络 AI 算法检测图像中的目标物体，装机工艺内容可以非常丰富，质检的项目如下：绕线是否美观、是否对分光器箱体拍照、分光器是否有二维码贴纸、光猫是否贴服务卡。

深度装机工艺质检选择复杂一些的装机工艺质检项目，质检的项目如下：防尘帽是否丢失、分光箱是否完整、分光器二维码是否正确、入户线是否固定、光猫绕线是否规范。

在人工抽检过程中，最重要的质检环节是检查施工人员是否按照工单分配端口（属于"哑资源"，目前主要是无源光网络设备，网管系统是无法管理的，只能依靠施工人员的自觉和抽检来保证）。如何通过人工智能技术识别端口序号并与工单进行比较，需要引入 AI 图像识别技术和 OCR（光学字符识别）技术，确保按单施工。

对于光交接箱、ODF（光纤配线架）的施工，资源的快速识别和清查也是装维人员面临的一大挑战。装维人员需要识别光缆段挂牌信息、ODF 端口占用情况，并将识别结果与资源管理系统比对，更正资源使用状态，对于这部分工作，运营商每年都要成立专项小组，投入不菲。如果能在装机过程中通过拍照和图像识别技术持续不断地管理资源信息，将为运营商减少一大笔投入，资源信息管理更加准确，循序渐进地提升施工质量。

光缆段挂牌信息 OCR 识别，识别的内容包括光缆段名称、光缆规格、光缆长度、普查时间、普查单位 5 个数据信息。ODF 端口占用情况识别是识别 X 盘 X 口的占用情况（一般"1"表示占用，"0"表示未占用）。

该应用算法需求主要是图片中人脸识别比对、设备类型识别、各种贴纸／标签识别和端口占用识别，而从总体来看，算法实现所需要的技术基础又可以具体分为 3 个方面：感兴趣区域提取（ROI）、文本识别（OCR）与目标检测。

① 感兴趣区域提取：指检测和定位图片中的贴纸／标签区域，通过 YOLOv3+CTPN 算法实现。

② 文本识别：指将文本区域识别成具体的文本字符，通过 CRNN 算法实现。

③ 目标检测：指检测出图片中需要定位的多个目标，在本应用需求中是指被占用和未占用的端口、线缆、设备等，通过 YOLOv3-spp 实现。

通过算法获取的输出数据，需要与客户信息、工单信息、资源信息进行进一步比对，这些数据通过 BOSS（Business & Operation Support System）接口获取，将比对结果存储到关系型数据库中，供人工统计或进一步挖掘使用。

4.4 智能网络维护

4.4.1 智能网络维护概述

电信网络维护是指为保证电信网络正常、安全运行，对全系统和设备进行监测和维修。电信网络是由网络终端、网络交换设备、网络传输设备组成的一个有机的联合体。电信生产具有全程全网协同作业的特点。通信中断会带来严重的后果和巨大的损失。因此，电信网络维护对保证电信网络正常和不间断运行具有重要意义。电信主管部门和电信运营企业应确定维护的方针、组织、装备、制度和要求（主要包括质量管理、设备寿命和费用）。为保证电信网络正常、安全地运行，尤其是在网络发生故障时，应能及时、准确地将有关信息传递给维护人员和决策部门，以迅速判断并排除故障。

随着电信网络的云化与 ICT 的融合日益加速，加之 5G、IoT、AI、大数据等新兴技术的引入，电信网络的规模和复杂度与日俱增，运营商在网络运维领域面临越来越大的压力，如 5G 网络相对于 4G，技术架构发生革命性变化，导致网络复杂性增加；新业务无历史运维经验，如 5G 需要支持万物互联，很多业务领域无成熟经验借鉴。

智能电信网络维护就是利用 AI 能力进行复杂的信息处理，从而提升运维效率。依托机器学习 / 深度学习，可以在海量运维数据中抽取隐含的关联特征和规则，进而追溯事件根因、精准定位故障。同时，通过共性特征的提取，可以对未来事件进行预测，从被动响应式的运维转变为主动式运维。

4.4.2　智能网络维护案例

1．IPRAN智能告警压缩

（1）场景描述。

IPRAN 主要用于承载 3G/4G 移动业务及大客户专线业务，主要采用 IP/MPLS 动态协议。与传统网络相比，IPRAN 使用的协议相对比较复杂，网络的逻辑连接也比较复杂。与传统网管系统相比，IPRAN 网管系统接收到大量的设备告警消息，其中很多告警信息都是由根源告警信息引起的。

针对海量的告警数据，目前一般依赖于专家经验进行处理，即将专家经验总结成规则，通过规则过滤掉非关键的告警信息。这种方法的缺点是，为了避免过滤掉重要告警信息，过滤规则制订得较为宽松，即专家的经验规则的过滤能力有限。

而在 IPRAN 的实际维护中，运营商希望将人工智能技术应用于告警压缩，形成更高效的告警处理方法。当前典型的业务场景如下。

场景1：瞬断告警。

瞬断告警定义为告警的发生时间和清除时间很短，小于一定的阈值。这类告警因生命周期比较短，对运维人员没有太大的价值，而且会导致告警量激增，从而掩盖真正需要关注的告警，增加运维人员识别的难度。

场景2：频发告警。

如果一定时间内发生的相同告警／事件达到一定的数量，可以认为这些告警／事件之间存在一定的相关性。通过设置告警／事件频次分析规则，如果某一段时间内发生的设定告警／事件的数量超过了预先设置的阈值，则认为这些告警／事件之间存在相关性。例如，同一网元同一单板的单板温度过高或过低告警 X 分钟出现 Y 次，合并生成一条新告警，说明单板温度异常。

场景3：同网元内故障影响分析。

同一网元内某物理对象（单板、拓扑）上产生告警会导致该网元上其他物理对象和逻辑对象产生关联告警。

对于 LTE 设备，基站内单板之间及单板和小区（逻辑对象）存在关联特性，因此，单板故障往往会导致小区也存在异常。如图 4-5 所示，4 槽 BPN（反向传播人工神经网络）出现"光模块不可用告警"时，会导致 51 号 RRU 产生"RRU 断链告警"，而承载在该 RRU 上的小区也会上报"LTE 小区退服告警"，即"光模块不可用告警"为根告警。

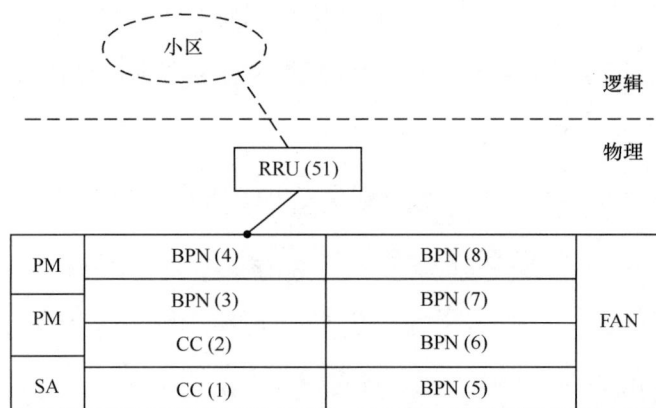

图 4-5　某同网元内故障示意图

场景4：同专业网上下层业务故障影响分析。

该场景体现为因为某一个故障导致大面积告警的现象，需要快速获取故障原因。如图 4-6 所示的典型场景，对传输而言，业务是从下而上的，服务层告警会导致客户层告警的发生，比如光纤出现断点，光纤所在端口会报 LOS 告警，导致上层的 TMS、隧道、伪线、业务都上报告警，此时光纤所在端口的 LOS 告警就是根告警。

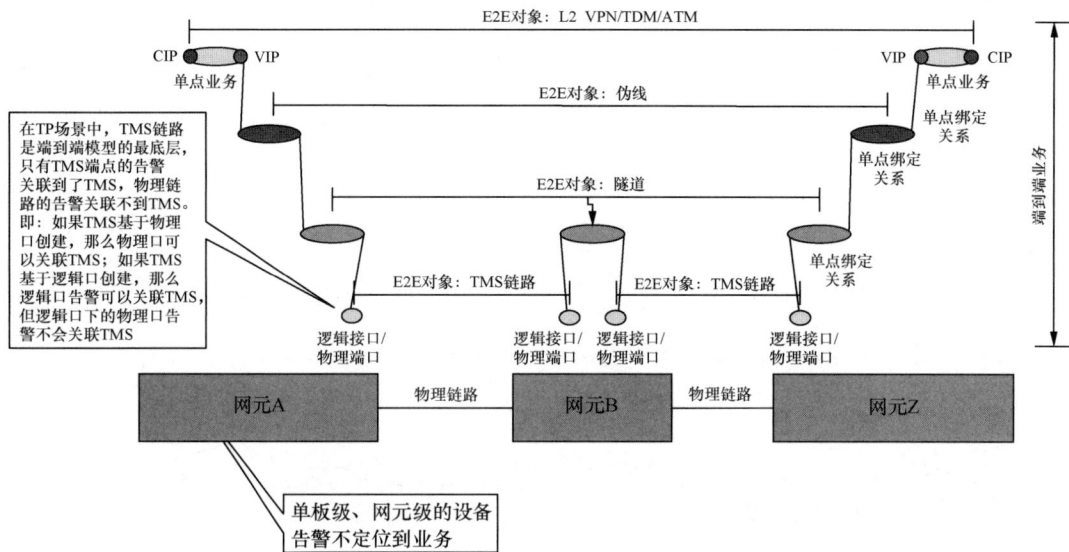

图 4-6 某同专业网上下层业务故障示意图

场景5：跨专业网告警分析。

传输包括光传输和微波传输，光传输节点会下挂很多微波节点。如图 4-7 所示，当一个链路中断时会影响链路上的一个或多个站点，光传输节点断开会导致所有下游的微波 BTS 站点退服，中间微波某一跳断也会导致下游所有 BTS 退服。

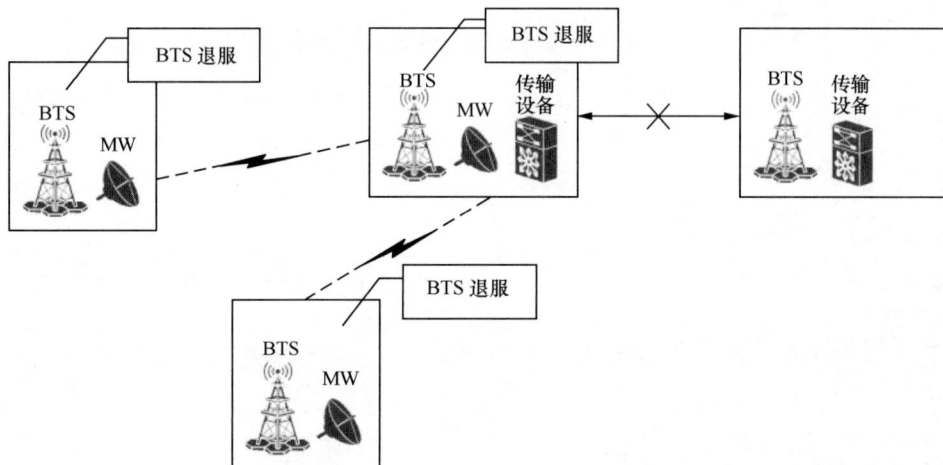

图 4-7 某跨专业网故障示意图

场景6：综合故障诊断。

故障的表现具有多样性，可能表现为告警、KPI异常或单纯业务不通，很多情况下告警并不能反映所有的故障点，所以也无法仅通过告警分析来定位故障。

如图4-8所示，当网络升级后，LTE业务不通，根据经验查看监控数据，进行各种诊断动作和配置检查，从而定位故障点，告警只是分析的一部分。

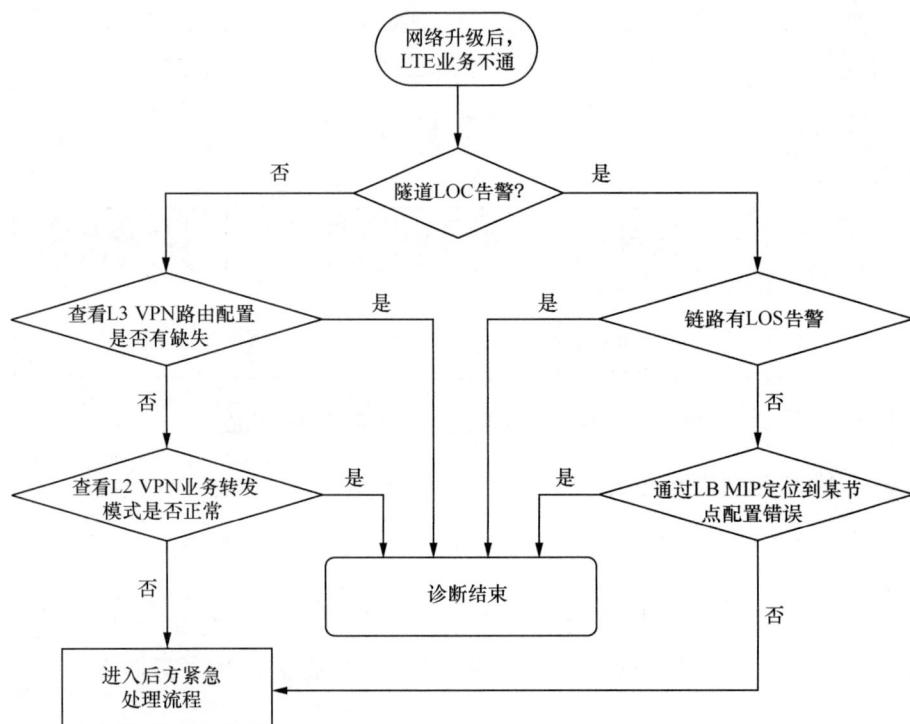

图4-8 某综合故障分析过程流程

因此，针对IPRAN网络告警相关场景，需要解决的问题是进行智能识别故障并做出有效分析。

（2）技术方案。

故障是产生告警的根本原因，当一个网络内发生故障时，将产生大量告警，挖掘告警之间的关联规则对故障定位有着重要意义。IPRAN网络告警压缩技术方案如图4-9所示。

该方案总体可分为4个步骤。

① 数据预处理阶段。数据预处理包括数据导入和清洗、用户端侧告警匹配、频

发告警识别。输入数据为现网提取的历史告警数据、网络拓扑数据和业务数据 3 种，经过清洗和整合转变为可处理的数据格式。用户端侧告警匹配为根据以往运维经验去除无价值的告警。频发告警的处理方式是对同一端口上连续 10 s 内的相同告警进行压缩，仅留下频发告警的第一条告警，其他均标识为可过滤告警。

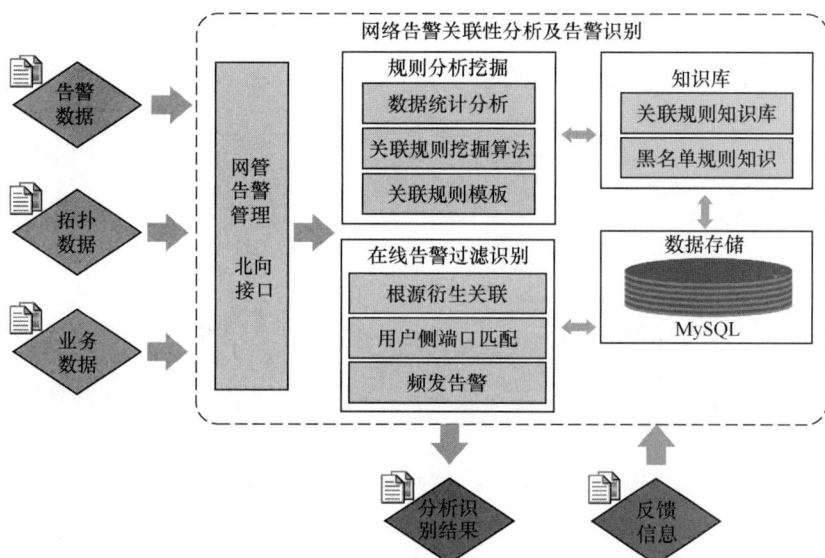

图 4-9 IPRAN 网络告警压缩技术方案

② 关联规则挖掘阶段。关联规则挖掘的核心算法为 PrefixSpan 时间序列模式挖掘算法。与 Apriori、序列模式、时空模式等挖掘算法相比，该算法更适合本案例。但传统的 PrefixSpan 算法挖掘出来的规则不带有约束条件，导致专家也无法判断关联规则的正确性，例如，规则 A[光模块不可用告警→RRU 断链告警]。为解决该问题，改进了 PrefixSpan 算法，使其挖掘过程存在约束条件。此时规则 A 改进为 [光模块不可用告警→RRU 断链告警，同网元]，提升了算法规则挖掘的精确度。

③ 关联规则确认与入库，其中包括已确认关联规则库和黑名单。通过多位专家确认上一步中挖掘出来的告警关联规则，将正确的规则存入已确认关联规则库中，以支撑下一步的告警识别工作。错误和不合理的规则自动导入黑名单，防止下次挖掘出同类规则。

④ 根告警识别阶段。即给每个告警分别打上根告警、衍生告警、普通告警 3 种标签。根据 8 类不同的约束条件对当前告警进行识别处理，8 类约束条件分别为同一端口、同一网元、对应业务网元、同一业务 ID 关联、直连对端网元、直连对端端口、

同环网元、对应业务 ID 关联。

2. 网络智能自排障系统

（1）场景描述。

网络规模越来越大，维护的网络资源越来越多，网络资源维护成本越来越高，只依靠人工劳动力难以为继。维护工作内容复杂，各专业内厂家设备操作指令差异巨大，地市分散的排障方式，经验不能共享，以高流动性维护人员为主，普遍缺乏精确排障能力。

在运维工作中如何实现智能化运维的发展需要，减轻运维人员的排障工作量是目前急需解决的问题。

智能自排障系统致力于告警自动处理、故障自动恢复，通过对告警进行故障树分析、大数据分析、日志分析及故障网元交互，实现对故障自动精准定位、自动恢复，减少工单量，提高派单精准度，提升人工排障效率，实现智能、高效运维，从而降低运维成本。

（2）技术方案。

自排障系统（如图 4-10 所示）通过对接智能监控系统、资源管理系统、统一指令平台等，结合自排障系统的故障分析、大数据分析、日志分析及指令下发的能力，实现故障端到端自动定位、自动恢复。

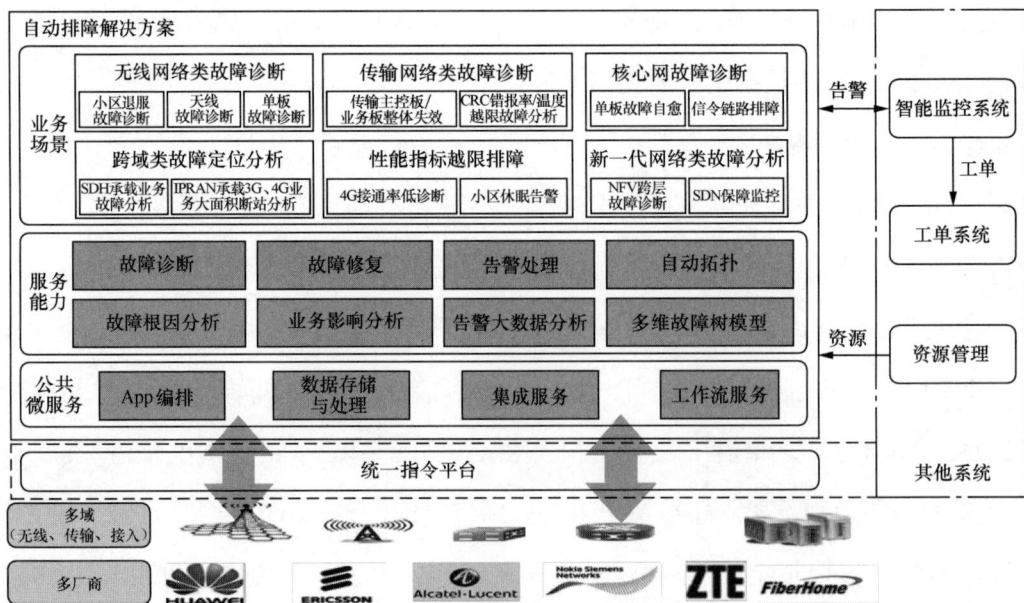

图 4-10 智能自排障系统架构

该系统适用于传统网络、NFV 网络，支持多厂商、场景扩展。可根据运营商各自的无线告警类型细化诊断流程步骤。根据运营商的网络类型、诊断设备的厂商及设备类型，细化诊断指令命令及连接方式。

图 4-11 为智能自排障系统业务流程，所有的诊断场景都按照这个逻辑细化分析设计。

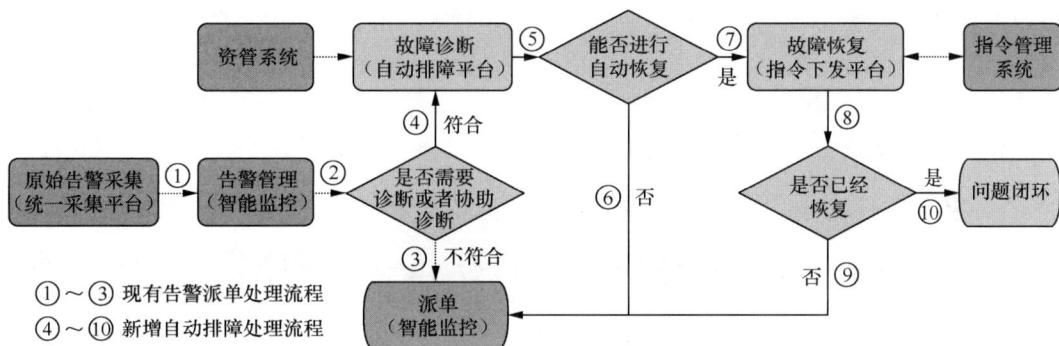

图 4-11 智能自排障系统业务流程

① 故障管理或综合网管系统采集原始告警（支撑告警输入）。

② 智能监控告警管理平台对原始告警进行压缩、屏蔽处理。

③ 智能监控告警管理平台对告警进行判断，对不需要进行诊断或协助诊断的故障告警生成工单，进行人工处理。

④ 智能监控告警管理平台对告警进行判断，对需要进行故障诊断或协助诊断的告警发送至故障诊断平台。

⑤ 对符合条件的告警判断其是否可以自动恢复。

⑥ 对不满足自动恢复的告警直接进行派单处理。

⑦ 对可以自动恢复的故障下发自动恢复指令。

⑧ 判断告警故障是否已经恢复。

⑨ 如果没有恢复，则通过智能监控平台进行人工派单。

⑩ 如果告警故障已经恢复，则问题闭环。

3. 网络智能割接

（1）场景描述。

网络割接是对基站进行网络维护和优化的一种重要措施。当网络监测部门发现某基站容量趋于饱和或异常，可能会影响通信质量时，就需要将基站数据割接到另一个新的基站，保证移动通信网络的最优化。

网络割接是对正在使用的线路、设备进行操作，将会直接影响到上面承载的业务，网络改造中最关键的一步就是网络割接。网络割接又叫网络迁移，是指运行网络物理或逻辑上的更改。

运营商的网络设备量多，割接量大，割接耗时长，人工需求量大，需要更智能化的割接技术与方案。网络智能割接就是引入人工智能技术，从割接前校验、割接中监测、割接后验证、割接建议和策略支撑 4 个功能模块实现网络智能割接的管理及决策支撑，包括以下几点：引入 AI 提升智能化水平，实现基于场景的能力编排、智能判别与决策；基于自动化系统的能力编排，实现跨专业的业务能力整合；云化、微服务化架构，迭代式敏捷开发体系。

（2）技术方案。

智能割接功能架构如图 4-12 所示，包括以下几个部分。

① 任务管理。

业务场景及操作流程的实例化、任务执行的自动化。

适配业务场景，确认业务操作流程，输入业务操作对象，实例化业务操作流程并自动生成调度任务，加载调度策略及决策模型，根据实例化后的任务情况进行决策执行。

② 流程编排。

以流程图方式（如图 4-13 所示）标准化定义相关业务操作流程、流程的每个环节、每个环节的职责、人工 / 自动执行要求等。

系统将所有流程可视化呈现出来，并通过新技术演进、统计 / 分析，不断完善、优化流程。

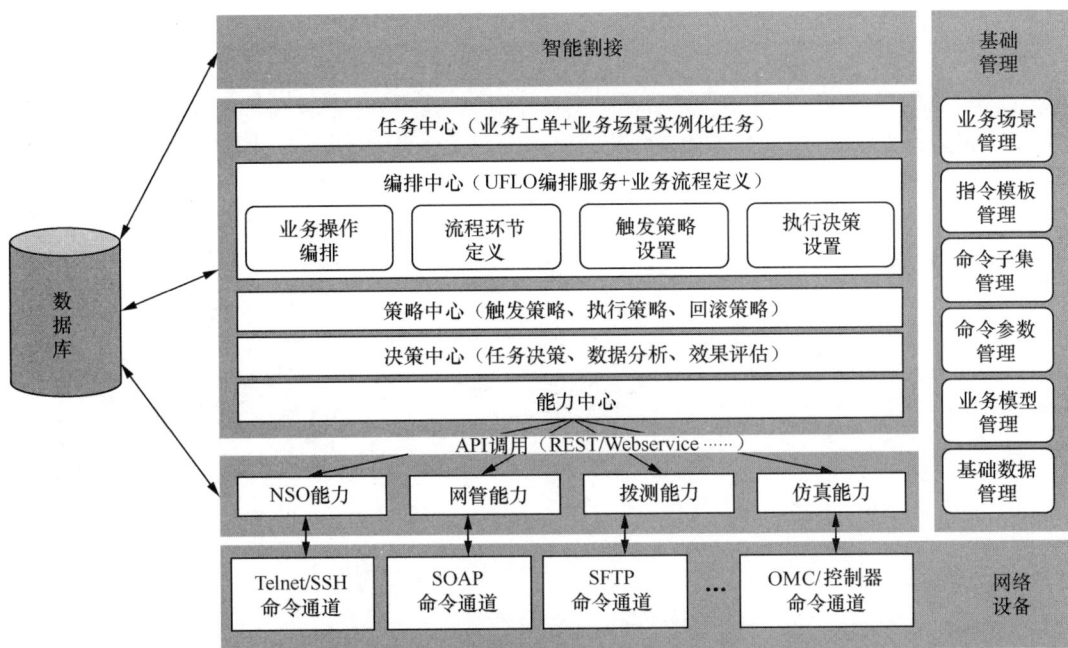

图 4-12　网络智能割接功能架构

通过对现有自动化系统的网络、网元的控制能力编排，引入人工智能技术，根据智能化分析及预配制策略，实现状态感知、实时分析、自主决策、精准执行、学习提升。

通过自动化、智能化割接操作能力，自动化执行割接操作流程，大幅降低人员投入，进而有效提升工作效率。

建立割接前校验模型（割接前需要校验的指标及事件）。

建立割接中监控模型（割接中需要监控的指标及事件）。

建立割接后验证模型（割接后需要验证的指标及效果评估）。

网络割接流程编排效果如图 4-13 所示。

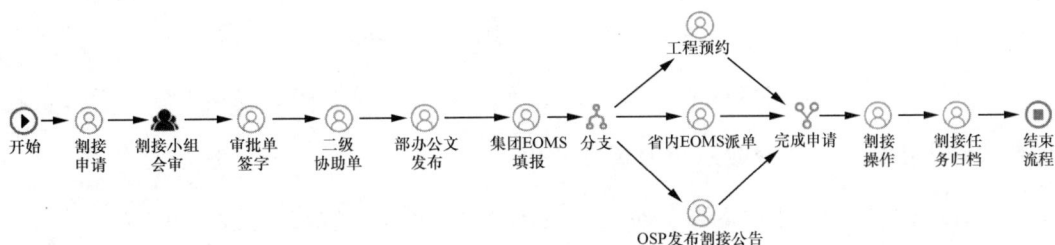

图 4-13　网络割接流程编排效果

③ 决策中心。

决策中心主要分为三大部分：任务执行决策、数据智能分析、执行效果评估，负责整个智能割接系统数据分析及策略输出工作。决策中心执行示意图如图 4-14 所示。

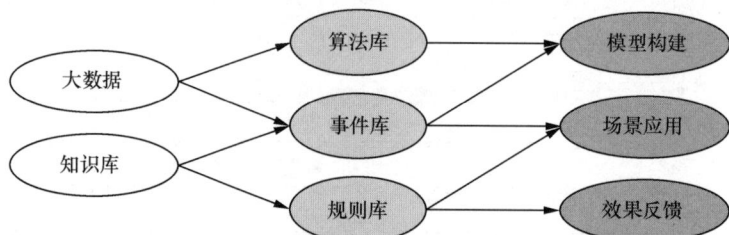

图 4-14　决策中心执行示意图

④ 能力中心。

指标采集

- 割接前进行数据备份、性能指标采集；

- 割接后进行性能指标采集。

指标对比

- 割接后，通过割接前后指标进行比对；

- 生成指标对比结果报告。

NSO 配置下发

- 割接作为输入 NSO 配置下发相关参数；

- 配置下发时，生成 NSO 下发的 XML 文件，调用下发原子能力，进行下发操作；

- NSO 系统返回执行结果。

软硬探针拨测

- 配置下发前与下发后调用录入软硬探针接口能力；

- 软硬探针自动调用业务资源树，自动关联 BRAS（宽带远程接入服务器）下挂探针进行半小时内每 5 分钟一次的拨测操作；

- 拨测完毕后，返回各探针拨测的结果给 AIMS（智慧运维管理系统）；

- AIMS 系统针对割接前后探针拨测数据进行对比，判断拨测的结果是否正常；

- 自动生成割接验证测试分析报告。

4. 网络智能健康度预测

（1）场景描述。

传统运维侧重于发现异常及根源，再借助运维工具进行异常处理，使网络正常运行，保障网络服务体验。在实际网络中，通常异常发生后网络质量和用户体验会受到不同程度的影响，网络恢复如果需要调配设备，则耗费的时间更长。另外，在保证故障及时恢复，设备资源冗余、人员技能提升等方面耗费较高的成本。

网络运维如果从事后被动处理转为事前主动预测／预防，运维成本将大幅降低，且用户体验将大幅提升。

智能健康度预测基于 AI 的机器学习／深度学习技术，分析海量运维数据，对故障发生前某一段时间内的网络特征等进行抽取，从而有效进行网络监控、预测／预防网络故障发生。

（2）技术方案。

如图 4-15 所示，预测系统通过线下历史数据训练得到预测模型。在线上部署系统后，定期采集数据，检测健康度，并用训练好的预测模型进行故障预测。如果发生未预测到的故障，则以该故障时间点前的某一阶段数据作为输入，重新训练预测模型，从而实现不断的迭代优化。

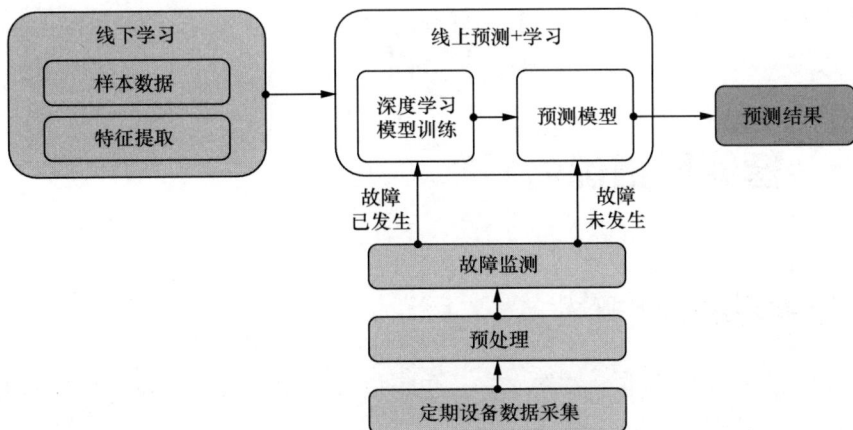

图 4-15 网络健康度预测方案

网络智能健康度预测有几类典型的应用场景：指标趋势及指标异常预测、设备关键模块故障预测等。

① 指标趋势及指标异常预测。

线下通过历史数据分析，挖掘网络健康度的指标趋势与网络数据的深层次关联特征。线上通过对网络健康度及关联指标的实时监测，利用训练好的特征规则进行匹配，预测网络健康度指标趋势。

根据预测出的中长期网络健康走势，可估测网络未来落入健康阈值内的可能时间点，提前进行资源预留及相应处理。因此，指标趋势预测可弥补网络规划的不足，指导网络扩容、备品备件的储备等。

另外，系统还能够预测中短周期内下一步的指标状态，根据指标预测值是否超过阈值来预判故障是否发生，实现事前故障预防。

② 设备关键模块故障预测。

业务处理芯片、光模块等关键模块的稳定性对电信设备非常重要，一个关键模块发生故障就会导致大量业务瘫痪。

在关键模块发生故障前，通常会存在一些特征性的异常，该部分异常可以通过特定的指标来表征。例如，芯片故障通常与寄存器异常有关，光模块故障通常与光功率异常有关。

通过机器学习/深度学习，挖掘关键模块故障与特征性异常之间的深度关联关系，从而实现关键模块的故障预测，提前进行预防。

4.5 智能网络优化

4.5.1 智能网络优化概述

网络优化是运营商的重点工作之一，也是提升网络 KPI、保障用户体验的重要一环，需要投入大量人力。网络优化涉及面很广，既包括无线网络优化，又包括网络各层级的 KPI 优化、网络策略优化、传输路由优化等。

随着 2G、3G、4G 及 5G 等多种无线接入技术的应用，运营商的网络变得越来越复杂，用户网络行为和网络性能也比以往变得更加动态化和难以预测。与此同时，随着移动通信业务的多样化，单纯的通过网络 KPI 对网络覆盖、容量等进行优化已不再能满足用户的使用需求，因此，移动通信网络的运营与优化焦点也逐渐从网络性能转向用户体验。因此，在未来，传统的网络管理方法和工具已无法满足运营商的需求，须考虑在网络优化中引入人工智能技术。

智能网络优化基于人工智能技术，根据网络承载、网络流量、用户行为和其他参数来不断优化网络配置，实现主动式的网络自我校正和优化。同时通过人工智能技术为当前复杂的无线网络和用户需求提供强大的复杂决策能力，从而驱动网络的智能化转型。

4.5.2　智能网络优化案例

1. 网络流量识别

（1）场景描述。

电信网络流量识别是指对网络中存在的各种数据流量加以识别、分类，以便后续的分析和应用。传统的电信网络流量识别主要依赖于工程师的专业经验，通过观测流量报文的字段标识，以及流量的其他外在特征进行识别。但对于一些人工无法观测相关特征的业务流量，如加密流量、欺诈流量及精细化业务流量等，还未出现有效的手段进行识别。

该案例的主要目的是使用人工智能技术实现电信网络的流量识别，尤其是针对不能通过明确的业务标识进行识别的流量，使用人工智能识别指定流量的有效特征，从而为流量优化提供前提条件。

（2）技术方案。

引入人工智能技术，基于业务流量特征可以有效识别业务应用中指定的加密／非加密业务，如互联网 HTTP 加密业务、非法 VPN 业务、App 内细分业务等，优化网络运营。具体实现为针对某业务历史流量日志中的细分业务流量进行数据清洗、数据标注等，形成训练数据，然后基于标注后的流量特征，利用深度学习的神经网络训练相关模型，并应用于现网流量识别。

流量识别的实现步骤如下。

① 数据准备。训练神经网络需要海量有标记的数据作为支撑，有效的数据采集和标记方法能够在短时间内获取更多有价值的数据，因此，须对海量数据进行数据清洗、数据标记，以便学习训练。

② 特征提取。针对电信网络众多管道层特征，如何选取尽可能少的特征作为神经网络的输入，同时获取最优的识别效果是特征提取的主要目的。

③ 模型设计。针对业务流量管道特征识别的分类模型，需要通过大量的训练，进行针对性的设计和参数优化，形成符合需求的神经网络模型。

④ 测试验证。针对训练好的神经网络模型进行规模测试，并根据测试效果指导模型的调优，直至达到最优的结果。

2. 智能流量预测与路径调优

（1）场景描述。

随着网络规模的增长，IoT、网络切片等新兴技术的引入，网络复杂度越来越高。未来网络要满足高带宽、低时延、随需而动的业务需求，在流量调度和路径规划方面通过传统的方式已很难实时给出最优方案。基于 AI，可以利用历史数据进行数据分析和模型训练，结合实际网络需求进行流量预测和路径优化推理。

（2）技术方案。

智能流量预测及路径调优方案如图 4-16 所示。

① 流量预测可适用于中长期流量增长预测、短期峰值评估、区域仿真等，进行扩容支撑、规划支撑、主动运维。

流量预测能力的建立需要两个阶段的工作。

● 算法探索阶段：利用各地网络历史数据，对多种算法模型进行训练，训练效果好的算法模型纳入算法库。

● 现网应用阶段：将现网历史数据按地域、业务分组等进行预处理，获得训练数据。然后对算法库中的多种预测模型进行进一步训练，得到现网各地区、各业务的最佳预测模型。

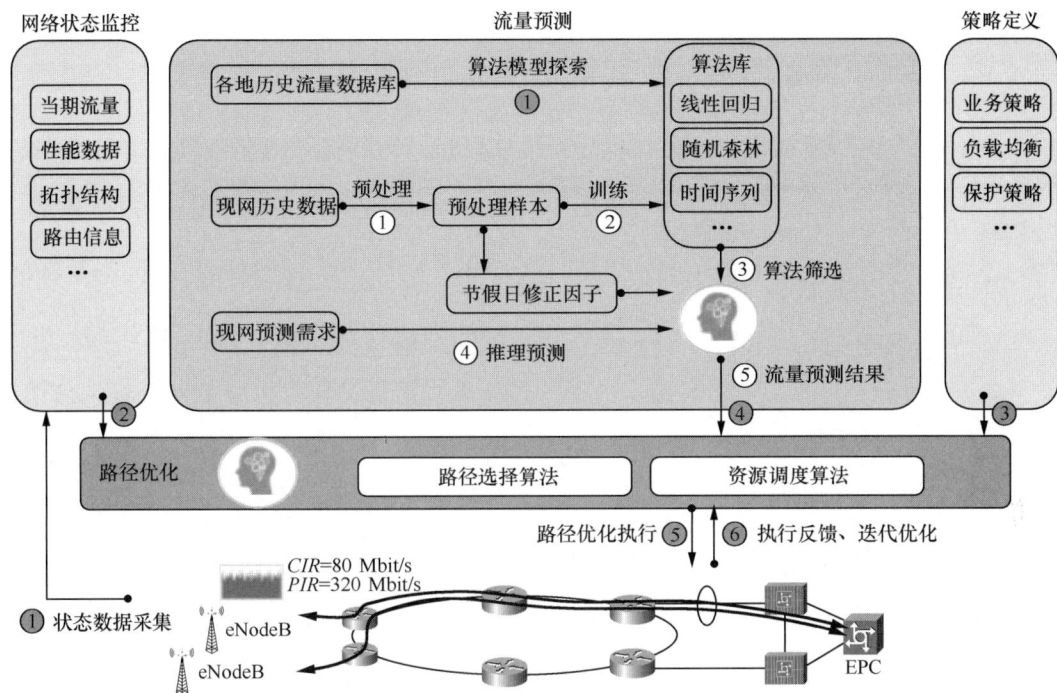

图 4-16　智能流量预测及路径调优方案

根据现网预测需求，选择最佳模型进行推理预测，获得最终的流量预测结果。

② 路径优化是指根据网络状况，动态优化路由策略，提高传输效率，同时动态调度资源，提高网络使用效率。

路径优化能力的建立需要对流量、性能、拓扑、路由等网络状态数据进行采集和实时监控，结合业务、负载、冗余等策略规则及流量预测结果，共同作为路径优化算法模型的输入，将模型推理结果用于现网执行，并且对执行效果进行反馈，从而不断迭代优化算法模型。

3. 参数智能化设置与推荐系统

（1）场景描述。

提高参数管理和分析的智能化水平，可以提升网络优化工作的效率，降低网络运维成本。在LTE（ Long Term Evolution ）网络中，各设备商无线参数总和已超过8000个，仅依靠人工经验很难进行精细配置。

参数智能化配置与推荐系统的设计目标是利用人工智能技术学习现网已有参数配

置经验及参数优化经验实现快速复制和推广。

（2）技术方案。

针对该场景，提出了如下研究方法和设计思路。

① LTE 小区特征建模。选取并量化特征属性进行无线场景的精细分类，包括站型结构、业务量、用户分布、用户移动性、邻区结构、地形地貌、互操作配置策略等特征。

② 基于聚类算法的小区特征分簇。基于无监督机器学习聚类算法进行小区特征分簇：如基于可变权重的 k-Means 算法、肘部法则获取聚类结果；BIRCH 算法可识别噪声点，但调参过程复杂，对高维数据的聚类能力较弱；DBSCAN 算法计算速度快，能发现任意形状的聚类，但难以反映密度等特征，该类算法能够使计算机程序自动完成小区特征的定量分簇。小区无线特征的聚类运算过程如图 4-17 所示。

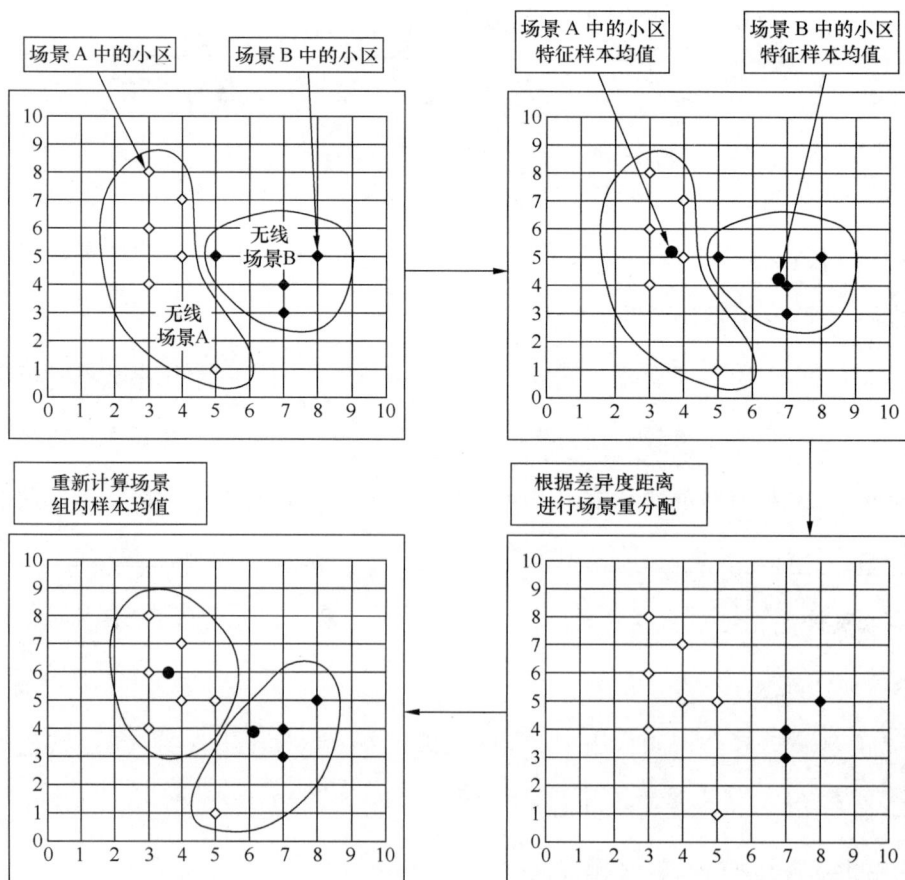

图 4-17　小区无线特征的聚类运算过程

③ 参数配置与网络质量相关性分析。对各场景特征聚类划分结果后的簇内小区进行网络质量评价，挖掘现网各个场景下的局部参数最优配置，并固化簇内局部参数配置经验，用于后续按照协同过滤算法进行参数经验值的自动化推荐。

④ 基于协同过滤算法的小区特征匹配与 LTE 参数智能化推荐。利用典型的 k 最邻近（KNN）算法，通过计算样本个体间的距离或相似度，寻找与每个输入样本个体最相近的 k 个个体（找到特征最相似 LTE 无线小区的过程），算法的时间复杂度与样本的个数直接相关，需要与每个个体完成一次两两比较的过程。最终找到参数最优经验库中特征最相似的 LTE 无线小区，从而实现参数取值的自动推荐输出。

4. 基于深度学习的覆盖优化

（1）场景描述。

随着移动通信的不断发展，网络频率资源日趋紧张，各种覆盖问题及潜在的干扰源正以惊人的速度不断产生，同时各个运营商之间频率复用度不断增加，对解决干扰和覆盖问题的要求也在持续增加，覆盖和干扰问题的存在给网络的正常运行带来了不良的影响，作为网络优化的核心问题。良好的无线覆盖和净化的网络环境是保障移动通信网络质量和指标的前提，结合合理的参数配置才能得到一个高性能的无线网络。

无线网络覆盖优化是提升无线网络质量的重要工作内容，现有覆盖优化的主流技术以仿真优化、人工经验优化为主。此外，仿真优化很大程度上依赖传播模型的准确性，没有充分考虑用户及业务量的分布场景。

基于深度学习的覆盖优化系统旨在引入机器学习算法，分析当前网络状态与覆盖和容量之间的关系模型，然后对网络进行分析，指导调整无线参数的配置。

（2）技术方案。

基于深度学习的覆盖优化系统提出了利用深度学习来进行覆盖优化，设计思路分为以下几个步骤。

覆盖 Top$N$ 小区问题分析。利用测量报告样本数据（MRO，Measurement Report of Original Type）中小区的覆盖关系、地形地理位置数据、站型结构数据、用户分布情况等构建覆盖评估矩阵。通过预置规则判断，输出小区软、硬参数定性调整建议或问题（包括接入电平／功率／A2门限／下倾角／方向角优化建议，及工参准确性问题），输出 TopN 小区分析和定性优化建议。

利用深度神经网络构建本区域的覆盖模型。采用小区网络结构、参数配置、地形地貌、业务类型、覆盖指标、干扰指标等特征属性，并将这些样本按照业务逻辑进行向量化，预处理后用于网络覆盖的精细画像，再对本区域覆盖模型进行训练。

覆盖指标定量预测。动态输入功率、方向角、倾角调整方案，实现对弱覆盖、过覆盖等指标的量化预测。

系统也可根据预测结果，实现全流程自动输出推荐方案。基于深度学习的覆盖优化系统模型设计如图4-18所示。

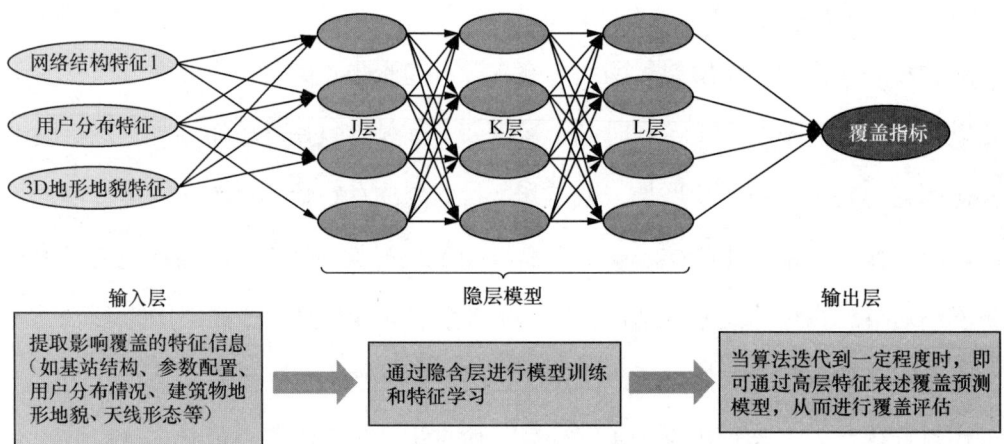

图 4-18　基于深度学习的覆盖优化系统模型设计

5. 5G智能广播权值调整

（1）场景描述。

Massive MIMO（Multiple Input Multiple Output）技术是 5G 物理层关键技术之一，相比传统的天线形式，Massive MIMO 设备具备 3D 赋形能力，可以灵活调整各天线阵子的权值（功率和相位），显著提高系统的波束指向准确性，将信号强度集中于特定指向区域和特定用户群，在增强用户信号的同时可以显著降低小区内自干扰、邻区干扰。

Massive MIMO 设备要达到最佳覆盖情况，全网一套初始权值往往无法满足需求，需要对网络广播权值进行差异化调整。手动调整权值费时费力，特别是对于 5G 支持广播多波束扫描而言，权值组合达到上万种，增加了调整的复杂度。此外，多小区之间协同调整也是一个难点。因此，采用智能算法进行广播权值的调整是非常必要的。

智能广播权值调整应用于以下场景：

① 对于多个 Massive MIMO 小区共同覆盖的热点区域，比如体育场馆、学校区域、CBD（中央商务区）区域；

② Massive MIMO 小区连续组网场景。

（2）技术方案。

智能权值调整方案如图 4-19 所示。

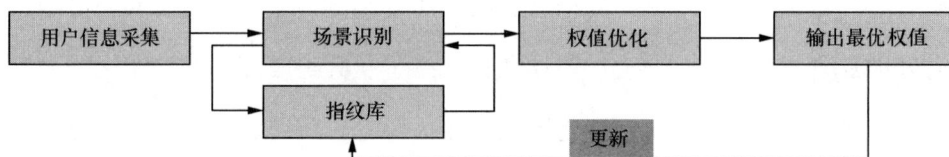

图 4-19　智能权值调整方案

该方案包含 4 个主要模块：用户信息采集、场景识别、权值优化、输出最优权值模块。各模块的功能如下。

① 用户信息采集模块：主要负责 UE 信息数据的收集，为场景识别提供数据支持，具体包括 UE 周期性 MR 数据、UE 位置信息等。

② 场景识别模块：主要功能是利用 MR 信息查询历史指纹库，对当前场景进行判别，并推荐最优权值，此模块的主要作用是对场景进行分类，权值优化模块以此处提供的最优权值作为初始解进行全局优化。

③ 权值优化模块：主要功能是在推荐权值的基础上，在全局解空间内进行最优权值的求解，实现 Massive MIMO 权值参数的自调优。

④ 输出最优权值模块：对场景识别输出的推荐最优权值和权值优化模块的输出权值进行评估比较，选择其中最优的权值作为最终的权值解并输出，并且将此信息传回指纹库，对指纹库进行更新和完善。

方案中场景识别模块考虑实现复杂度和开销的问题，采用 k-最近邻算法、决策树、逻辑回归等经典机器学习算法进行场景预测和分类。方案中权值优化模块可以采用传统的智能算法，如遗传算法、粒子群算法、蚁群算法等进行权值寻优。

4.6 通信网络智能化分级的研究及实践

4.6.1 通信网络智能化分级概述

近年来，ICT 行业在积极开展网络智能化研究，智能化分级和等级验证工作鲜有成效。人工智能技术在通信网络中的局部场景和局部领域已经实现单点突破和应用，但是缺乏统一的描述语言和系统的演进思路。研究制订行业共同认可的通信网络智能化能力分级方法，能够为行业提供衡量通信网络（及其组成部分）智能化能力等级的评价依据，促进全行业形成对智能化网络等相关概念的统一认识和理解。进行网络智能化等级验证工作，一方面可以通过实践为网络智能化等级划分方法的完善提供指导，另一方面可以通过对现网智能化程度的评估发现网络中的潜在问题和不足之处，为未来网络的发展规划提供决策参考。

当前业界主流的评价体系包括以下几类。

（1）ITU-T SG13 提出的网络智能化立体式分级标准，围绕智能能力提升，将网络智能化分为 L0（人工运营网络）、L1（辅助运营网络）、L2（初级智能化网络）、L3（中级智能化网络）、L4（高级智能化网络）和 L5（完全智能化网络）6 个级别，并从工作流和智能化范围（子系统）两个维度进行立体式分级评估，综合单项工作流和子系统的智能化级别，确定整网智能化的级别。

（2）ETSI ENI 从技术和市场两个角度提出网络智能化分级标准。从技术角度关注的维度是人机接口、决策过程、人机参与度、决策分析、智能化程度、环境适应性和支持场景等。而从市场的角度关注的维度是调度执行、感知监测、分析决策、客户体验等环节人与系统执行占比。两个角度均划分 L0 ~ L5 共 6 个级别。

智能化分级体系的提出及其在实践中的不断应用和完善，有利于形成业界统一的智能化分级描述语言，将为运营商的传统网络向智能化网络演进提供一条可行的路径。本书将主要参照 ITU-T SG13 提出的智能化分级标准及其应用进行相关研究和探索。

4.6.2　通信网络智能化能力的分级方法

1. 自动驾驶分级标准参考

美国机动车工程师协会（SAE，Society of Automotive Engineers）2014 年在 SAE J3016 文件中提出自动驾驶分级方案，明确了 L0 ~ L5 共 6 个等级的自动驾驶分级标准，成为目前汽车行业普遍接受并使用的标准，见表 4-1。

表 4-1　SAE J3016 自动驾驶分级方案

SAE 分级	名称	概念界定	运动控制	驾驶环境监测	动态/激烈驾驶（DDT）	驾驶模式/工况	NHTSA 分级*
驾驶员观察驾驶环境							
0	人工驾驶	即便有主动安全系统的辅助，仍由驾驶员执行全部的动态驾驶任务	驾驶员	驾驶员	驾驶员	无	0
1	辅助驾驶	在适用的运行设计域（ODD）内，系统可持续执行横向或纵向的车辆运动控制的某一子任务（不可同时执行），由驾驶员执行其他的动态驾驶任务	驾驶员&系统	驾驶员	驾驶员	部分	1
2	部分自动驾驶	在适用的运行设计域，自动驾驶系统可持续执行横向和纵向的车辆运动控制任务，驾驶员负责执行OEDR（对象和事件监测及响应）任务并监督自动驾驶系统	系统	驾驶员	驾驶员	部分	2
自动驾驶系统观察驾驶环境							
3	有条件自动驾驶	在适用的运行设计域，自动驾驶系统可以持续执行完整的动态驾驶任务，用户需要在系统失效时接受系统的干预请求，及时做出响应	系统	系统	驾驶员	部分	3

SAE 分级	名称	概念界定	运动控制	驾驶环境监测	动态/激烈驾驶（DDT）	驾驶模式/工况	NHTSA 分级*
4	高度自动驾驶	在适用的运行设计域，自动驾驶系统可以自动执行完整的动态驾驶任务和动态驾驶任务支援，用户无须对系统请求做出回应	系统	系统	系统	部分	3/4
5	完全自动驾驶	自动驾驶系统能在所有道路环境执行完整的动态驾驶任务和动态驾驶任务支援，驾驶员无须介入	系统	系统	系统	全部	

*注：NHTSA（美国高速公路安全管理局）早期分级标准，现已统一使用SAE标准。

2. 通信网络智能化能力分级的维度

自动驾驶分级标准为我们研究并形成通信网络智能化能力分级方法提供了很好的借鉴。但相对于自动驾驶，通信网络的智能化分级评估要复杂得多，难以通过单一场景或维度来衡量。

如图 4-20 所示，对于通信网络智能化能力等级的评估，既要充分考虑通信网络的不同类型的工作领域，又要考虑从网元到整网的端到端网络的系统范围。网络的综合智能化水平是上述两方面的智能化水平叠加后的综合体现。

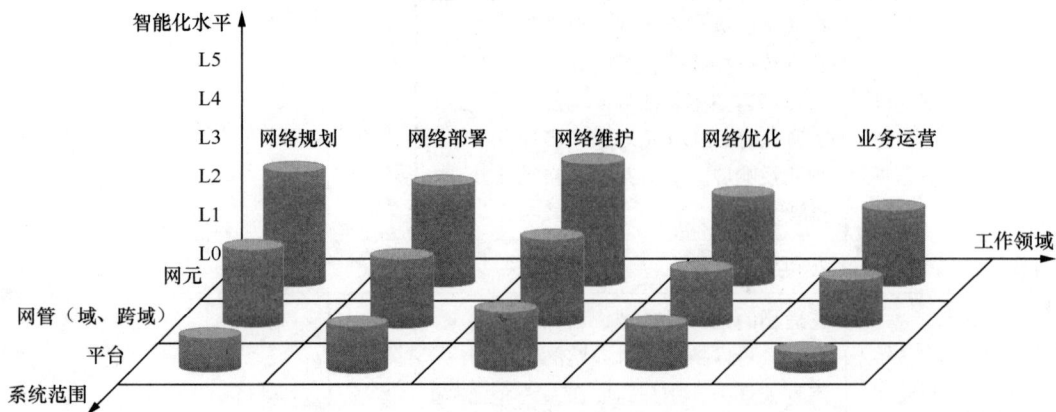

图 4-20　通信网络智能化能力综合评估方法

自动化系统中给出了采集、分析、决策和执行 4 个维度的分级思路。结合通信网络智能化需求及特点，为了能够从通信网络的工作领域和系统范围两方面综合评价对应的智能化能力等级（如图 4-21 所示），可以从智能化的通用实现过程及场景能力中抽象出具备广泛适用性的智能化能力分级的 6 个维度。

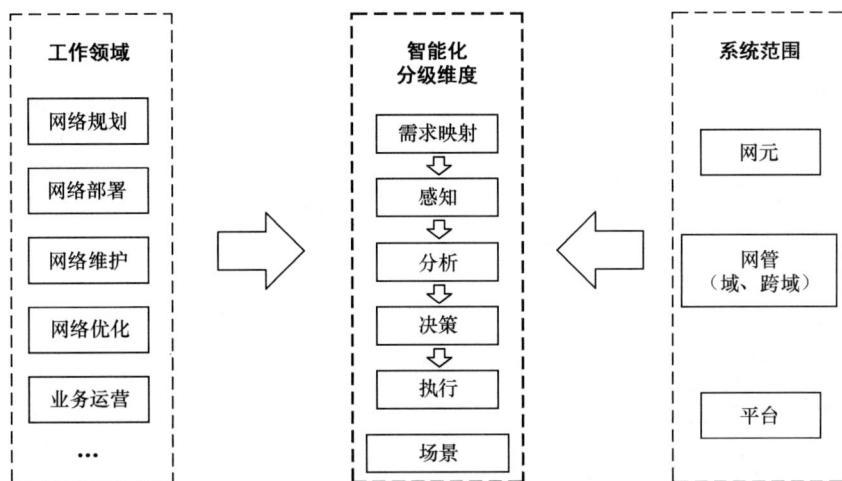

图 4-21　通信网络工作领域和系统范围的智能化能力分级的维度

（1）需求映射：将网络操作人员对应用功能的效果或目标需求转换为网络设备可以理解并执行的具体指令的过程。

（2）感知：收集和监测供智能化应用功能所需的原始输入数据的过程。

（3）分析：基于采集到的数据进行数据分析，感知网络当前的运行环境、业务状态、用户行为和体验等，或基于历史数据预测上述内容的未来变化趋势，并由此为智能化应用功能的实现推理得到决策依据或选项的过程。

（4）决策：基于分析过程推理得到的决策依据或选项，选择并确定网络、业务配置调整策略的过程。

（5）执行：基于决策过程确定的策略在网络中执行对应配置、调整的过程。

（6）场景：实现网络智能化的场景程度。

需要明确的是，不同的工作领域或单项工作和不同子系统都可以依据上述分级维度评估确定各自的智能化能力等级。

3. 通信网络整体智能化分级方法

基于所描述的网络智能化能力分级维度的定义，从智能化网络系统和网络操作人员在每个维度的介入程度及智能化场景的使用范围两个方面考虑，通信网络智能化能力分级方法见表 4-2。

表 4-2　通信网络智能化能力分级方法

等级/名称		关键特征	分级评估维度					
			执行	感知	分析	决策	需求映射	智能化场景
L0	人工运营网络	全人工操作	人工	人工	人工	人工	人工	无
L1	辅助运营网络	工具辅助感知人工分析决策	以系统为主	人工和系统	人工	人工	人工	部分场景
L2	初级智能化网络	部分场景基于静态策略自动分析人工决策	系统	以系统为主	人工和系统	人工	人工	部分场景
L3	中级智能化网络	特定场景实现动态策略自动分析预先设计场景系统辅助人工决策	系统	系统	以系统为主	人工和系统	人工	部分场景
L4	高级智能化网络	系统实现动态策略完整闭环预先设计场景系统自动完成需求映射	系统	系统	系统	以系统为主	人工和系统	部分场景
L5	完全智能化网络	全部场景系统完成全部闭环系统自动完成需求映射	系统	系统	系统	系统	系统	全场景
备注			所有等级的决策执行都支持人工介入执行过程，人工审核结论及执行指令具有最高权限					

L0 级。从需求映射、感知、分析、决策到执行的网络运营全流程均通过人工操作方式完成，没有任何场景实现智能化。

L1 级。执行过程基本由系统自动完成，少数场景需要人工参与；在预先设计的部分场景下依据人工定义的规则由工具辅助自动完成数据收集和监测过程；分析、决策和需求映射全部由人工完成。从整体来看，仅在少数场景通过工具辅助实现数据感知和执行流程的智能化，不支持完整流程的智能化闭环。

L2 级。执行过程全部由系统自动完成；大部分场景下系统依据人工定义的规则自动收集和监测数据；在预先设计的部分场景下系统根据静态策略 / 模型完成自动分析过程；人工完成其他过程。从整体来看，部分场景下可实现数据感知、分析和执行的智能化，决策和需求映射依赖人工，不支持完整流程的智能化闭环。

L3 级。执行和数据感知过程全部由系统自动完成，其中部分场景下系统自定义数据收集规则，大部分场景下系统自动完成分析过程，特定场景下分析策略 / 模型由系统自动迭代更新，形成动态策略；在预先设计的场景下系统可辅助人工自动完成决策过程；人工完成其他过程。从整体来看，部分场景下除了需求映射依赖人工外，其他流程可实现智能化，系统在人工辅助下接近形成完整流程的智能化闭环。

L4 级。执行、数据感知和分析过程全部由系统自动完成，其中收集规则由系统自定义，分析策略 / 模型由系统自动迭代更新，形成动态策略；大部分场景下系统自动完成决策过程；在预先设计的部分场景下系统可自动完成需求映射。从整体来看，部分场景下，系统已形成完整流程的智能化闭环，部分场景仅需要人工参与需求映射并辅助决策。

L5 级。在全部场景下，由系统完成需求映射、数据感知、分析、决策和执行的完整流程的智能化闭环，实现全场景完全智能化。

需要特别说明的是，所有等级的决策和执行过程都必须支持人工介入，且人工审核结论及执行指令具有最高权限。

4.6.3　通信网络智能化能力的分级验证方案

1. 通信网络智能化能力分级评分流程

通用的通信网络智能化分级方法评分流程包括确定评估对象、划分评估维度、评估对象分析、评估维度评分、获取评估结果 5 个步骤。

（1）确定评估对象。

从实际生产系统选择评估对象，根据智能化等级评估维度，需要从系统范围和工作流两个维度对评估对象进行定义，常见的评估对象示例见表 4-3。

表 4-3　通信网络智能化分级方法评估对象示例

	网络规划设计	网络建设	网络维护	网络优化	业务运营
网元	智能硬件识别	网元割接上线	网元故障定位	MM参数优化、基站节能	
网管	站点规划工具	网络扩容工具	专业网管系统	无线网络优化工具	业务管理系统
平台	网络规划系统平台	设备上线平台	智能监控系统	智能网络优化系统	运营支撑系统

（2）划分评估维度。

按照评估对象的需求映射、感知、分析、决策、执行、智能化场景 6 个维度进行评估，也可以根据实际情况对部分维度进行裁剪或合并。

（3）评估对象分析。

针对评估维度，对表 4-4 所示的指标进行分析和信息获取，明确各指标的状态。

表 4-4　通信网络智能化分级验证评估对象分析

执行	感知	分析	决策	需求映射
执行内容	采集内容	分析维度	决策维度	用户需求
执行方式	采集方式	分析方式	决策方式	映射方式
执行结果	采集结果	分析结果	决策结果	系统需求

（4）评估维度评分。

在获取到每个维度的详细状态后，根据下面的评分原则对每个维度进行打分。

（5）获取评估结果。

依据各个维度的得分进行加权计算，得到整个被评估系统的最终得分，从而获取评估结果，评估结果的表示方法参见下面的内容。

2. 通信网络智能化能力分级评分原则

（1）维度智能化评分。

这一步的目的是完成感知、分析、决策、执行、需求分析等各个维度的智能化程度评分，评估各个维度的智能化程度，为评估对象的整体评分打下基础。基于表 4-2

通信网络智能化分级方法，各维度的智能化程度包含以下 3 种。

$S0$：人。

$S1$：人与系统。

$S2$：系统。

为了和整体 L0 ~ L5 的智能化程度对齐，$S0$ ~ $S2$ 的取值范围为 0 ~ 5。规定如下：$S0$ 取 0，$S1$ 取 1 ~ 4，$S2$ 取 5。当系统完成的工作占比小于 50% 时，$S1=1$；当系统完成的工作占比在 50% ~ 75% 时，$S1=2$；当系统完成的工作占比在 75% ~ 90% 时，$S1=3$；当系统完成的工作占比大于 90% 时，$S1=4$。

（2）评估对象智能化程度评分。

在完成各维度的评分之后，可基于以下公式完成整个评估对象的智能化程度评分。

$$S = w_{ac} \times S_{ac} + w_{da} \times S_{da} + w_{an} \times S_{an} + w_{de} \times S_{de} + w_{dm} \times S_{dm}$$

S_{ac}、S_{da}、S_{an}、S_{de}、S_{dm} 分别表示执行、感知、分析、决策、需求映射各个维度的智能化程度评分，w_{ac}、w_{da}、w_{an}、w_{de}、w_{dm} 表示对应维度在整体评分中的权重。权重的取值可以人为设置，也可以使用层次分析法确定。权重的确定需要综合考虑实现难度和该维度在系统中的重要性。一般认为，重要性越高，权重越高，实现难度越大，权重越高。

最终智能化得分与等级之间的对应见表 4-5。

表 4-5 智能化等级与智能化得分对应关系

智能化等级	智能化得分 S
L0	$S<1$
L1	$1 \leq S<2$
L2	$2 \leq S<3$
L3	$3 \leq S<4$
L4	$4 \leq S<5$
L5	$S=5$

层次分析法是一种解决多目标复杂问题的定性与定量相结合的决策分析方法，将该方法应用在网络智能化分级中的具体步骤如下。

① 建立层次结构模型。

首先根据决策的目标、考虑的因素（决策准则）和决策对象之间的相互关系分为最高层、中间层和最低层，层次结构如图 4-22 所示。

- 最高层是指决策的目的或要解决的问题，此处为验证目标，即评估对象的智能化等级。

- 中间层是指考虑的因素或决策的准则，此处为评估维度，即需求映射、感知、分析、决策、执行。

- 最低层是指决策时的备选方案，此处为智能化等级，即 L0、L1、L2、L3、L4、L5。

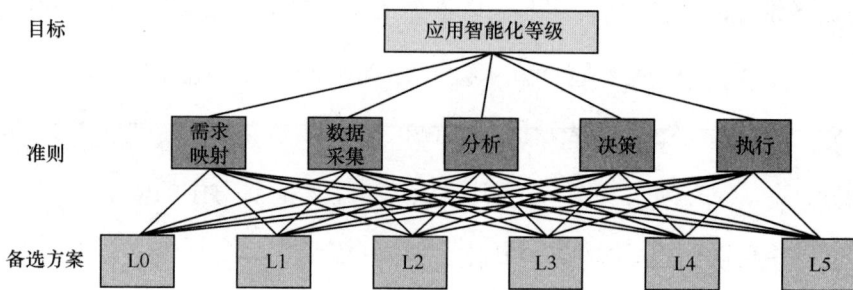

图 4-22　层次结构

② 构造判断（成对比较）矩阵。

利用专家经验判断各准则相对于目标的重要程度，并合理地给出每个准则的权数，权数是一个准则相对于另一个准则的重要程度，可通过表 4-6 两两对比量化获得。

表 4-6　权数量化值

准则（维度）i 相比于准则（维度）j	量化值
同等重要	1
稍微重要	3
较强重要	5
强烈重要	7
极其重要	9
两相邻判断的中间值	2、4、6、8

将权数依次排列构造出如下判断（成对比较）矩阵。

$$A = \begin{cases} a_{ac\_ac} & a_{ac\_da} & a_{ac\_an} & a_{ac\_de} & a_{ac\_dm} \\ a_{da\_ac} & a_{da\_da} & a_{da\_an} & a_{da\_de} & a_{da\_dm} \\ a_{an\_ac} & a_{an\_da} & a_{an\_an} & a_{an\_de} & a_{an\_dm} \\ a_{de\_ac} & a_{de\_da} & a_{de\_an} & a_{de\_de} & a_{de\_dm} \\ a_{dm\_ac} & a_{dm\_da} & a_{dm\_an} & a_{dm\_de} & a_{dm\_dm} \end{cases}$$

其中，a_{ac_ac}、a_{ac_da}、a_{ac_an}、a_{ac_de}、a_{ac_dm} 分别表示执行相比于自身权数、执行相比于感知的权数、执行相比于分析的权数、执行相比于决策的权数、执行相比于需求映射的权数，其他行依次类推。

③ 层次单排序及一致性检验。

对应于判断矩阵最大特征根 λ_{max} 的特征向量，经归一化（使向量中各元素之和为 1）后记为 W。W 的元素为评估维度相对于评估目标的相对重要性的排序权值，这一过程称为层次单排序。

定义一致性指标 $CI = \dfrac{\lambda - n}{n-1}$，其中，$n$ 代表维度数；当 $CI=0$ 时，有完全的一致性；当 CI 接近于 0 时，有满意的一致性；CI 越大，不一致性越严重。

为了衡量 CI 的大小，引入随机一致性指标 RI，见表 4-7。

表 4-7　随机一致性指标 RI

n	1	2	3	4	5	6	7	8	9	10	11
RI	0	0	0.58	0.90	1.12	1.24	1.32	1.41	1.45	1.49	1.51

一般认为一致性比率 $CR = \dfrac{CI}{RI} < 0.1$ 时，认为 A 的不一致程度在容许范围内，有满意的一致性，通过一致性检验。可用其归一化特征向量得到最终权向量：

$$W = \{w_{ac}, w_{da}, w_{an}, w_{de}, w_{dm}\}$$

否则，要重新构造成对比较矩阵 A。

3. 通信网络智能化分级方法评分结果表示

为了更好地展示智能化评估过程和结果，使用元组和雷达图表示单维度评估结果和整体评估结果。

（1）单维度评估结果表示。

单维度评估结果使用三元组的形式表示，包括应用名称、维度、智能化程度3个要素。应用名称和维度用于唯一标识所评估对象，智能化程度为评估方法中维度对应的3种智能化水平，包括系统、人和系统、人。

{ 应用名称，维度，智能化程度 }

（2）整体评估结果表示。

整体评估结果可使用五元组或雷达图的形式表示。

① 五元组表示。

五元组包括应用名称、网络专业、系统范围、工作领域、智能化等级各个要素。全方位展示评估对象的关键信息，表示形式如下。

{ 应用名称，网络专业，系统范围，工作领域，智能化等级 }

网络专业包括无线网、传输网/承载网、核心网、数据网、分组网、动环等专业。

工作领域分为网络规划部署、网络维护、网络优化、业务运营等环节，覆盖网络全生命周期。

系统范围包括网元、网管、平台。

② 雷达图表示。

雷达图每个轴代表一个维度，雷达图可以直观地表示各维度智能化程度的分布状态，同时可以直观地对比、评估对象当前的智能化水平与演进目标的差距，通信网络智能化分级方法验证结果雷达图表示示例如图 4-23 所示。

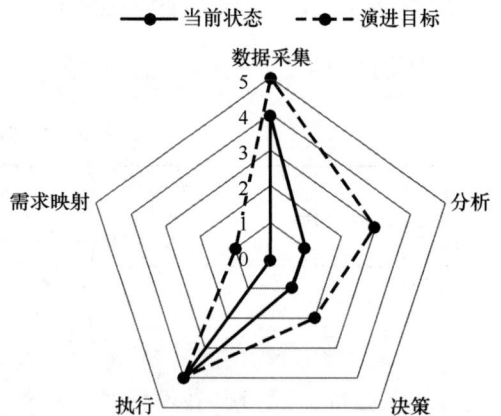

图 4-23　通信网络智能化分级方法验证结果雷达图表示示例

4.6.4　通信网络智能化能力的分级实践

1.　网络智能监控系统介绍

基于网络智能化分级验证方法，对网络智能监控系统进行评估。网络智能监控系统实现了跨厂商、跨专业、面向全网的告警集中管理，消除各厂家网管及专业网管系统之间的信息孤岛，实现全网各专业告警在同一平台上的标准化呈现、故障的主动发现与快速定位、故障工单的快速派发（自动／手动）与督办，达到告警的全生命周期的集中监控、集中管理，从而提高监控工作的效率。

智能监控主要分为概况监控、告警监控、场景监控、拓扑监控、系统设置（包含性能监控告警设置）五大功能。提供概况监控、拓扑监控、场景监控、值班长视图、当班人员窗口、自定义窗口、告警关联视图、故障追踪视图、割接跟踪视图等多种监控方式；支持日常监控、重点区域监控、节假日监控等各种场景。

图 4-24 所示为某网络智能监控系统工作流程，系统利用 IT 手段对故障一点进行监控、穿透到末梢，智能化运营实现工单派发、通知、跟踪的自动化管理。

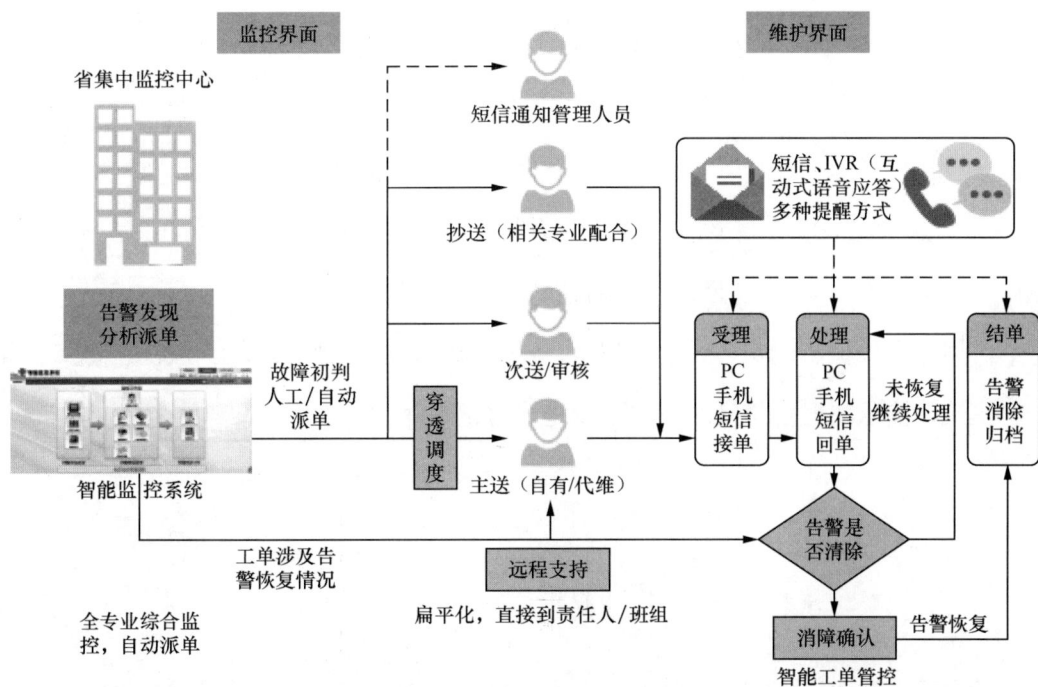

图 4-24　某网络智能监控系统工作流程

2. 网络智能监控系统的评估过程及结论

基于网络智能监控系统当前的状态，将各个功能模块对应到需求映射、感知、分析、决策、执行各个维度，并梳理出当前的状态，结果如图 4-25 所示。

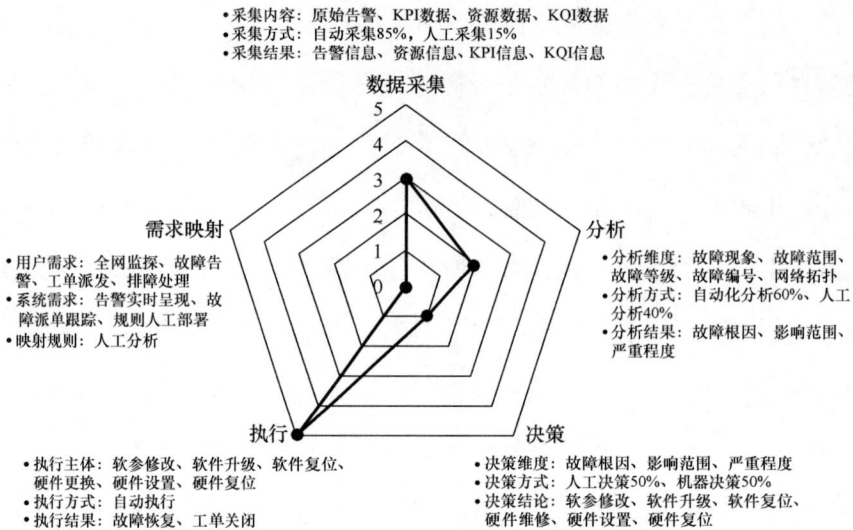

- 采集内容：原始告警、KPI数据、资源数据、KQI数据
- 采集方式：自动采集85%，人工采集15%
- 采集结果：告警信息、资源信息、KPI信息、KQI信息

图 4-25　网络智能监控系统各维度评估结果

各维度结果如下。

{网络智能监控系统，需求映射，人工}

{网络智能监控系统，感知，人和系统}

{网络智能监控系统，分析，人和系统}

{网络智能监控系统，决策，人和系统}

{网络智能监控系统，执行，人和系统}

使用层次分析法确定各维度的权重，进行整体智能化评分。基于执行、感知、分析、决策、需求映射各维度的重要程度构造对比矩阵。

$$A = \begin{bmatrix} 1 & 1/2 & 2 & 2 & 3 \\ 2 & 1 & 2 & 2 & 4 \\ 1/2 & 1/3 & 1 & 1 & 2 \\ 1/2 & 1/3 & 1 & 1 & 2 \\ 1/3 & 1/4 & 1/2 & 1/2 & 1 \end{bmatrix}$$

计算获得对比矩阵的最大特征根 $\lambda_{max}=4.8925$，对应的特征向量经归一化后：

$$W = \{0.2599 \quad 0.3676 \quad 0.1447 \quad 0.1447 \quad 0.0830\}$$

一致性指标：

$$CR = \frac{CI}{RI} = \frac{0.0269}{1.12} = 0.024 < 0.1$$

具有满意的一致性，通过一致性检验。

因此，执行、感知、分析、决策、需求映射各维度权重分别为 0.2599、0.3676、0.1447、0.1447、0.0830，最终智能化程度计算结果为

$$S=w_{ac} \times S_{ac}+w_{da} \times S_{da}+w_{an} \times S_{an}+w_{de} \times S_{de}+w_{dm} \times S_{dm}=2.9194$$

根据表 4-6 获得网络智能监控系统的智能化等级。

{ 网络智能监控系统，全专业，平台，网络维护，L2}

整体来看，当前系统总体处于 L2 初级智能化网络阶段。各维度执行实现的自动化程度最高，需求映射的自动化程度最低，目前没有系统参与。

第 5 章

人工智能赋能
行业应用

当前社会已步入数字经济时代，数字经济是指以数据为生产资料，云计算、大数据、人工智能、5G等技术作为生产力，利用算力和算法将数据转变为价值的一种新经济形态。数字经济由数字产业化和产业数字化两部分组成。数字产业化是指包括基础电信、电子制造、软件及服务、互联网在内的各类信息产业，是数字经济的蓝海；产业数字化是指各类信息产业在赋能传统的第一、二、三产业后为传统产业带来的增量。传统的第一、二、三产业基数相比信息产业非常巨大，在未来，产业数字化的增量将超过数字产业化整体的规模，产业数字化将成为未来数字经济时代的主流。

以2016年为例，我国软件业收入规模合计超4.9万亿元，规模以上的工业企业主营业务收入115万亿元。如果人工智能技术能为行业提升4.26%，其数字产业化产生的增量将超过整个软件行业规模。

数字产业化和产业数字化对比如图5-1所示。

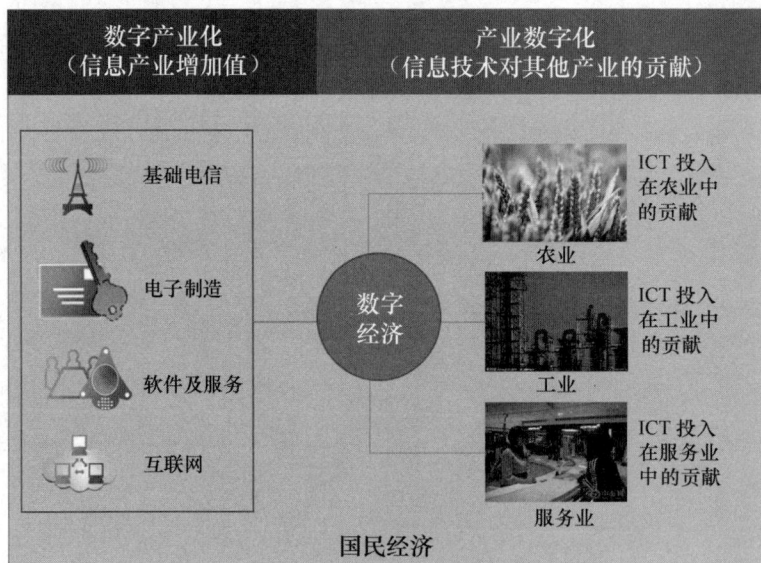

图5-1 数字产业化和产业数字化对比

电信运营商作为基础电信产业的主体之一，在数字经济时代更应抓住发展机遇，除5G技术外，电信运营商也应该积极发展人工智能、云计算、大数据等新兴技术，将5G与各类信息产业技术融合，形成具备运营商特色的5G时代的智能业务。

本章将从智能制造、智能车联网、智慧医疗、智慧教育、智慧城市、智慧体育、智慧新媒体、智慧能源、公共安全、泛在低空 10 个领域介绍 5G 时代的智能业务及中国联通在相关领域的探索。

5.1 智能制造

5.1.1 智能制造的概念

在信息化大背景下，工业与信息的深度融合、智能化成为产业转型升级的新动力和引擎，催生了新的工业发展形态。

围绕实现"制造强国"的战略目标，2015 年，国务院正式印发的《中国制造2025》中明确提出，要以促进制造业创新发展为主题，以新一代信息技术与制造业深度融合为主线，以推进智能制造为主攻方向。同样，世界各主要工业国家也将发展智能制造作为本国构建制造业竞争优势的关键举措，分别提出了新一代工业化战略。

中国工程院院士、中国工程院主席团名誉主席周济在 2018 战略性新兴产业培育与发展论坛上提出"智能制造是一个不断演进发展的大概念，可归纳为 3 个基本范式：数字化制造、数字化网络化制造、数字化网络化智能化制造——新一代智能制造"。

作为智能制造的重要部分，工业互联网是实现人、机器、车间、企业等主体及设计、研发、生产、管理、服务等产业链环节的全要素的泛在互联。将新一代人工智能技术、5G 技术与工业互联网深度融合，可催生工业创新业务，有效提升产品品质、工艺、效率，降低劳动成本。

近年来，电信运营商一直致力于全面助力工业互联网建设。本节将以工业互联网为中心，重点关注人工智能在智能制造中的应用场景。以中国联通的实践为例，分析融合5G 与人工智能的工业互联网解决方案是如何赋能制造业、提升效率、保障生产安全的。

5.1.2 人工智能在智能制造中的应用

智能制造的细分概念范围很广，涉及很多行业。如图 5-2 所示，"5G+AI"应用于智能制造的总体架构由下而上分为终端、网络、平台、应用 4 层，运营商智能制造业务多聚焦在图中灰色部分。

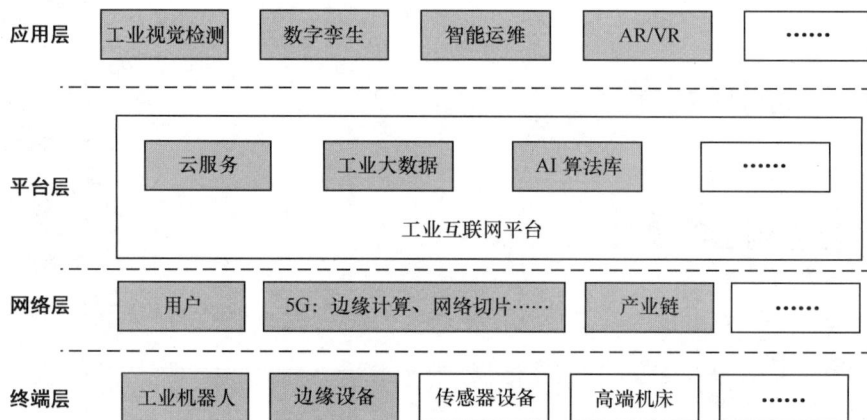

应用层	工业视觉检测	数字孪生	智能运维	AR/VR	……

平台层	云服务	工业大数据	AI 算法库	……
	工业互联网平台			

网络层	用户	5G：边缘计算、网络切片……	产业链	……

终端层	工业机器人	边缘设备	传感器设备	高端机床	……

图 5-2　5G 与 AI 在智能制造中的应用

1. 终端层

在中国制造产业升级、机器换人的大背景下，在终端层，越来越多的行业对机器人的需求显著增加。在技术和产品类型上，工业机器人主要有传统工业机器人和协作机器人两大类。目前，传统机器人仍然占据市场主体地位，但协作机器人已逐渐呈现快速增长的趋势。因为协作机器人植入了更多智能技术，且日趋小型化，能够更有效地满足中小企业的复杂环境和个性化生产需求。除此之外，我国在 AGV（Automated Guided Vehicle）机器人领域也具有良好的发展基础和应用前景。

（1）传统机器人。

目前，传统机器人主要有 SCARA、Articulated、Parallel、Cartesian 等类型，各应用场景如下。

选择顺应性装配机器手臂（SCARA，Selective Compliance Assembly Robot Arm）。SCARA 是一种圆柱坐标型的特殊类型的工业机器人，主要应用于电子电器行业、橡胶和塑胶工业及铸造行业。

多关节机器人（Articulated Root）。至少由 3 个旋转关节构成，主要优点是移动的灵敏度高、自由度高，是目前工业领域中最常见的工业机器人的形态之一，应用领域相当广泛，按照构建的不同，可用于自动装配、喷漆、搬运、焊接等工作。

并联机器人（Parallel Root）。通过至少两个独立的运动链相连接，机构具有两个或两个以上的自由度，且以并联方式驱动的一种闭环机构，主要评价技术指标为重量、负载、重复定位精度、节拍速度。常见的并联机器人有 Stewart 平台和 Delta 机器人，在工业领域主要应用于产品快速分拣、摆放等工作。

桁架机器人（Cartesian Root）。桁架机器人也称为直角坐标机器人，能够实现自动控制、可重复编程、多自由度、运动自由度建成空间直角关系、多用途的操作机。在工业领域主要应用于点胶、滴塑、喷涂、码垛、分拣、包装、焊接、金属加工、搬运、上下料、装配、印刷等常见的工业生产工作中。

（2）协作机器人。

协作机器人（Collaborative Robot）是与人类在共同工作空间中有近距离互动的机器人。它与传统机器人的最大区别在于：由于技术原因，传统工业机器人在工作时，为了安全，需要与人进行隔离，而协作机器人集成了安全检测和自主避害的功能，目的是把机器人在精度、力量和耐久性的优势与人类独特的技巧与能力结合起来，实现更灵活的自动化。

协作机器人适合要求人员介入的场景，在工业领域可以用于精密装配、检测、产品包装、拾取与放置、打磨、机床上下料等。

（3）AGV。

AGV 属于移动式机器人系统，可通过导航自动将物品运输至指定地点。路径引导技术是 AGV 的核心技术，该技术的主要发展方向可以分为 3 种：通过沿路径布设标志物，引导 AGV 沿预先设置好的路径运动的固定路径引导方式；通过在路径中部分节点位置放置引导物，如二维码、红外线、磁钉等，构建场景地图，小车可基于地图自行规划运动路径，该方式属于半自由路径引导；自由路径引导，该方式无须标志物，通过激光 SLAM（同步定位与地图构建）等方式构建场景地图，利用强化学习等算法自主进行路径规划。

AGV 在各行各业的仓储和物流中都有应用，以固定路径引导的搬运 AGV 为主，在汽车工业、家电制造等行业的应用居多。近几年，电商自动化立体仓库及 3C 电子行业等对仓储的 AGV 需求显著增加。在工业场景中，AGV 常见的 3 种主要形式如下。

① 自动搬运车：类似于电动汽车，常用于工业物流中，有潜伏式、背负式、牵引式、滚筒式等。

② 自动拖车：多用在物流自动化立体仓库等，用于搬运和分拣，体积小，载重量为几十至几百千克。

③ 自动叉车：一种无人驾驶叉车，在传统叉车的基础上增加定位导航系统，目前很多厂商基于多传感器融合、混合 GPS、UWB（Ultra Wideband）、地面纹理等多种技术进行定位，以确保定位的可靠性。

2. 网络层

网络层是实现设备接入、数据采集、平台数据打通和管理、上层智能化应用的重要保障，也是实现工厂、消费者、行业全连接的必要条件。

（1）智能全连接和数据采集：5G、边缘计算。

工业领域的大部分数据可分为以下几种：来自于工厂各式各样的设备工作产生的数据、人员巡检记录数据、设备入库数据、行业设备数据、消费者反馈数据等。

5G 解决的不仅是人与人的连接问题，更是人与物、物与物连接的问题。利用 5G 大连接、低时延、大带宽三大技术特征可实现工厂、消费者、行业的智能全连接，打通设计、采购、仓储、物流等环节，实现多维度数据采集，低时延传到服务器或云平台，提升生产数据采集的及时性，成为智能化生产的基础。

但 5G 和人工智能技术在工业应用中也存在一些问题和挑战：很多场景中需要将生产数据进行实时处理，以保障生产数据的安全性（如缺陷检测、精细原材料识别、精密测量），以及云平台数据存储和处理能力不足等。

为了解决上述问题，边缘计算技术在工业领域的应用变得越来越重要。边缘计算在工业中的应用主要体现形式为将数据清洗和分析算法前置到现场具备存储能力和计算能力的智能设备，实时完成生产数据的分析和处理，只将分析结果传送到云端服务器，利用端、边、云的融合架构，实现更高效、更安全的数据分析处理。

（2）优化网络连接，资源按需分配：智能网络切片。

智能化生产过程涉及多个业务场景，不同业务和应用对时延、移动性、网络覆盖、连接密度和连接成本有不同的需求，如何实现按需分配网络资源，以满足不同制造场景下对网络的要求是实现高效生产、安全生产的保障。

作为 5G 的关键技术之一，网络切片是一种按需组网的技术，即在统一的 5G 基础网络上切出多个虚拟的端到端网络，高效、灵活地满足各行业差异化需求，避免不同业务之间在资源抢占中相互影响，可以实现业务的高可靠性、高安全性和服务 SLA 的保障。例如，在工业领域的应用中，为了满足工厂内高清视频监控的需求，创建了安全监控切片，以提供低时延、高可靠的网络。

3. 平台层

基于 5G、AI 和大数据分析技术，建立资源和服务高效共享的公共性工业互联网平台是推动智能制造进一步升级的中坚力量。

面向制造业数字化、网络化、智能化需求，工业互联网平台也在逐渐升级。工业互联网平台不仅要提供海量数据采集和汇聚、泛在连接、弹性供给、高效配置的工业云能力，还需提供以数据挖掘、数据分析和数据预测为主的大数据服务能力以及以深度学习、计算机视觉、情景感知和自然语言处理为主的 AI 服务能力。

（1）工业云服务。

工业云是指使用云计算模式为工业企业提供软件服务，使工业企业间能够便利协作、共享资源，包括 GPU、海量存储和弹性计算等基础能力，以及能力开放接口，支撑工业应用 App 的开发、测试和部署。

（2）工业大数据分析。

随着大数据技术的兴起，以工业大数据分析为核心的智能化应用和解决方案如雨后春笋，不断发展和增多。在平台层，工业大数据能力主要包括非关系型数据存储、数据管理、内容分析、内容搜索、可视化等，支撑预防性维修、智能生产优化、智慧供应链、智能营销等生产环节的智能化应用研发。

（3）工业 AI 能力。

近年来，随着计算机算力、大数据得到进一步发展，产业界掀起了以深度学习技术为核心的人工智能浪潮。各行业响应国家《新一代人工智能发展规划》号召，推进人工智能与实体经济的融合。在智能制造平台层构建成熟的 AI 算法模型库，或引入互联网企业的 AI API 服务，赋能工业互联网，全面支撑智能制造各领域的智能化应用研发和解决方案制订。

4. 应用层

通过平台层提供的技术能力，在应用层进行成果转化，包括各类典型产品的研发和提供工业领域解决方案。下面主要介绍 AI 视觉检测、工业数字孪生、智能运维及 AR/VR 应用。

（1）AI 视觉检测。

工业视觉检测主要应用计算机视觉技术。计算机视觉是以图像处理技术、信号处理技术、概率统计分析、机器学习理论等为基础，通过计算机分析处理视觉信息。工业视觉是基于工业生产过程中摄取的高清视频、图片等数据，模拟人的视觉功能，并提取信息，加以处理，最终用于工艺品检测、测量、判断和控制。

视觉检测在工业领域已经应用多年，在不少领域的应用已经成熟，但传统视觉技术存在对不规则缺陷的识别能力不足的问题。近年来，深度学习得到快速发展，基于深度学习的 AI 视觉检测在识别准确率方面有了进一步提升，在缺陷检测和纹理检测等领域也实现了广泛应用。目前，AI 视觉检测在工业领域的主要应用场景包括质量检测、尺寸测量、缺陷检查、识别和定位等。

（2）工业数字孪生。

数字孪生（Digital Twin）是充分利用物理模型、传感器更新、运行历史等数据，集成多学科、多物理量、多尺度、多概率的仿真过程，在虚拟空间中完成映射，从而反映相对应的实体装备的全生命周期的过程。

在工业领域，数字孪生基于工业大数据，以数字化的方式为真实产品、设备、工厂等物理对象创建虚拟模型。在产品研发环节，数字孪生分析产品性能、使用场景及有效功能，数字化展现产品模型改变和优化的过程，提高产品研发的效率；在生产环节，建立一个生产环境的虚拟版本，使企业在实际投入生产之前即能在虚拟环境中优化、仿真和测试，在生产过程中也可同步优化整个企业流程。同样，利用 AR 为一线售后工程师提供服务，智能化的运营和预测性维护等也可以基于数字孪生实现。

（3）智能运维。

运维是制造业成本支出的重要部分。在智能运维方面，可基于物联网采集到的设备运行、视频监控等数据，实现随时随地对设备进行远程监控、远程异常报警、设备升级等操作，降低故障发生率。

在故障发生后，运用平台大数据和人工智能，实现故障定位和溯源，减少故障恢复时间，减少经济损失。

（4）AR/VR 应用。

虚拟现实（VR，Virtual Reality）和增强现实（AR，Augmented Reality）一方面可以在工业生产中实现产品的质量与效率的提升；另一方面可以通过智能终端与用户直接建立联系，从而更好地为用户提供产品服务，满足用户的需求。

AR/VR 在工业生产过程中有诸多应用场景，例如，在工人进行生产操作、操作培训、设备巡检、设备维修等生产环节中用于业务流程的远程提示和引导。通过 VR/AR 眼镜同步现场信息，与工厂其他信息化系统或上述数字孪生系统相连接，虚拟化呈现额外信息，包括设备图纸、运行数据、结构原理等，部分场景还可以结合 AI 图像识别技术，对操作的正确性和安全性进行判断，给出提示和预警。在岗前培训环节，通过 AR/VR 虚拟化呈现以往的失败案例和成功案例、标准和规范化生产流程，降低出错率和危险事件发生率，提升产品的品质。在大型企业生产场景中，不可避免地会遇到跨工厂、跨地域设备运维和故障定位等问题，将 AR/VR 技术用于远程运维指导，现场工程师佩戴 VR/AR 眼镜，将现场数据通过 5G 实时传送给远程专家，远程专家给予指导，降低现场运维人员的技术门槛，减少人力、物力。

5.1.3 中国联通智能制造案例

1. 5G智慧厂区

2019年，5G商用的序幕已徐徐拉开。业界普遍认为，5G将催生海量的垂直行业应用，作为中国联通首批5G试点城市，上海联通一直致力于与产业链合作伙伴积极探索5G行业应用。

2019年2月28日，中国联通联合中国商飞在上海飞机制造有限公司厂区隆重举行了5G智慧厂区及基于5G的十大工业场景发布会。该厂区是首个真正意义上的5G智慧厂区，这是5G技术在工业制造领域的深度应用，也是上海联通在5G应用领域诸多"第一"中最闪亮的标杆项目。

在上海飞机制造有限公司园区内，上海联通已经完成5G网络覆盖和MEC节点的部署，基于安全可靠的5G网络环境，以及5G的高带宽、低时延、高并发的特点，实现了数控车间的全连接，以及复合材料全生命周期管控、工业双相机对现场图像数据与云端数模的快速对比、AR远程设备巡检和维护等10个"5G+AI"工业场景应用的真正落地（如图5-3所示）。

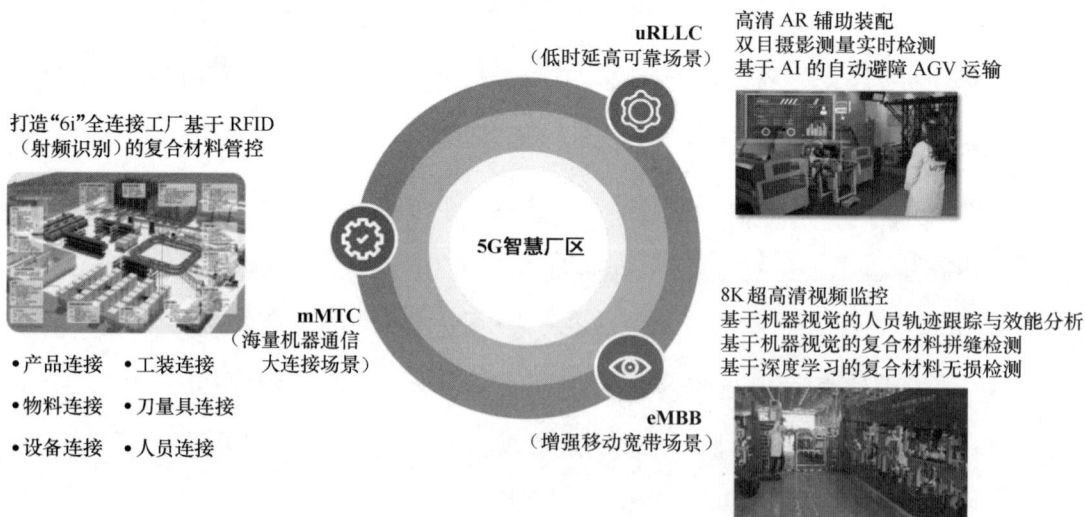

图5-3 上海5G智慧厂区"5G+AI"应用全景图

（1）基于 5G 的数控全连接工厂（6i）。

利用 5G 通信技术，实现基于"6i"（设备连接、刀具连接、工装连接、物料连接、产品连接、员工连接）的数控全连接工厂，实现车间生产资源万物实时互联。全连接工厂实现了现场生产资源的精细化实时管控，实现现场生产的高度透明与产品全生命周期的可追溯。

目前已经开发了基于人员互联的智能考勤、访客管理、任务管理、行迹管理等应用场景；基于设备互联的设备利用率、设备故障、设备告警、设备预测性维护等场景；基于物品与产品互联的制品管理、物料等待管理、生产周期管理等应用场景；基于工装互联的工装在库管理、工装利用率等应用场景；基于刀具互联的刀具采购跟踪、刀具入库、刀具配送、刀具寿命预测、刀具异常管理等应用场景。

（2）基于 VR 的沉浸式数字孪生系统。

针对大量的厂房、设备、工装、物料数字模型，结合 VR 可视化技术，基于真实工厂进行高精度数字化重构，开发高精度、高还原、多状态、可交互的数字化工厂车间，形成真实工厂的 1∶1 数字化镜像，实时反映生产状态及运转情况。

数据实时传输到 VR 虚拟环境中，最终通过各类 UI 及 UI 交互，实现在虚拟空间中生成各类数据图表，使观看者能够通过 VR 控制器选择各个设备，在虚拟环境中观察各设备的运行状况。

结合云计算的强大处理能力，在后台完成数据处理，通过 5G 高速传输给可穿戴头显设备，大大轻量化了设备终端，使体验者完全沉浸于低时延、高还原、多状态、可交互的透明工厂中。

（3）基于 RFID 的全生命周期复合材料管控系统。

在 5G 万物互联场景下，复合材料工业生产产生的高并发环境数据、操作数据得到进一步管控。云端服务器 PC 端实现实时寿命的自动计算、库存库位查询、寿命早期预警、追踪零件轨迹等功能。

材料的关键数据采用 RFID 技术，满足工业生产批量化信息抓取的需求。数据存储在云端，确保从材料出库到形成的产品生成的核心数据信息在全生命周期具备可追溯性。

最大限度优化工人操作界面，简化操作链上的操作数量，确保每个操作在 5 s 内可以完成，每个工位操作链条最多 5 个步骤。为材料特性、采购周期、生产流程、设备设施、工时工位等工业生产维度的优化提供指导性意见。

（4）基于 5G 的 8K 超高清视频监控系统。

8K 超高清视频监控系统是指基于 5G 传输的 8K 相机监测技术，即利用 8K 相机系统与质量数据管控平台通信互联，形成一个实时超清的视频监控系统。

传统的手段为人工目视和触摸检测，需要投入大量的人力资源，现在只要架设 8K 相机就能完成相应的检测任务，不仅降低了生产成本，还大幅度提高了生产质量和生产效率。

通过 8K 相机拍摄分级表面状态，将所拍摄的图像数据通过 5G 技术传输至私有云，同时图像在私有云上完成图像处理、缺陷智能识别分类、缺陷测量等任务，并在显示屏上呈现比较精准的测量结果。

（5）基于深度学习的复合材料无损检测系统。

依托联合研发的多领域、高性能人工智能图像识别算法，将 5G 技术、计算机视觉、深度学习等先进技术与传统的无损检测系统相结合，实现复合材料的智能、无损检测。

该系统具备高数据带宽、低传输时延、算法模型可持续迭代进化、缺陷智能识别等特点。利用该系统构建的数据库节省了大量的对比试块制造工作；5G 平台实现检测数据高速实时传输、检测设备间互联互通；高速计算云平台确保数据永久存储与信息安全；利用人工智能平台提高检测效率、缺陷识别能力、表征准确度和应用普适性。

（6）基于机器视觉的人员轨迹追踪与效能分析系统。

通过 5G 网络的大带宽，满足多相机、多目标跟踪，实现利用分布在不同地点的多个相机去检测和区分每一个人，然后得到某段时间内某人或某几个人在一定区域内的工作轨迹。采用深度学习与数据分析进行质量检测、生产过程控制中的行为识别与轨迹追踪，优化资源配置及提高工人的操作水平与工作效率。

该系统采用的人脸识别，多相机、多目标行为识别与轨迹追踪算法更健壮、更快速、更准确，具备以下几个功能：

① 效能分析结果展示；

② 人员出入越界预警探测；

③ 异物未归还预警监测；

④ 工装区域工时统计；

⑤ 非工装区域效率统计；

⑥ 顶位相机布控数字图像围栏；

⑦ 人脸识别并记录越界人员身份。

（7）基于机器视觉的复合材料拼缝检测系统。

复合材料拼缝和多余物智能监测是通过计算机视觉自主检测复合材料拼缝宽度是否达标及判断有无多余物的技术。

传统的质检方法是由现场人员借助量具检查拼缝宽度，每次测量都需要消耗 3 倍于辅贴时间，现在直接省去该生产时间，提高生产效率 300%。

将智能视觉系统与私有云通过 5G 技术连接，智能视觉系统采集到的高质量图像通过 5G 传送至私有云，同时数据在私有云实时完成图片拼接、拼缝智能检测及多余物的识别等任务。

（8）基于 AR 的辅助装配与远程协助系统。

基于 AR 的辅助装配与远程协助是指采用 AR 技术，在装配过程中各操作环节，提供装配过程的注意事项与操作细节指导。采用基于 AR 的协同装配方法，将工人看到的场景直接传递给工艺人员，工艺人员通过语音、标记等交互手段对工人进行直观的指导。

该系统具备智能交互、超高清画面通信、AR 实时标注、支持私有化部署、5G 网络通信通道顺畅、云端大算力支持三维重建、物体识别、AR 内容管理等特点和功能。

在私有云、5G、AR 技术的支持下，实现了基于云端与 5G 的实时数据传输，对设备的相关数据和状态进行基于云端与 5G 传输的实时性展示，实现了基于云端与 5G 传输的相关远程协助技术，专家及时接入，有效提升了民机装配效率和运维质量。

（9）基于 5G 的双目摄影测量实时检测系统。

双目摄影测量实时检测是指采用两台以上相机，通过 5G 低时延技术协同测量，瞬时获取待测目标的三维坐标信息，通过 5G 通信技术与云端处理进行数据自动分析，并适时将测量结果推送到相关人员手机的 App。

该系统的特点为：相机同步拍摄时间稳定保持在 5 ～ 10 ms；可以抵抗环境因素，提高拍摄数据的可靠性；针对同一产品的生产和测量等工作可同步进行、互不影响。

系统不需要操作人员，只需要 1 s 即可获取外形数据，并上传云处理器进行自动化分析，提升检测效率，把结果检测转换为过程检测，实时分析检测结果。

（10）基于人工智能的自动避障 AGV 运输系统。

AGV 智能小车是指装备有电磁或光学等自动导引装置、能够沿规定的导引路径行驶、具有安全保护以及各种移动承载功能的运输车。

AGV 小车在部装现场得到应用，并与工业园区的 5G 网络连接，实现 5G 传输、云端存储。

2. 基于5G的工业AI视觉检测系统

中国联通与格力电器在珠海签署了 5G 智慧工厂暨全业务战略合作协议，有力推动了双方的合作从传统通信领域向 5G 信息技术应用发展落地转型。双方将发挥各自的资源和技术优势，基于 5G、工业互联网、物联网、大数据、人工智能等新型技术，打造全国领先的家电产业 5G 智慧工厂示范区。基于 5G 产业未来发展趋势，围绕关键技术的全产业链协同发展、跨行业应用需求的合作开发，构建全国领先的跨行业融合生态体系。深入展开包括传统通信业务在内的全面业务合作。

工业视觉检测是中国联通与格力电器的一个重要合作方向和研究内容。格力电器提出，目前，格力工厂有大量基于视觉的检测环节，检测环节是产品工艺提升必不可少的重要保证，而现有的视觉检测系统存在诸多缺陷，例如，应用场景单一、无网络接入、无统一平台管理、算法简单、检测能力存在局限性等。经过调研，了解到在"5G＋智能制造"的发展趋势下，工业企业急需一套能用于多场景、平台化、智能化的 5G 智能视觉检测系统，以满足现代化工厂发展的需要。

视觉检测就是用机器代替人眼来进行测量和判断。通过机器视觉产品将被摄取目标转换成图像信号，传送给专用的图像处理系统。图像系统对这些信号进行各种运算来抽取目标的特征，进而根据判别的结果来控制现场的设备动作。视觉检测在检测缺陷、防止缺陷产品被配送到消费者方面具有不可估量的价值。图 5-4 为典型的工业视觉检测应用场景。

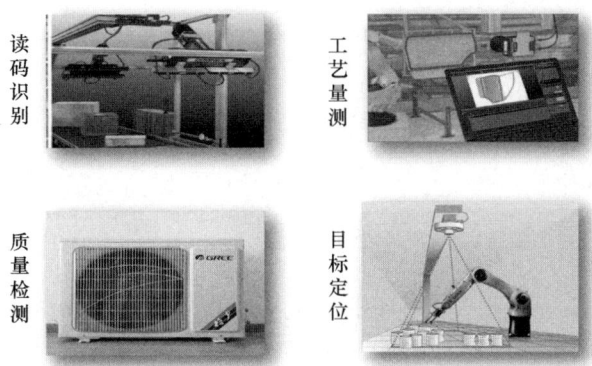

图 5-4　典型的工业视觉检测应用场景

中国联通与格力电器携手攻关工业视觉项目旨在构建平台化、网络化、智能化的工业视觉检测系统，将 5G 和 AI 技术融入格力电器的工厂生产中，实现对工业生产、加工的精度和效率的提升，以此来提升其生产的智能化水平。该项目内容包括 3 个部分。

（1）现场设备端：现场设备端负责与产线联动，包括系统触发、结果反馈；须将图像采集并上传至服务端，并获取服务端的处理结果。

（2）基于"5G+MEC"工业内网承载网络方案：支持"5G+MEC"的工厂内网环境；支持企业私有云平台符合数据不出厂的安全要求；构建整体的 5G 工厂内网的网络承载体系。

（3）智能监测平台：负责处理分析所采集的被检测对象的信息，并提供状态查看和统一管理接口，以适配不同场景的需求。

5.2　智能车联网

车联网助力智能交通，打造智能城市核心动脉。当前，信息和通信技术（ICT）

正在世界范围内蓬勃发展，它与制造业、材料、生物等技术相结合，带动技术突破，推动以信息化、网络化、平台化、智能化为特征的科技革命和产业转型的全面铺开、加速演进。在数据驱动、跨界融合、万物互联、平台效应、开放协作、智能引导的综合功能下，智慧城市正从概念走向实践，成为未来城市发展的大趋势。交通系统作为城市的核心动脉，在国民经济和社会发展中起着基础性和先导性的作用。智能车联网建设是智慧城市逐步落地和加速发展的关键。

交通运输业正迎来颠覆性的变革。汽车电子、新能源、新材料、云计算、大数据、人工智能等相关技术发展迅速，通信网络技术也在快速演进，共同推动行业业务和模式的不断创新，网络化、场景化、智能化、个性化。目前，车辆通信技术正向万物高速互联的 5G 时代演进，不断丰富和完善车到车（V2V，Vehicle to Vehicle）、车到人（V2P，Vehicle to Pedestrian）、车到基础设施（V2I，Vehicle to Infrastructure）、车到网络（V2N，Vehicle to Network）等车辆与外界通信的手段，这也为基于车辆、道路、边缘和云协同的新服务架构部署创造了有利条件。新架构将更有效地支撑以信息服务为特征的传统行业业务，向安全提升、效率提升、行车智能化、交通协调化的新业务方向升级，极大地改变了汽车行业、交通产业的面貌与人们的出行条件。

5.2.1　智能车联网的概念

车联网是物联网的典型应用。它最初是在车辆定位的基础上开发的车辆智能管理系统。车联网是根据约定的通信协议和数据交互标准，在内部网络、车辆互联网和移动互联网的基础上，实现车辆、道路、行人和互联网之间无线通信和信息交换的大型系统网络。它是物联网技术在交通系统领域的典型应用。

智能车联网是一个集动态信息服务、智能车辆控制、智能交通管理于一体的综合网络，它利用大数据、云计算、人工智能等信息通信技术，通过车辆内网、车间网、车辆移动网实现。智能车联网是实现智能交通的"智能"引擎，使交通行业的"智能大脑"得以实现。它以人工智能为引擎，对信息、网络化、平台化进行集成和优化。以数据为要素，以网络为基础，以平台为支撑，优化交通要素资源，提高交通出行的质量和效率，促进交通产业发展、服务和管理的三重突破。

车联网的组织构架如图 5-5 所示。

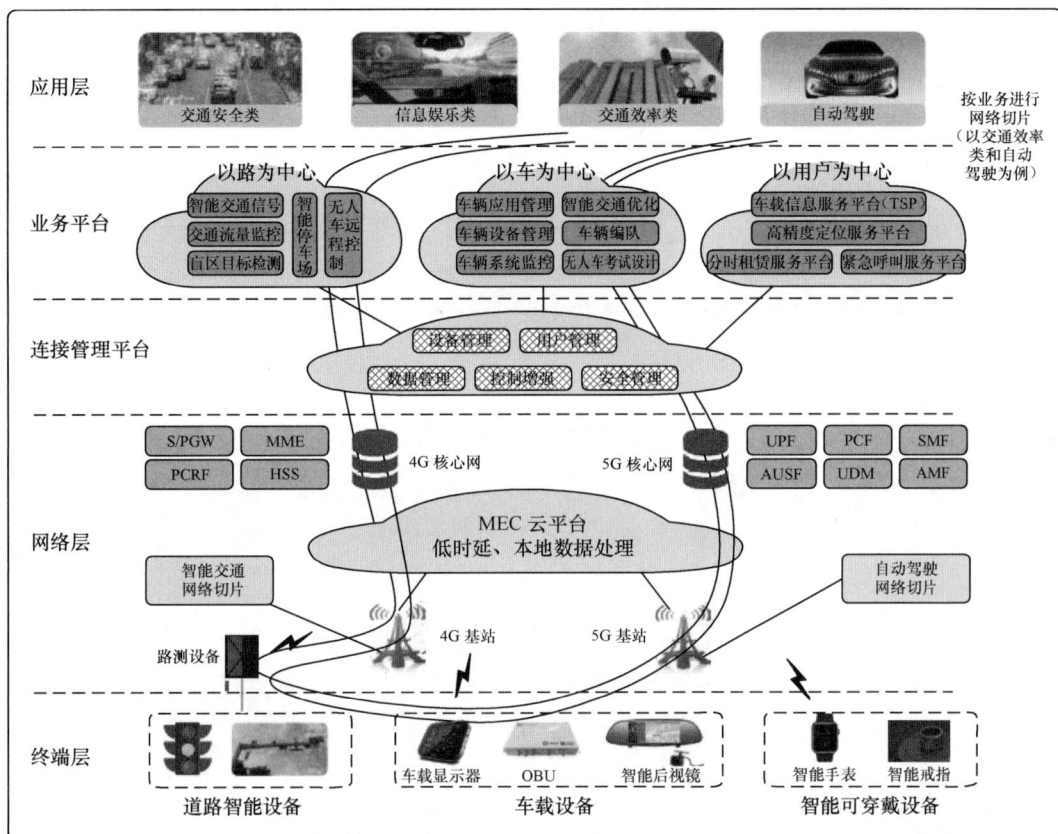

图 5-5　车联网的组织架构

车联网具有"五高"特性，逐渐成为智慧交通发展的主攻方向。

（1）高容量性。车联网拥有大量的车辆数据、道路数据、司机数据等，以及各种多媒体信息，连接的智能移动终端数量庞大，可以通过云平台、数据中心和高性能计算等手段进行分析和处理。

（2）高可靠性。通过建立广域覆盖、网络集成和信息共享的天地一体化网络，可以在任何复杂的气候条件下、任何时间段和任何地区接入网络，提高信息服务能力，保证各类输入数据的质量和信息的准确传输。

（3）高实时性。通过要求数据传输时延小、算法计算能力强，可实时更新内外部环境信息或及时处理突发事件。

（4）高安全性。通过高精度的导航定位、高可靠性的网络连接、高实时的数据传输和计算，保证无人驾驶和自驾车辆在道路行驶过程中各类主体的安全。

（5）高智能性。集感知、传输、存储、计算、处理等功能于一体，能够准确识别环境信息，有效地与各种主体进行交互，在无人驾驶和自动驾驶过程中对车辆进行智能控制。

5.2.2 人工智能在智能车联网中的应用

人工智能在智能车联网中的应用可分为三大类（如图5-6所示）。通过对各种传感器数据的实时分析，对车路协同平台中的网络、缓存和计算资源进行动态协调，优化车路协同平台功能，实现智能信息服务、车辆控制和交通管理。智能车联网能够分析道路拥堵、区域交通流规律、整体交通流，对所有道路上的车辆进行路径规划和交通调度，大大提高了出行效率和运输效益，有效增强了城市交通能力。同时，它还可以检测路况，进行主动巡航控制、碰撞违章提醒、电子路标、车辆故障诊断和防盗跟踪，为驾驶员提供智能驾驶辅助和实时预警，提高驾驶和车辆的安全性，降低交通事故和安全事件的发生率。

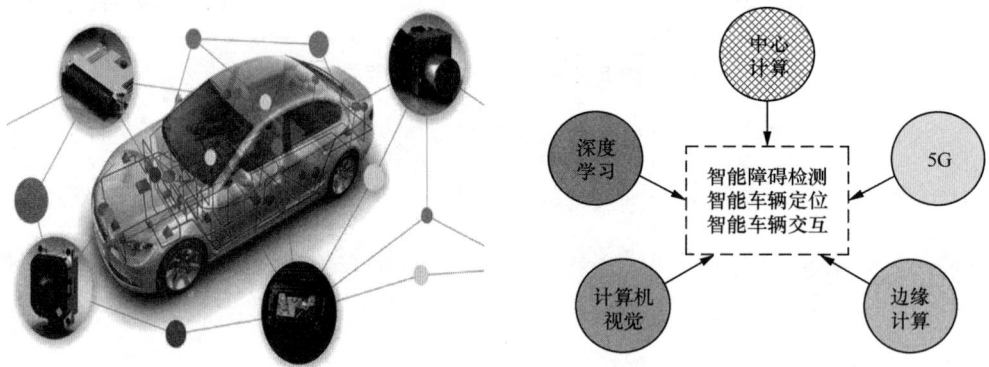

图5-6 人工智能在车联网中的应用

1. 车载信息服务类业务应用

典型的车载信息服务业务包括车载娱乐生活（如高清视频、视频会议、车载游戏、车载AR/VR等）、车辆状况远程诊断、高精度地图下载更新等。

（1）车载娱乐生活。车载娱乐生活是指车辆通过公共网络基础设施接入网络，获得多媒体内容，实现观看高清视频、视频会议、车载游戏等业务体验。

（2）车辆状况远程诊断。车辆状况远程诊断是指收集车况信息并上传到业务平台，自动进行远程诊断，并通过消息通知车主。

（3）高精度地图下载更新。高精度地图下载更新是指车辆通过基站设备接入网络，实现高精度地图的下载、实时更新等业务。

2. 车辆安全类业务应用

安全驾驶是目前车联网发展中的一个重要应用场景。通过将网络与车辆感知相结合，获取周围环境信息，实现未来高级阶段的辅助安全驾驶和自动驾驶。智能驾驶是未来汽车的发展方向，其关键技术是利用车辆互联网和人工智能技术实现车辆与车辆、车辆与环境之间的信息交换。其中，车联网信息系统如图 5-7 所示。该系统的基础由车载移动互联网、车内网等组成，根据数据交互标准，最终在行人、车辆和道路之间形成信息交互，实现车辆的智能驾驶。

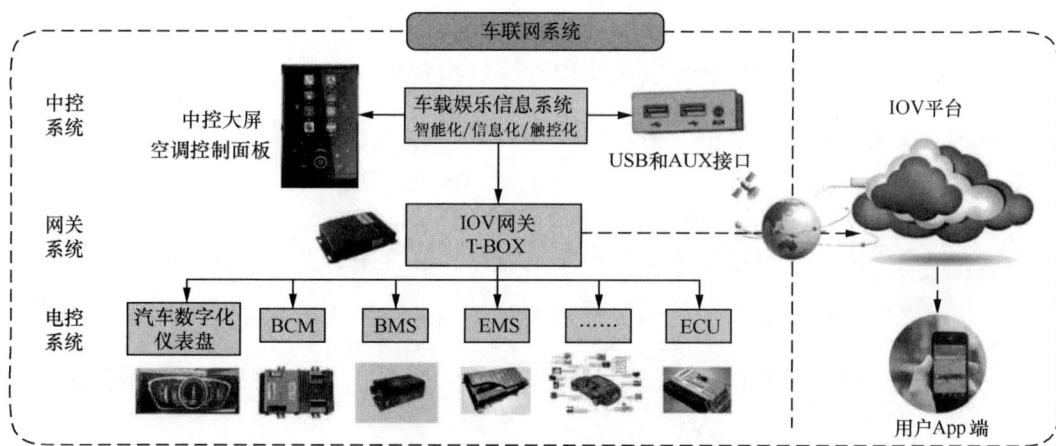

图 5-7 车联网信息系统

（1）前向碰撞告警。前向碰撞告警是指当后车在车道上行驶，与在前方同一车道的车存在追尾碰撞危险时，通过预警提醒后车驾驶员或直接对车辆进行控制以避免前向碰撞。

（2）紧急车辆提醒。紧急车辆提醒是指消防车、救护车、警车等紧急车辆拥有较高的通行优先级，通过 V2X 消息表明其为紧急车辆或社会车辆，并与周边车辆、路侧设施以及网络设备等建立通信，为高优先级车辆让行。

（3）异常路段告警。异常路段告警是指路侧设备（RSU）检测到在其覆盖范围内的道路有湿滑、结冰、深坑、急转弯等危险路段后，向范围内的所有车辆发送道路危险预警信息，以减少可能的交通事故。

（4）自动驾驶。自动驾驶是指车辆利用车载感知系统，结合网络通信获取车辆位置、周围车辆信息、道路信息等环境信息。自动驾驶系统进行多源信息融合，做出决策，控制车辆的转向和速度，实现自动行驶、跟随、制动等自动驾驶业务。

（5）远程驾驶。远程驾驶是指利用车载感知系统获取周边环境信息，通过网络将信息回传到远程控制平台（主要以视频为主），实现远程驾驶体验。

3. 交通效率类业务应用

高效、智能的交通业务主要针对城市智能交通场景。通过车联网通信技术、大数据分析、人工智能技术等优化交通设施管理、提高交通效率、缓解城市拥堵，为人们提供绿色、高效的出行体验。

（1）交通路口红绿灯控制。交通路口红绿灯控制是指车辆行至交通路口时，路侧和云端通过收集周边车辆速度、位置信息，优化交通信号灯相位配时参数，使车辆能够顺利通过红绿灯路口。

（2）自适应巡航。自适应巡航是指车辆在行驶过程中，基于所获取的前车行驶状态信息，自动调整车辆的行驶状态，增强现有巡航系统的功能。

（3）编队行驶。编队行驶是指车队之间通过信息交互，按照一定的秩序和规则进行编队，同步加速、减速、刹车、转弯等。

5.2.3　中国联通智能车联网案例

案例1：中国联通携手一汽集团开展5G VR/AR应用。

2018 年，借助 5G 低时延、大带宽属性，中国联通与一汽集团联合推进 AR 研发的合作，率先将 AR/VR 应用于一汽红旗车辆的汽车产业流程，从多维度创造价值。

产品研发。AR 将 CAD 模型投射到实物上进行匹配对比，确认设计效果，在汽车数字设计审核中，使用这一技术可使设计效果和原型之间的差异更明显，提升质检过程的效率和准确性，与传统的 2D 图纸对比，效果尤为明显。

展示销售。"AR 看车"可为汽车线上销售提供新的高效工具，消费者在购买前可从各个维度获知信息，包括汽车仪表盘、汽车中控等部件，显示汽车重要功能或隐藏功能，提升销售体验的同时也缩短了销售流程。

案例2：中国联通联手京东开展"5G+物流园区智能管理"应用。

2019 年，在京东北京亦庄物流园，利用 5G+IoT+AI 技术，中国联通与京东合作提升各项物联网设备的连接能力和交互能力，全面提升人员、车辆、生产、安防、运维五大领域的管理能力，建设具有"高智能、快决策、一体化"特点的智能物流园区，实现从"被动型传统管理"到"主动型智能管理"的巨大转型。

案例3：中国联通联手ITSC（国家智能交通系统工程技术研究中心）进行基于5G/V2X的车路协同验证。

2018 年，在常州"智能车路协同系统关键技术研究及应用示范"课题启动仪式上，完成了基于 5G 和 C-V2X 网络的车路协同业务验证，包括自动驾驶车辆根据道路状况（如存在路障、行人等）完成前进、减速、停车等操作，同时通过 5G 网络将路侧视频监控和车内视频监控实时回传给后方平台进行显示。

案例4：中国联通在国际展会进行国内首个"5G+超远程驾驶"展示。

2018 年 6 月 27 日，在世界移动通信大会（MWC 上海）期间，中国联通携手驭势科技进行了国内首个 5G 超远程智能驾驶实车演示。充分利用 5G 低时延和大带宽属性，实现远端（如 1200 km 外）车辆的远程控制，完成启动、加速、减速、转向等操作，该指令信息通过网络发送到控制云平台，平台将信息发送到车辆，产生实时动作。

案例5：中国联通为内蒙古宝利煤炭有限公司打造5G智慧矿山应用。

5G 智慧矿山旨在结合先进的 5G 通信技术和无人驾驶技术，达到露天安全开采、无人化智能生产、生产过程状态可控的智慧矿山运营效果。2019 年，中国联通携手青岛慧拓，在内蒙古宝利煤炭有限公司启动智慧矿山的示范运行，该煤矿隶属大唐国际发电股份有限公司，智慧矿山生产系统包括采煤工作面的智慧化和掘进工作面的智慧化。

5.3 智慧医疗

从"互联网 + 医疗""人工智能 + 大健康"到"5G+ 智慧医疗"，近几年，得益于新兴的 5G、人工智能和大数据等前沿技术的发展，医疗健康产业与高科技的跨界融合已成为大健康行业的大势所趋，医疗服务正逐渐向智能化转型。在"健康中国"的国家战略背景下，国内医疗行业逐步加快了标准化进程，也逐步将智慧医疗的应用从医院推广到个人，大健康时代已经全面来临。

5.3.1 智慧医疗的概念

智慧医疗可以定义为新一代信息、网络技术在医疗领域的深入应用和实践，这是传统医疗卫生革命性升级的结果。一方面，智慧医疗可全面提升我国医疗领域的技术能力和服务水平；另一方面，智慧医疗将继续在实施以人为本的"健康中国"战略中发挥重要的作用。

当前，我国智慧医疗的核心应用场景包含以下 3 类：（1）覆盖医疗机构内部全流程的信息化管理体系；（2）连接医疗机构和患者、医疗机构与医疗机构之间的远程医疗和分级诊疗体系；（3）医疗影像人工智能辅助诊断、医疗机器人和人工智能辅助临床医疗决策体系。

智慧医疗作为"三医联动"改革的核心内容，不仅是医疗改革的重要实施路径，还是检验改革是否有效的重要指标。医疗健康以人为本的理念可以通过智慧医疗得到最集中的体现，这与"健康中国 2030"的战略高度一致。

5.3.2 人工智能在智慧医疗中的应用

人工智能主要应用于医学领域的 5 个方向，分别是医学影像、辅助诊断、药物研发、健康管理、疾病预测。

1. 医学影像

医学数据大部分来自于医学影像，医学影像数据仍在逐年增长，但影像科医生的增加速度和工作效率不足以应对这样的增长趋势，这将给医生带来巨大的压力。目前，医学影像数据大部分仍然需要人工分析，最明显的缺陷是不精准，根据经验做出的判断容易造成误诊。引入人工智能，对大数据进行学习后建立相关模型，可以降低人工判断造成的误诊率。人工智能参与医学影像诊断的方式如图 5-8 所示。

人工智能与医学影像的结合可以为医生阅片、勾画提供帮助和参考，极大地节省了医生的时间，提高了诊断、放疗和手术的准确性。人工智能主要应用于医学影像的以下 3 个方面。

（1）病灶识别和标注。可以将人工智能技术引入医学影像进行图像分割、特征提取、定量分析、对比分析等工作，搭建 X 射线、CT 等医学影像的病灶自动识别与标注系统，以极大地提升影像医生的诊断效率。

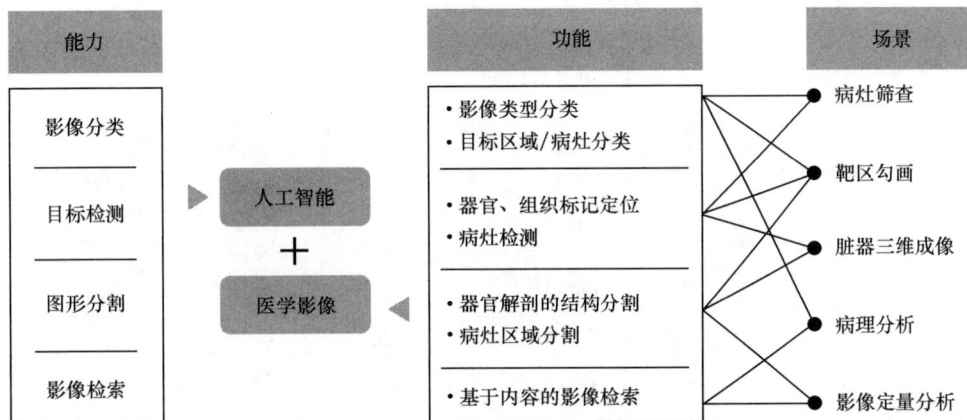

图 5-8　人工智能参与医学影像诊断的方式

（2）靶区自动勾画与自适应放疗。可以将人工智能应用于肿瘤放疗环节，借助该方法可以辅助医生自动勾画 200 ～ 450 张 CT，一套 CT 的勾画时间可缩短到 30 min，并在患者 15 ～ 20 次上机照射过程中不间断地识别病灶位置变化以达到自适应放疗，可以有效减少射线对病人健康组织的伤害。

（3）影像三维重建。可以将人工智能引入手术环节进行三维重建。人工智能通过基于灰度统计量的配准算法和基于特征点的配准算法，可以解决断层图像配准问题，节省配准时间，提高配准效率。

2. 辅助诊断

人工智能在辅助诊断中提供了医学影像、电子病历、导诊机器人、虚拟助理等服务，利用"机器学习＋计算机视觉"技术改善病理专家稀缺、医生素质不高的现状，利用"人工智能＋大数据"对患者进行系统化记录和健康管理，利用"人工智能＋机器人"技术来缓解医生不足的压力。

在电子病历方面，人工智能广泛为 4 个场景提供服务：病种专业化平台、智能语音录入、自然语言识别、临床决策支持。在导诊机器人方面，应用场景明晰，一般多为院内导诊环节。在虚拟助理方面，智能问诊是主要的应用场景。

3. 药物研发

人工智能技术应用于药物研发上，可缩短研发周期、降低成本。人工智能主要在药物研发和临床试验两个阶段发挥作用，具体应用场景如图 5-9 所示。

比较内容	新药研发的方向	人工智能结合点
药物研发阶段	靶点筛选	文本分析
	药物挖掘	计算机视觉+高通量筛选 机器学习+虚拟筛选
临床试验阶段	患者招募	病例分析
	药物晶型预测	虚拟筛选

图 5-9　人工智能在药物研发中的应用场景

靶点筛选。新型药物的设计和筛选通常是通过已知靶点来完成的，因此，药物靶点筛选是药物研发过程中非常重要的过程。传统的方式是由人工通过交叉研究和匹配市面上已曝光的药物和人体上的 10000 多个靶点，以发现新的有效结合点。现在可以由人工智能代替药物工作者寻找新的结合点，进行生物化学预测。

药物挖掘。药物挖掘是指将数百万计的小分子化合物进行组合实验，以发现具有一定生物活性和化学结构的化合物，进行进一步的结构改造和修饰。开展药物挖掘与筛选一般可以通过两种方式来进行，一种是高通量筛选，另一种是虚拟药物筛选。可以利用图像识别技术优化高通量筛选，提高药物挖掘的效率。可以利用人工智能技术在计算机上模拟药物筛选的过程来预测化合物可能的活性，并对可能成为药物的化合物进行有针对性的实体筛选，以降低药物开发的成本。

患者招募。利用人工智能技术分析患者病历，对疾病数据进行深度研究，解决目前临床实验阶段在规定时间内收集患者数据数量不达标、延长试验周期的问题。从而使药企能更精准地挖掘目标患者，提高招募患者的效率和质量。

药物晶型预测。利用人工智能技术，有效地动态配置药物晶型，预测分子药物的所有可能的晶型，防止错过重要的晶型，缩短晶型开发的周期，以更有效地选择合适的药物晶型、降低成本。

4. 健康管理

人工智能在健康管理层面可以应用于健康与康复的个人管理和智能康复两个方面。

健康与康复的个人管理。利用人工智能技术科学分析经过量化后的用户生活数据，可以为单个用户设计个性化的健康管理方案，帮助人们进行健康的前瞻性管理。从使用场景来看，目前主要集中在风险识别、虚拟护士、精神健康、在线问诊、健康干预和基于精准医学的健康管理等方面。

智能康复。人工智能辅助器具可以提高老年人的日常生活活动能力，也可以辅助患者恢复健康。

5. 疾病预测

疾病预测主要是指通过基因测序与检测，提前预测疾病发生的风险。如果将人工智能引入基因测序来处理和挖掘 TB 级海量基因组数据，基因检测的时间可以大大地缩短，也可以提高效率。

5.3.3 中国联通智慧医疗案例

案例 1：远程外科手术。

2019 年 1 月 10 日，由中国联通、北京 301 医院、福建医科大学孟超肝胆医院三方联合进行的远程动物手术在 5G 网络的支持下成功开展。在福州长乐区的中国联通东南研究院内，北京 301 医院肝胆胰肿瘤外科主任刘荣作为主导医生，坐在机器人前，通过实时传送的高清视频画面，操纵机器人的机械臂，远程控制手术钳和电刀，为位于福州鼓楼区的福建医科大学孟超肝胆医院中的一只小猪切除了一片肝小叶。手术现场，随着内窥镜顺着导管进入腹腔，巨大的屏幕上清晰显示着内窥镜下肝脏红白相间的纹理，而麻醉状态下内脏规律的跳动也清晰可见，在 3D 眼镜的辅助下，整个实施画面清晰真实。在另一块屏幕上，同步显示着手术上"患者"和助手的实时视频。整个手术持续 1 小时，手术创面整洁，全程出血量极少。小猪在手术后半小时苏醒，各项生命体征稳定，手术宣告成功。这是全球首例基于 5G 网络的远程动物手术。

案例 2：多中心远程协同手术。

2019 年 3 月 12 日，中国联通在北京的 5G 新媒体中心同时连线北京清华长庚医院与深圳市人民医院，这两家医院相隔 2200 多千米，通过 5G 网络传输高清手术影像，实现无延时直播。董家鸿院士在直播间通过混合现实技术与患者针对术前方案进行讨论，并在手术中进行穿插实时远程技术指导。手术过程中，在 5G 网络的大带宽、低时延优势的助力下，两地实时共享手术高清画面。

案例 3：远程机械臂超声诊断。

2019 年 5 月 6 日，在广州市第一人民医院和南沙医院之间成功进行了间隔 60 km 的超声诊断。两家医院的医生和患者通过 5G 网络实现全程极速同步。在身处广州市越秀区的医生的控制下，60 km 外的机械臂就像医生延长的手臂，灵活地游走在南沙患者的腹部表面进行超声扫查，超声影像的每一个细节都清晰、流畅地展现在医生眼前。这场原本需要跨越 60 km 才能实现的诊断，通过"5G+AI+4K"技术，图像、语音实时传播，只用了 20 min 就完成了诊断。

5.4 智慧教育

2018 年 4 月，教育部制定并发布了《教育信息化 2.0 行动计划》，各地迅速行动，企业积极响应。在目前阶段下，智慧教育符合我国教育事业的发展目标，可以为推进教育信息化步伐提供极大的助力。2018 年，我国智慧教育市场规模突破 5000 亿元。据预测，2020 年我国智慧教育行业的市场规模将达 7230.6 亿元，到 2022 年我国智慧教育市场规模将突破万亿元大关，智慧教育行业市场前景十分广阔。

5.4.1　智慧教育的概念

对智慧教育的解释有很多，在国内较为权威的定义是华东师范大学祝智庭教授所提出的比较完整的智慧教育概念。祝智庭教授认为，智慧教育是指利用适当的技术或方法促进学习者进行学习，即智慧教育的最终目的是促进学习者学习。江苏师范大学的杨现民教授认为，智慧教育应该从技术的角度出发（物联网、云计算、无线通信、人工智能等新一代信息技术），即智慧教育是在新一代信息技术支撑下的新一代教育信息生态系统。

《教育信息化 2.0 行动计划》提出的"三全两高一大"目标为教育信息化的发展指明了方向。人工智能、物联网等新兴技术的不断发展，为智慧教育行业的发展提供了技术支持。我国智慧教育行业的市场规模在政策和技术的双重支持下正在不断扩大。

5.4.2　人工智能在智慧教育中的应用

从应用场景角度划分，目前的智慧教育可以分为三大类（如图 5-10 所示）：智慧教育教学、智慧教育管理、智慧教育空间。

1. 智慧教育教学

智慧教育教学是指利用人工智能、大数据、云计算、VR/AR 等技术对教学的各个环节进行赋能，丰富教学内容，使教学方式更加多样化。

教育教学过程可以分为学前资源准备、学生预习、课中精讲、课后答疑、巩固提升、考试测验 6 个环节，在每个环节都已有相应的智慧应用出现。智慧教育教学应用分类如图 5-11 所示。

（1）学前资源准备及学生预习环节。学前资源准备通常是指教师的备课过程，教师需要根据课堂知识点准备课堂重点讲解的内容、课堂讲解形式、课堂互动形式并据此准备教案、教学课件等。在数字时代下，大数据应用可以收集全网的教学案例，针对每个知识点生成相应的讲解内容，并可以根据知识点的难易程度对较难知识点进行重点讲解，此外，还可以使用人工智能应用自动生成基础教案，教师只需要对基础教案的内容根据自身班级情况进行修改即可完成一份个性化的教案。同时，大数据应用可以将重点知识点进行上传（通常为某个教育资源共享应用）并配以讲解内容，学生可在课前根据自身需求进行预习。

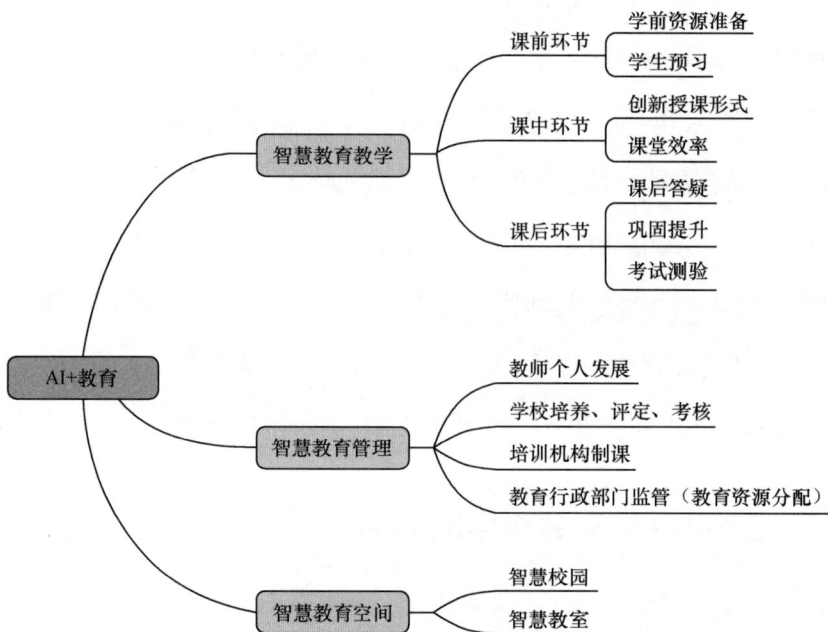

图 5-10　智慧教育分类

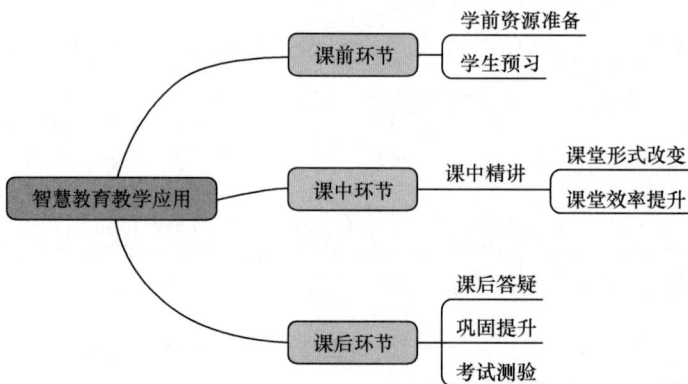

图 5-11　智慧教育教学应用分类

（2）课中精讲环节。课中精讲环节的智慧应用主要服务于教学形式的改变及课堂效率的提升。教学形式的改变体现在 VR/AR 技术、全息投影技术的应用，在物理、化学等理科学科中，存在一些危险或在学校环境下难以完成的实验，使用 VR 技术则可以让学生亲身体验或动手操作在传统教学模式下难以进行的实验。针对文科类学科，VR/AR 技术、全息投影技术则可以根据教学内容，"创造"出课本描绘的场景，有效提升学生的学习热情和兴趣。课堂效率的提升主要体现在使用人工智能中的图像、音频分析技术，对课堂氛围进行评估，或对学生个人的情绪、课堂注意力集中度进行观察，及时提醒教师调整教学节奏，解决问题。

（3）课后答疑及巩固提升环节。大数据应用可以将与课堂知识点相关的练习题进行分析，针对每个知识点推出不同类型的练习题，帮助学生在课后对知识点进行练习、巩固。同时，学生做完练习题后可拍照上传应用，利用人工智能的 OCR 技术将图像转成文本并进行批改，为教师节省了大量批改作业的时间和精力。作业的批改结果则可以结合大数据应用分析学生习题错误涉及的知识点，并向学生提供相应知识点的讲解，帮助学生查漏补缺。

在考试测验环节中，除上述提到的自动批改应用外，还可以利用知识图谱技术为每个学生建立"个人画像"。建立学生的个人画像有助于帮助老师找到学生未掌握的知识点，追本溯源，从源头上为学生进行知识补漏。

2. 智慧教育管理

智慧教育管理就是管理者通过组织协调教育队伍，充分发挥教育的人力、财力、物力等信息的作用，利用教育内部各种有利条件，高效率地实现教育管理目标的活动过程，是国家对教育系统进行组织、协调、控制的一系列活动，分为教育行政管理和学校管理。教育管理的核心内容之一是对教师队伍的评估、培养和管理。智慧教育管理就是使用人工智能的手段，对教师管理过程中的各项工作进行赋能，其中，教师能力的评估是当前人工智能技术应用最多的领域。根据人工智能技术的特性，可以将教师能力评估的智慧应用分为 3 类：以视频为基础的教师能力评估智慧应用、以音频为基础的教师能力评估智慧应用、以文本为基础的教师能力评估智慧应用。

（1）以视频为基础的教师能力评估智慧应用。该类应用主要分析教师在课堂中的行为、情绪、注意力集中度和关注区域等内容，对教师的能力、课堂行为、专属能力（对课堂气氛、节奏的掌控等）进行评价，同时学生的行为、情绪、注意力集中度和关注区域等内容也可以用作辅助因素对教师进行评价。在此类应用中，通常用到计算机视觉技术中的目标识别、目标检测、行为识别、情绪检测、视线追踪等技术。

（2）以音频为基础的教师能力评估智慧应用。该类应用主要通过分析课堂中教师的语速、情绪、讲解的关键词，对教师的语言凝练度、课堂讲解方式及课堂管理能力、师德师风、教学内容进行评价。

（3）以文本为基础的教师能力评估智慧应用。该类应用主要与音频应用配合，分析教师的板书、课件等内容是否与讲解内容一致，教师上课内容是否涵盖了所有知识点，关键知识点部分是否进行了充分讲解等。

智慧教育管理应用对教师的个人发展、教师队伍的管理都具有十分明显的帮助作用。对教师个人而言，智慧教育管理应用可以提供教师专业能力测评服务及教师职业生涯规划服务，帮助教师找准自身定位，找到自身能力的薄弱处，有计划、科学地制订自身发展路线及培训计划；对中小学校管理者而言，智慧教育管理应用可以辅助学校进行教师培养、评定、考核，为中小学相关工作提供科学的参考意见，帮助管理者为教师制定培训发展规划；对教育培训机构而言，智慧教育管理应用可以帮助培训机构向参培教师提供定制的个性化培训内容；对师范院校而言，智慧教育管理应用可以面向师范院校提供师范生专业能力测评及教师教育发展规划；对教育行政部门而言，智慧教育管理应用可以向教育行政部门提供新教师招聘与考核、区域教师专业能力测评、区域教师能力发展指数测评、教师发展软环境指数测评等服务，教育行政部门可以根据测评结果评估区域内的教育发展情况，并制定相应的应对措施。

3．智慧教育空间

教育空间可以分为校园空间和教室空间两类。

（1）校园空间。

校园空间主要有教室、教学楼、校园 3 类场景（如图 5-12 所示）。教室场景包括教师行为监控、学生行为监控、学生考勤等。教学楼内的场景包括出入人员管理、消防安全监控、危险行为监控等。校园内场景包括人流密度分析、重点区域监控、出入人员监控等。智能终端可以用于学生定位、消息发布、健康管理等功能。各类监控终端及智能终端（智能手机、手表、手环等）通过校园园区网连接，并将数据在校园综合管控中心汇总，统一进行管理分析。

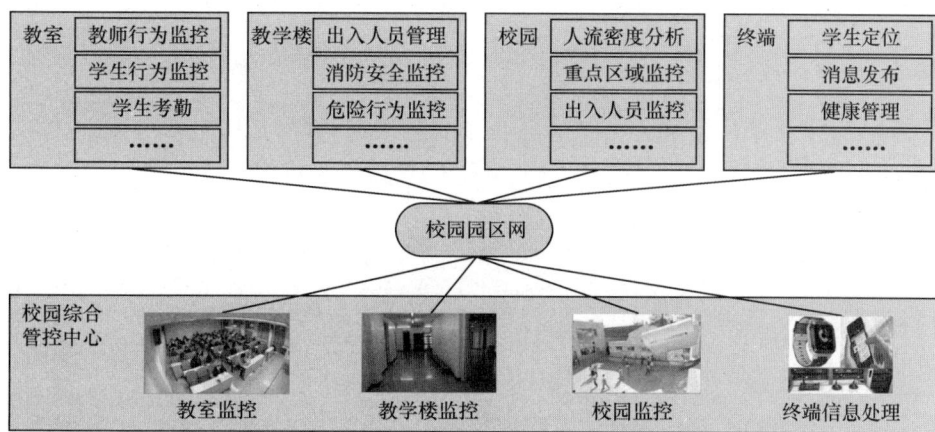

图 5-12 智慧校园空间应用

全场景高清视频智能监控。 在校园出入口及道路、校园边界围墙、校园内教学楼、办公楼、图书馆、宿舍公寓、校园室外、操场等地部署高清摄像头，实现校园无盲点监控。利用人工智能技术在终端及平台对高清校园监控录像进行分析，实现对校园安全事件的事前智能预警及事后快速响应。前端智能分析内容包括入侵检测、物体遗留检测、徘徊检测等。云平台智能分析内容包括全景拼接、人数统计、人流密度估计等。

门禁管理。 通过门禁管理实现对校园人员、车辆通行的控制管理。门禁系统需要支持人脸识别、视频监控系统对接、实时联动相应报警等功能。门禁管理内容包括在校园出入口对人员、车辆出入进行管理。在重要区域，如行政区域、实验室等对出入人员进行管理。

电子巡检。 在教学楼、实验室、行政区域等重要区域部署电子巡更设备，集中部署电子巡更管理系统，实现离线式巡更，对校内安保人员的巡更工作进行记录，对安保人员工作加以管理和监督，规范校园巡防，支持三位巡视，基于三维 GIS，模拟人员巡防路线，辅助巡访人员修正巡防路线，自动调阅巡防路线视频等。

学生定位管理。可以向学生发放智能终端（如智能手环、手表等），实时定位学生位置、跟踪记录学生的移动轨迹，提供签到、一键紧急求助、电子围栏安全防护等功能，防止学生上课期间离校或发生意外。

（2）教室空间。

在智慧教室空间内（如图5-13所示），教师可以通过各种终端设备，提高学生的学习兴趣，提升教学质量，帮助学生更快地理解课堂内容。此外，VR/AR、全息投影、4K/8K高清视频直播、录播等系统能够将优质教育资源进行共享存储，并与教育资源贫乏地区共享，缓解目前教育资源不均衡的问题。

教学环境优化。对教室空间进行智能化改造，加入智能黑板、平板、智能终端等设备，并向学生提供VR/AR、全息投影等互动体验式教学。优化教学空间舒适度，将教室温度、光线、空气质量等环境调整至最佳。

学情记录。通过布置于教室的各类传感器，如摄像头、拾音器、电子黑板等，将教室课堂的教学音/视频及使用课件等声、图文信息收集并存储，为后续的人工智能应用及大数据平台提供数据来源。

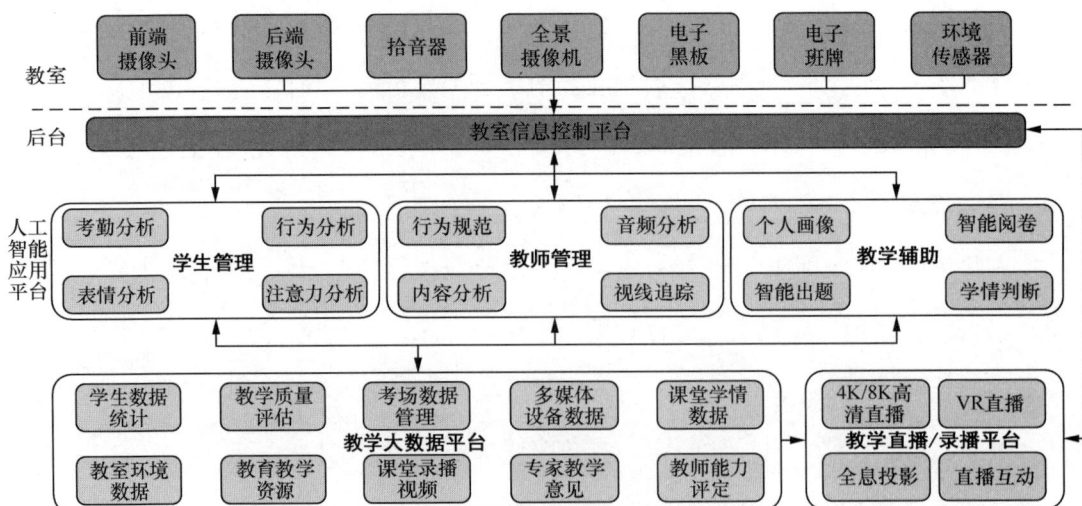

图5-13 智慧教室空间应用

教室信息控制平台。收集从教室各传感器、终端传回的数据，并进行分流传入不同系统，部分经由人工智能应用平台分析后存入大数据平台，部分直接存入大数据平台，部分通过直播 / 录播平台直接播放。

人工智能应用平台。人工智能应用平台包括学生管理、教师管理及教学辅助。学生管理及教师管理用于分析上课过程中教师和学生的状态，学生管理包括考勤分析、行为分析、表情分析、注意力分析等。教师管理包括行为分析、音频分析、（教学）内容分析、视线追踪等。教学辅助不仅可用于课堂内，还可用于课堂外，具有个人画像、智能阅卷、智能出题、学情判断等功能。

教学大数据平台。教学大数据平台用于沉淀教师在教学过程中产生的教育相关数据，帮助每个学生及教师建立个人的"大数据档案"，并保存优质的教学资源（课程、课件、专家意见等）。该大数据平台也承担向人工智能应用平台及教学直播 / 录播平台提供数据服务的任务，提供学生数据统计、教学质量评估、考场数据管理、多媒体设备数据、课堂学情数据、教室环境数据、教育教学资源、课堂录播视频、专家教学意见、教师能力评定等功能。

教学直播 / 录播平台。教学直播 / 录播平台负责向外部提供优质的教学视频，推动教育资源共享。该平台可直接接收教室信息控制平台推送的直播视频流进行直播，并使用 4K/8K 高清直播、VR 直播、全息投影等新技术，使直播受众获得更好的直播观看体验。同时直播互动功能模块提供"弹幕"或双向低时延直播的功能，使线上教学更接近线下，让教育薄弱地区的学生获得更好的学习体验。录播板块则可从教学大数据平台的课堂录播视频中选取优质课程资源，使教育薄弱地区的学生接受与教育发达地区的学生同等水平的教育。

5.4.3　中国联通智慧教育案例

1. 智慧教室空间改造

中国联通与某高校合作，根据实际情况对该高校的一间教室进行了改造。该教室将用于测评试讲教师的能力，并不断收集数据用于相关人工智能算法训练。教室改造的内容包括教室视频采集系统，主要用于教师特写、板书特写、教师全景、学生特写、学生全景、学生巡航的高清视频信号的采集；教室音频采集系统，主要用于教师的声音采集；控制系统，将视频、音频数据进行收集、整理、存储并上传到云进行备份，同时在控制系统服务器内置 AI 算法对采集到的音视频信息进行分析，将结果反馈监控室大屏上，供教育专家进行评测；VR 素材采集设备，主要用于 VR 直播或 VR 课程录制；智能黑板，满足教师上课须用到的功能的同时，自动采集教师授课的课件数据进行存储；电子班牌，用于显示该班级门牌号及当节课的课程信息。

2. 中国慕课大会首个5G+超远程虚拟仿真实验

2019 年 4 月 9 日，中国联通作为网络总体协调方成功完成了北京、贵州、西安三地的 5G 网络支撑和保障工作，首次实现了跨越 4000 多千米的 5G 超远距离通信，时延控制在 38 ms 以内。中国联通为本次大会提供了 5G+4K 远程互动教学系统及 5G+超远程虚拟仿真实验技术方案，打破了空间和时间限制，通过 5G 技术把不同城市、不同学校的学生带到同一个实验室，共同完成虚拟仿真实验。

3. 中国联通与中央音乐学院联合打造首个5G+智慧音乐教育应用

2019 年，中国联通与中央音乐学院联合打造了 5G+ 智慧音乐教育应用。首先，孵化 5G+ 虚拟现实音乐教学应用。利用增强现实和虚拟现实技术，在虚拟世界体验乐器的全方位多维展示与拆解，辅助叠加相应的图像、视频、3D 模型等内容以及 5G+ 虚拟现实，使音乐欣赏教学从此告别单一枯燥的教学模式，变得更直观、更形象、更丰富，提高了学习效率。另外，双方联合打造 5G+4K 远程互动音乐教学应用，让学生在全国各地都可以享受到中央音乐学院顶级的教育资源。该应用在 2019 年国民音乐教育大会、乌镇互联网大会、中国国际信息通信展、世界 5G 大会中都有精彩的亮相。

5.5 智慧城市

随着经济的不断发展，我国城镇化进程正在逐步加快，城镇化对国民经济和社会进步具有明显的促进作用。但是，目前在城镇化的进程中出现了人口、环境、资源、交通等许多问题，它们成为制约城镇化发展的关键影响因素。推动现代城市的快速发展，一方面需要创新城市发展模式；另一方面需要借助人工智能、5G、物联网、区块链等高新技术为城市发展提供强大的驱动力，助力绿色、和谐、高效的新型智慧城市建设。

5.5.1　智慧城市的概念

智慧城市是运用信息和通信技术手段感测、分析、整合城市运行核心系统的各项关键信息，从而对包括政务、民生、环保、公共安全、城市服务、工商业活动在内的各种需求做出智能响应。其实质是利用先进的信息技术，实现城市的智慧化管理和运行，进而为人们创造更美好的生活，促进城市的和谐、可持续成长。智慧城市的发展可以划分为以下 3 个阶段。

（1）政务信息数字化阶段。该阶段主要由政务及其相关部门（如政府部门、法院、金融机构等）推动业务信息化、无纸化办公，政务系统开始将物理信息系统性地转化为智慧城市运营和管理所需的有效数据。智能政务走在了智慧城市建设的前面。

（2）城市数据孤岛打通阶段。在各个城市，不同行业、不同领域、不同部门之间的信息数据形成了城市庞大的信息系统，这些系统中的数据往往以数据孤岛的形式存在，严重影响了智慧城市的数字化进程。因此，智慧城市第二阶段的主要工作就是由政务部门主导，其他行业共同参与，打破数据孤岛，通过云服务融合等基础设施的优化，实现跨系统的数字化共享。

（3）城市全面数字化阶段。在这一阶段，万物互联的基础为智慧城市各子系统实现数字化提供便利，通过物联网技术，使城市大量的物理层基础设施均实现较高程度、较大密度的数字化。大量有效城市数据的采集是城市全面数字化、智能化的重要基础，这需要通过各种物联网手段实现，而采集后的数据则需要通过无处不在的计算和人工智能能力，发掘数字的价值，使数据成为生产、生活、城市管理变革的决策依据和手段。

目前，国内智慧城市正处于第二阶段到第三阶段的过渡期，并呈快速发展的态势，得益于与智慧城市相关的 5G、人工智能、物联网、云计算等技术的渐趋成熟。未来，智慧城市的主要形态将以物联网为基础、以强大的人工智能作为数据处理大脑、以泛在的计算能力为支撑，从物理城市走向数字城市，从万物互联走向万物智联。

5.5.2 人工智能在智慧城市中的应用

智慧城市是一个很宽泛的概念，由众多的城市微单元组成，从智慧城市的落地建设规模和功能形态来划分，可以将其大致分为智慧社区、智慧小镇、智慧园区、智慧城市等。其中，城市中的网络基础设施与快速发展的人工智能技术是智慧城市建设的核心。

1. 智慧社区

智慧社区包括城市社区中面向居民生活服务的智慧楼宇、智能家居、安全保障、医疗健康服务与智慧生活等诸多领域。智慧社区通过物联网、5G 技术将各类数据汇聚起来，搭建统一的公共服务平台，运用人工智能技术为社区居民的出行、物业服务、安全保护、健康养老等提供智能服务。

2. 智慧小镇

智慧小镇可以看作是智慧城市的"最后一公里"，智慧小镇致力于将人工智能、云计算、物联网、大数据等先进技术集成应用到小镇的生产、生活中，实现集产业、文旅、社区等多种功能于一体的新型城镇化发展模式。

目前，国内已落地或正在建设的智慧小镇还是以基础设施建设为主，并伴随产业聚集和部分垂直行业应用的落地。在平台方面，打通数据孤岛，将各类政务、产业、民生数据进行整合，通过人工智能技术进行分析应用的统一平台的部署目前还比较少。

3. 智慧园区

智慧园区通过将人工智能、大数据、物联网等信息技术与园区的各类资源进行有效整合，加强园区业务、服务和管理的智能化水平，实现园区的智能建设与运营。

人工智能技术在智慧园区中的应用可以体现在智能环境、智能办公、智能生活、智能招商、园区智能管理、智能基础设施以及针对专业园区的各类专业智能应用等。智慧园区可以满足园区不同人的需求：园区运营者需要高效智能的园区管理、绿色节能的基础设施；园区企业需要各种企业服务资源；员工需要良好的智能办公环境，以及完善的智能生活服务。

智慧园区建设需要应用人工智能、大数据、物联网等技术，并结合园区内通信网络、安防、消防、管网等基础设施，建设园区级的运营平台。在平台的基础上开发智能办公、智能停车、能源监控、安全管理等应用，以实现园区的信息交互共享、数据关联互动。

4. 智慧城市

智慧社区、智慧小镇、智慧园区是微型智慧城市的呈现，虽然有大量的基础数据、平台可以共用，但各自具有一定的侧重点。智慧城市的建设通过落地智慧社区、智慧小镇、智慧园区这些小范围的形式，从小处着手，在这些落地形态运营成熟的基础上可进行规模化复制，当各类形态规模化复制到一定阶段时，通过打通各类智慧社区、智慧小镇、智慧园区的数据和功能，逐渐形成一个大而全的智慧城市落地形态。

基于智慧城市感知层获取的海量数据，须在专门的云平台上进行处理和分析，从而对城市运营者、管理者、决策者和使用者产生价值。智慧城市功能平台按照其落地的形态和所涵盖的内容可以分为城市综合平台和行业应用平台。

（1）城市综合平台。城市综合平台并不是一个固定的模式，根据智慧城市落地的形态，其规模、内容、功能有所区别。如前面所述，在智慧社区、智慧小镇、智慧园区的基本上都需要一个城市综合平台进行运营管理，不同落地形态形成的平台都需要大量通用的基础能力，其他功能根据落地形式、规模来开发部署。此类综合性平台需要打通政务、产业、民生等各个领域的数据，理论上可接入其落地范畴下所有智能终端、传感器、边缘设备，并提供大数据、人工智能的能力。

（2）行业应用平台。一些行业率先落地和形成典范，这也是智慧城市渐进式落地的一种路径，当垂直行业应用落地时，势必需要行业应用平台支撑其管理运营，该平台支持城市中各个行业、领域或特定应用场景的设备接入，并在 PaaS 和 SaaS 的支撑下，完成各种行业应用的智能化处理。

智慧城市中各功能平台实现的基础是云服务，在云服务之上，使各类物联网终端、政务工作进行数据交换、数据挖掘分析，平台能力为政务、能源、交通、医疗、公共事业、城市综合服务等行业应用提供支撑。

5.5.3 中国联通智慧城市案例

1. 智慧园区运营管理平台

中国联通建设了统一的智慧园区运营管理平台，综合集成三维可视化、GIS、BIM、IoT、AI、大数据等技术手段，通过整合园区内空间数据、物联网感知数据、业务数据等，以多源数据融合为驱动，实现园区要素实体数字化、运行态势可视化、运维管理集中化和决策管理科学化，最终实现可感、可知、可视、可控的运营管理目标，提升园区的生态环境质量、产业发展活力、服务管理水平、事件处置能力和科学决策水平。

智慧园区运营管理平台总体架构如图 5-14 所示，平台按功能可划分为数据集成系统、业务使能系统、可视化系统三大部分，实现园区内的数据治理、能力开放、智能联动与可视化管理。

图 5-14 智慧园区运营管理平台总体架构

（1）数据集成系统。针对园区内各子系统的数据来源不同，数据格式、采集方式、采集频率、数据结构等差异大、数据不互通的情况，数据集成系统通过构建数据汇聚采集、数据资产管理、数据加工处理、数据算法支持、数据共享服务等能力，打破异构数据壁垒，管理来自于不同物联设备、不同系统的多源异构数据，自动生成数据服务接口，并形成园区统一数据库，包括空间数据库、基础数据库、业务数据库、IoT数据库、统计数据库等，为园区智能应用及前端可视化系统提供稳定可靠的数据服务。

（2）业务使能系统。由于园区内各系统"烟囱式"部署，造成各系统的服务能力分散、业务不融合、互联互通差。业务使能系统作为面向园区应用的统一服务引擎，集成 AI、GIS、BIM、可视化、定位、统一身份认证、流程、规则、安全等能力，提供统一的能力服务接口，解决了服务能力的重复开发、协同不足的问题，实现通用服务能力的高效调用与共享，为可视化、智能应用、业务闭环联动等场景构筑能力基础，进一步提高了系统开发运营与维护管理的智能化水平，使能园区超智能化演进升级。

业务使能系统构建 AI 图像智能识别能力与大数据分析能力，为超智能园区的综合运营管理业务注入智能识别（人脸、车牌等）、智能预测（风险预测、趋势预测）和智能决策（空间优化、能源利用优化）能力。定位引擎以 4G/5G+ 北斗技术为核心，打造位置服务能力，以 API 调用、图形可视化界面的方式支撑园区上层应用，提供精准定位、地图导航、电子围栏、轨迹跟踪等服务能力。

（3）可视化系统。相比于园区管理的传统图表与数据仪表盘，超智能 IOC（园区智能运营中心）可视化系统能够以更生动、友好的形式，实时展现复杂数据背后的业务洞察。通过建立园区综合运行指标体系，一块屏打通园区所有管理工作，让运营管理数据在三维的立体空间集中呈现，实现对园区人、物、事件、安全等重要指标细节信息的全面查询和监测，以及对园区全局的把握和资源的综合调度，把传统的"人管事"变成"事找人"，提升园区运营管理和指挥调度的效率，为园区的运营提供决策分析的依据。

可视化系统支持基于可视化编辑器的自有编排布局，能提供丰富的可视化设计组件、图表控件，支持多终端展示以及自然语音、多点触控、体感交互、增强现实、全息影像等多维度的交互模式，为园区提供大数据可视化和业务管控可视化的交互展示能力。

2. 智慧城市微单元

智慧城市发展的一个重要趋势是智慧空间场景的转换，逐渐从城市整体空间下沉，向单元场景空间发展，体现精细化特点，因此，中国联通智能城市研究院提出了"城市微单元"这一全新概念，即楼宇、园区、社区、街区、小镇等空间单元，并基于5G、AI、边缘云、大数据技术，构建智慧楼宇、智慧园区、智慧社区，建设数据融通、能力开放、设施智能、管理高效的新型智慧城市微单元。

中国联通智能城市研究院依托自研产品"城市微单元智能运营管理平台"，助力杭州湖滨步行街打造国家智慧街区，承接了"步行街智能设施集成管理平台"项目，完成了5类智能城市终端的集成管理，包括智慧灯杆、智能导视牌、广告牌系统、九里七星亭及无障碍地图服务。智能化终端分布在步行街的各个角落，成为连接智慧街区平台与游客之间的桥梁，游客可以通过交互屏幕获取周边停车指数，实时查看周边地铁、公交、游船路线与时间，还能够获取餐饮娱乐、游玩路线等。另外，这些终端也是智慧街区平台的"眼睛"，能够通过摄像头、交互屏幕等设备，实时感知街区动态，通过对客流趋势、客流密度等信息的分析，实时掌握街区动态，避免踩踏等不安全事件的发生。

3. 张江智慧岛

中国联通依托"5G+AI"技术，提供张江人工智能岛从底层服务到上层应用的打通和数据整合服务，包括基于"5G+AI"的综合应用指挥平台、基于5G网络的科创孵化平台等。中国联通以人工智能岛为主轴，加快人工智能、大数据、云计算、区块链、VR/AR等数字产业项目在张江智慧岛的"大脑中枢"集聚，将技术和应用扩散至整个岛，并与其他产业交叉融合，为园区管理、企业服务、智慧场景体验等带来新的技术革命。

4. 智慧港口

港口是水陆交通的集结点和枢纽，在工业领域具有重要的地位。目前，港口码头可大致区分为传统人工码头和自动化码头两种。人工码头整体比例较大，自动化程度低，人工成本很高，急需借助远程控制技术等实现无人化，进而大幅降低人工成本；自动化码头的信息化程度较高，主要借助有线网络实现远程控制等功能，但仍有大量场景（受自身移动条件所限）无法实现有线连接，急需大带宽、低时延的无线化改造。

智慧港口的卸、运、堆3个主营业务在5G技术支撑下，实现全流程、全监管、全监控的业务体验。远程操作人员可以利用5G低时延的特性远程操作无人岸桥将货物吊装到无人驾驶集卡上。无人驾驶集卡通过 5G 网络实现远程视频回传、远程遥控驾驶、车路协同等应用。在堆场内通过 5G 高精度定位、北斗等混合定位技术实现车辆厘米级的精准停靠定位和集装箱的精确位置管理。

中国联通近年来已开始在智慧港口方面进行探索和实践，并提出了智慧港口架构，如图 5-15 所示。2019 年 1 月，中国联通在青岛港打造了"5G+ 智慧港口"，借助 5G 网络和自研设备，成功实现了通过无线网络抓取和运输集装箱，满足了毫秒级时延的工业控制要求以及超过 30 路 1080P 高清摄像头的视频传输，基于 5G 网络覆盖，在实际的港口生产环境下，成功实施了远程吊车操作。2019 年 4 月，中国联通在福州江阴港打造了"5G+MEC"的智慧港口，结合"5G+MEC"技术构建全连接的无线网络，对港口运输要素实现全面感知，从而进行自动化安全监控、自动化调度，将数据网、语音网、视频网合并为一张稳定可靠、安全性高、性能高效的物联网，为智慧港平台建设提供低时延和高等级的信息安全防护网络。可以满足港口作业中视频安全监控、实时数据采集、远程处置调度等操作要求，并能实时访问云端的数据，显著提高终端访问效能和数据的安全性。

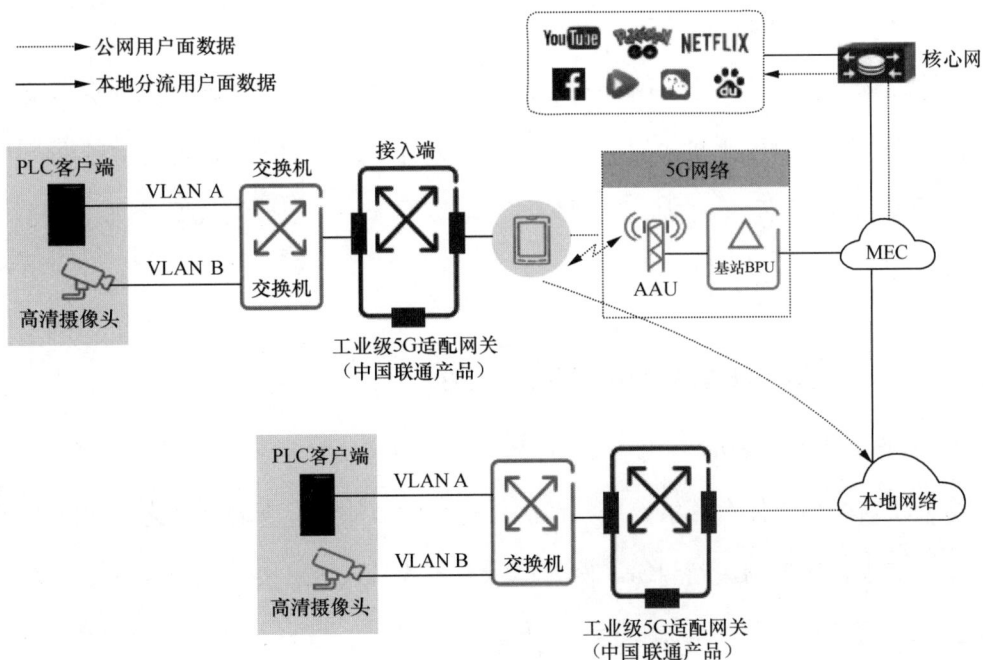

图 5-15 智慧港口架构

5.6　智慧体育

随着人工智能、云计算、大数据、物联网等新兴技术的兴起，"智慧＋"的概念也随之出现，成为现代经济社会的焦点。将体育与新兴技术融合是一种新的发展形势，可以全面提升我国体育产业的信息化发展水平和应用服务能力。

5.6.1　智慧体育的概念

智慧体育是一个面向未来的体育理念，具有与传统体育不同的丰富内涵及鲜明特征。

智慧体育是人工智能、物联网、云计算和大数据等新一代技术在体育领域中应用的最新成果，作为一个系统工程，它整合了教育、医疗、旅游和文化等"体育＋"资源。通过建设数字化、网络化、智能化的运动空间、运动模式和运动生态，全面提升体育服务质量，推动体育产业转型升级，从而可以更快、更灵活、更正确地理解和响应人们个性化和多样化的体育需求。

中国联通在智慧体育中要解决的是消费者与体育运营者之间缺乏数据共享及资源交互的问题。目前是以手机号码为入口，与个人运动设备捆绑，通过可穿戴设备能力及运动场所的物联网采集能力，实现多种运动场景下统一便捷的数据管理，并打通与体育经营者之间的通道。

5.6.2　人工智能在智慧体育中的应用

1. 对体育竞技的影响

将人工智能引入体育赛事，可以在满足观众欣赏体育赛事的同时为比赛做出客观的评分，减少赛场上的裁判纠纷。例如，鹰眼系统引入智能技术，通过捕捉高速运动中的球的飞行轨迹，判断其精确落点，辅助赛事执裁。这样，执裁将更主动、公平、公正，极大地削弱了人的主观性，可以最优化人们对比赛的客观判断。

2．对体育训练的影响

将人工智能引入运动系统，可以智能地分析、汇总运动员的身份信息和运动指标等数据，追踪运动员的成功轨迹，挖掘优秀运动员的特性和个性区别。例如，球员追踪分析系统通过一组固定的摄像机追踪和采集运动员的相关数据，实时分析和识别每场比赛的数据，构建不同的战术模型。

3．对体育教学的影响

将人工智能引入体育设备中，可以直接获取人体的综合指标，佩戴该智能设备，可以测出学生在运动状态或非运动状态下的身体指标。

将人工智能引入体育课堂中，可以对学生的技术规范性进行分析，供教师课下回顾，了解学生对技术的掌握情况，了解学生的个体差异。

将人工智能引入体育教学平台，并且结合虚拟仿真技术来帮助实验者在仿真界面上选择相应类型的人体运动过程和单元操作模型进行研究和分析。

5.6.3　中国联通智慧体育案例

作为 2022 年冬奥会和冬残奥会唯一的官方通信服务合作伙伴，中国联通将充分发挥各方面的专业技术优势，以 5G 赋能智慧体育为主题，基于大数据、人工智能、物联网等技术，为体育场馆提供客流监控、智慧观景、虚拟场馆、移动医疗、智慧交通、8K VR 直播、虚拟化运营管理、物资管理等一系列信息化升级、改造服务，进而不断推动我国智慧体育产业的发展、升级。

案例1：智慧冬奥。

中国联通积极运用现代科技，特别是信息化、大数据等技术，围绕冬奥观赛、参赛和办赛三大场景打造包括智慧观赛、智慧安防、云转播服务、智慧交通、智慧场馆、无人机周界防控、智慧训练、物流配送和智慧移动医疗等在内的十大智慧应用产品。

观赛场景。中国联通致力于为观众提供先进的、超清晰的多媒体服务和良好的现场级家庭观看体验服务，同时提高比赛和运动体验的娱乐性和互动性。

参赛场景。中国联通为合作伙伴提供智能信息设施系统和多功能的信息化服务，以提高比赛的整体服务水平。

办赛场景。中国联通全力加强场馆的运营能力，为组织者提供高效可靠的后勤和安防能力、快速便捷的场馆服务能力、事件和常态化的智能运营能力。

智慧观赛。面向观众的智慧观赛利用 5G 网络将多路高清信号实时回传至场馆附近的边缘计算平台，进行图像处理与内容识别，可实时响应用户在场内的画面切换、运动员追踪与数据展示等个性化内容，并可插入周边服务等信息，实现商用价值。

智慧安防。针对冬奥会的安全保障，中国联通提出了"立体安防"方案。在冬奥场馆区域安装大量的 5G 摄像头、5G 安防机器人、配备 VR 安防头盔，通过智能监控云平台，将这些监控数据统一回传到指挥中心。经过处理之后可将这些数据下载到头盔中，借助 VR 头盔将很容易识别出哪些是需要监控的人员。此外，安防巡检机器人可以随时随地捕捉周围情况，回传到指挥中心，发现一些隐患并做出应急响应。

云转播服务。为实现体育赛事的远程制播，中国联通与阿里云等合作伙伴共同打造云转播服务，流程如图 5-16 所示。该服务基于云计算、人工智能和互联网高速传输技术，以实现转播设备云端化和人员服务远程化为目标，在全球响应、全球覆盖、全球制作的模式下，大幅降低赛事转播服务成本并提高转播团队的制作效率。

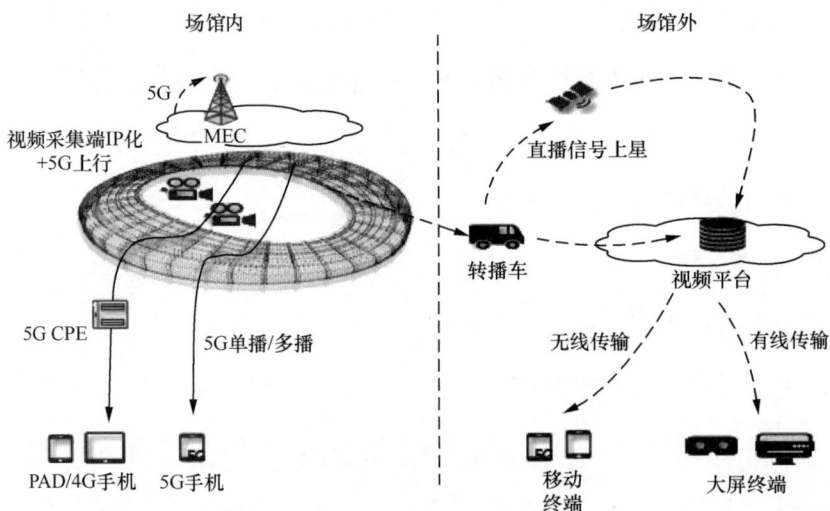

图 5-16 云转播流程

智慧交通。中国联通正在与冬奥会的顶级合作伙伴讨论"智慧交通"的相关合作。

届时，将实现无人车在比赛场馆之间的自动行驶。除按规定路线行驶外，还可智能避障，随时切换手动驾驶模式，沿途配备相关配套设施。

智慧场馆。中国联通将推出"智慧场馆"应用平台，为赛场设备、数据等贴上标签，标签可追溯、可管理、可监控，再将所有的物资管理集中在一个平台上，为场馆经营者提供低成本、高效率的管理手段。智慧场馆大屏显示如图 5-17 所示。

图 5-17 智慧场馆大屏显示

无人机周界防控。多架无人机按照设定区域和线路进行布控，当无人机发现非法入侵者时，将立即向指挥中心报告并实时回传入侵者的视频信息，联合地面周界防控，实现空地一体化，助力最安全奥运保障。

智慧训练。基于中国联通 5G 网络，打造集运动图像采集、运动成绩分析、竞赛训练管理为一体的"5G + AI"智慧训练平台。在比赛现场布设高清摄像头，运动员训练比赛视频通过 5G 网络上传到场馆附近的边缘云，视频在云上进行拼接，进行基于 AI 算法的运动员身份识别，插入运动员的比赛信息，然后通过 5G 网络将视频回传至场内教练员或观众终端。它可以为教练呈现一套 360° 全景图片，同时，它集成了训练所需的标签节点系统，并配备了成熟的战术图面板，为比赛前后的训练复盘提供专业的保证。智慧训练流程如图 5-18 所示。

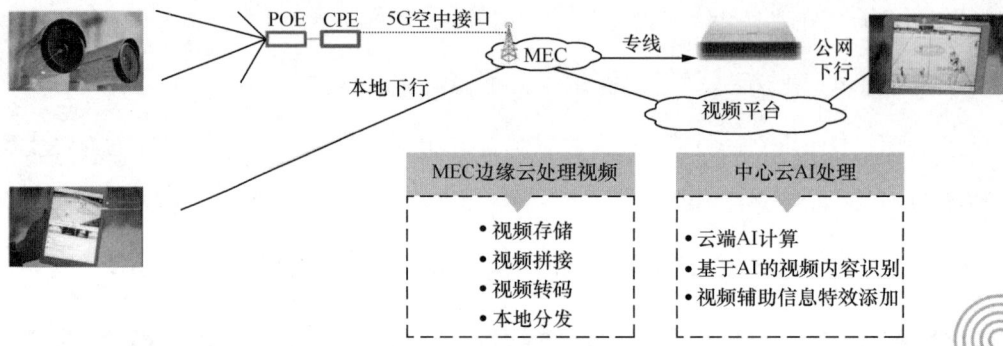

图 5-18　智慧训练流程

物流配送。北京冬奥会高山滑雪等项目场地山势高、物资运输困难。借助 5G 低时延网络特性，指挥中心可以远程完成所有物流无人机控制操作，无人机可以用于山腰、山顶等转播和比赛物资的配送，提高物流效率，也能反映出中国联通 5G 设备在极寒恶劣环境下的可靠性和网络保障能力。

智慧移动医疗。为竞赛相关人员提供基于 5G 技术的常态化医疗监控，并在监控到紧急情况时使用 5G 进行远程急救，实现院前急救与院内治疗的无缝连接。在抵达基层医疗单元后，由冬奥会官方定点医院开展多方远程会诊和指导，以节省救治时间和提高效率。

案例2：运动教学。

中国联通与体教联盟的战略合作是中国联通大数据在垂直行业的深度应用。在国家体育总局科教司的牵头下，中国联通已经着手承建"国家队训练数据平台"，实现运动员的训练数据收集、存储和管理，机能、体能数据应用系统等相关能力应用，并依靠大数据的数字化管理来科学地制订运动员体能训练计划，涉及力量训练、恢复与再生、身体机能训练、训练计划设计、专项特征分析、运动能力评估、周期性安排等。

"国家队训练数据平台"利用中国联通在数字信息化、大数据、媒介传播等方面的能力，在运动员文化教育、教练员培养、体育科技创新、青少年运动技能等级标准实施、体育大数据、冬季项目普及等方面展开全面的合作，为体教联盟提供数据支撑服务、安全防护支持和技术支持等，全力打造运动员教学、教练员培养的学习应用平台。

案例3：马拉松。

将"5G + AI"技术深度融入制播服务。AI 定制视频服务将在整个过程中识别、跟踪和记录参赛者的出色表现，并为马拉松运动员制作独家纪录片，运动员可以在比赛结束后快速获得个性化视频，实现赛事与个人的完美融合，整体功能如图 5-19 所示。

图 5-19　马拉松整体功能

5.7　智慧新媒体

目前，人工智能技术已广泛应用于金融、教育、安防、家居、娱乐、电子商务等行业。同时，开放了行业数据与跨行业数据、线上数据与线下数据、生理数据与非生理数据、物理数据与社会数据的边界。人工智能创造的智能媒体也将使传媒业在智能媒体时代所涉及的行业越来越广泛和细化，传媒业的界限也将越来越模糊。

5.7.1　智慧新媒体的概念

新媒体是继传统媒体之后发展起来的新的媒体形态。它利用数字技术和网络技术，通过互联网、宽带局域网、无线通信网络、卫星等渠道，以及计算机、手机、数字电视等终端，为用户提供信息娱乐服务。传播形态主要有数字报纸、数字电视、触摸媒体、应用（腾讯视频、抖音、微信公众号、人民网客户端、今日头条），与报纸、杂志、广播、电视四大传统媒体相比，新媒体被称为"第五媒体"。新媒体行业按显示终端分类：大屏媒体（主要场景：电视台视频回传、大型展会现场）、小屏媒体（主要场景：App 客户端、VR 全景视频手机端体验）。

智能新媒体的定义是利用情景感知计算分析信息消费者的环境、行为和偏好，提供与用户需求相适应的内容、产品和服务，从而提升消费者的用户体验。智能新媒体以互联网为基础，依托不同的智能终端，结合人工智能、云计算、云存储等新技术，能够快速判断、分析和截取符合用户需求的内容。

智能新媒体有 3 个重要的特点。一是需要 24 小时覆盖多个终端，智能手机的普及使人们能够随时随地获取信息，用户时间也变得分散，因此，当用户触摸移动终端时，媒体应该覆盖多个终端，并不间断地提供相应的服务；二是从信息媒体的发展到智能服务，智能媒体不应该只发布信息，还要分析读者的需要，提供个性化服务，如工作、生活、社交等，特别是本地化服务可以更贴近用户的需求；三是从大众营销到精准营销，根据网络文本分析匹配相应的广告，分析读者偏好，提出个性化的营销策略。

5.7.2　人工智能在智慧新媒体中的应用

人工智能在媒体行业的兴起不是突然出现的，而是数据资源、国家产业政策、资本注入、行业领导者预测、传统媒体转型和良好的市场需求等因素共同作用的结果。人工智能对媒体行业的影响表明，媒体行业的边界将越来越模糊，并且媒体行业的创新将在一定时期内更加依赖技术元素，传统的传媒业的业务经营理念将再次受到冲击。

目前，媒体融合正处于发展的深水阶段和战略转型阶段。随着人工智能应用的逐步普及和人工智能在传媒业新的实际应用成果的诞生，人工智能在推动传媒融合发展中的作用也越来越明显。人工智能对传媒业的影响是深远的，它促进了传媒运营过程中各个环节的变化，也正成为媒体深度融合的关键。

当前，人工智能在新媒体传播中的应用主要体现在机器写作和智能推荐上。事实上，人工智能中的数据处理、语音和图像识别、机器学习 / 深度学习、算法等也在智慧新媒体中得到了广泛的应用。

智能文本分析技术使机器"理解"语言。基于自然语言处理（NLP）技术的文本分析技术是人工智能技术的重要领域。自然语言处理可以分析语言模型，从文本中提取表达意义。它的最终目标是使计算机像人类一样"理解"语言。基于内容理解和 NLP 的写作机器人能够辅助记者，它可以模拟人类的智能和认知行为，实现机器的"创造性"。通过对大量数据的分析和学习，形成"创作"模型，并通过人机结合的方式，提升记者的写作能力。国内媒体正积极运用这一技术创新媒体内容的制作方式。

人工智能合成主播也是人工智能在新闻广播领域不断探索的一个方面。例如，21 世纪初的虚拟主持人、2015 年开始在中国发展的智能语音广播，2018 年纪录片《创新中国》的解说部分也是用人工智能模拟人声完成的。2018 年 11 月 7 日，新华社与搜狗联合发布全球首个合成新闻主播——"人工智能合成主播"（如图 5-20 所示）。"人工智能 + 新闻"不仅提高了内容制作效率，降低了内容制作成本，还提高了新闻报道的及时性，使编辑、记者从过去复杂的业务工作中解放出来。

图 5-20　AI 合成主播

语音图像技术提升编辑效率。语音和图像识别相当于人工智能模拟人的听觉、视觉和基本语言能力，它是一种"感知"智能。人工智能在语言和图像识别领域已经趋向成熟，甚至许多人工智能已经应用到人们的生活中，如科大讯飞的"语音输入法"、高德置地的"智能语音导航"、百度的"百度识图"、微软的"微软识花"。这些语言与图像识别的人工智能技术和新媒体将有多维的有机结合。

随着语音转换技术的成熟，语音文本双向转换技术在媒体中的应用成为可能。例如，使用语音识别技术生成文本原稿并进行二次编辑；现场语音报道采用人工智能的智能语音编译系统生成文本版，大大提高了编辑人员耗时进行整理的工作效率；将媒体的视听内容转化为文本材料，提高了管理媒体稿件和节目素材的效率。另外，语音合成技术可以基于深度学习模型，将媒体报道的文章从文本版本转换为语音版本，并根据不同受众群体的需求生成特定的语音以供用户收听，从而创造一种更合适、更友好的语音体验。这是一个非常典型的人工智能类新闻领域。人工智能技术可以代替人脑完成媒体内容编辑任务，通常用于财经、体育新闻报道等需要处理大量数据的行业报道中。

个性化推荐技术定位用户群体。 人工智能帮助新媒体人处理数据，同时，新媒体产生的大量数据使人工智能在这种环境下进一步成长，从而促进了新媒体自身的不断发展。算法是计算机解决问题的方法，是人工智能思考和处理问题的基本核心，也是其方法论。算法是目前人工智能在新媒体领域最常见的应用，例如，百度和今日头条的内容发布，它的本质是人工智能，它根据算法将内容分发给不同的受众，实际上是一种数据积累和维度表征。

对于媒体而言，找到目标群体、传播内容是实现传播的关键。个性化推荐技术解决了这个问题，这是目前新媒体业成功应用到人工智能技术的典型案例之一。在媒体内容分发过程中，个性化推荐技术为用户提供个性化的体验，为每个特定用户定制、推荐个性化内容，减少搜索相关内容的时间。

内容制作是未来人工智能在传媒业实现新突破的重要方面。虽然人工智能目前还不能超越人类的创造力，但它可以承担一些信息收集、数据整理和内容创作的工作，使媒体人摆脱一些重复性和烦琐的工作，从而为创作和创造性工作节省了时间。媒体也应积极探索与人工智能合作的新方式，使工作更加高效和智能。人工智能技术将与算法、大数据和新闻结合起来，根据用户的喜好为用户推送相关信息，让用户可以依赖新的媒体平台。但值得注意的是，单纯推送用户感兴趣的内容，而其他各类信息的自动屏蔽容易造成用户"信息茧房"效应。

另外，人工智能可以在很多方面带来更好的用户体验。根据用户行为进行学习，了解受众的喜好，并使用户获得感兴趣的内容。利用人工智能技术捕捉和处理数据，准确了解用户的需求，可以帮助媒体实现更加精细的用户划分和用户分析，提供更加人性化的服务，也将使用户人机交互体验更加立体化、场景化。

5.7.3 中国联通智慧新媒体案例

随着媒体视频行业向高清、多视角、强互动性体验的方向不断演进，媒体业对大带宽传输、云、AI的需求不断增强，需求明确，5G使能空间大。而运营商为媒体行业提供包括但不限于5G连接，5G与云、AI、大数据融合产生的新ICT业务体系。新媒体行业利用高速移动互联网络向用户提供超高清视频、AR、VR等超越传统语音、普清视频、文字等方式的新的媒介传输方式，打破了传统媒体中信息量的限制和固定模式，为用户提供全方位的信息。随着5G时代的到来，基于5G的大带宽、低时延等特性，以及边缘云、网络切片等技术，可以使新媒体进一步突破时间和空间的限制，让用户可以随时随地地自主选择需要的信息，同时提供传统媒体所不具备的高度交互性。

案例1：中国联通携手中央广播电视总台合作共建国家级5G新媒体平台。

中国联通针对5G的新媒体产品：5G+4K/8K直播方案是针对电视台、互联网媒体客户提供基于5G网络的回传方案，满足客户4K/8K拍摄制作的移动回传需求，解决当前条件下回传成本高、部署不便的问题；5G+VR直播的一体化方案是涵盖内容拍摄、5G上行、平台分发及呈现端到端的交钥匙方案，根据面向的最终客户及应用场景不同的特点，总体分为广播级、专业级和普通级三大产品方向，支撑不同级别的活动、赛事、晚会等需求。

2018年12月28日，中国联通同中央广播电视总台在梅地亚中心签署了合作建设5G新媒体平台框架协议。2019年1月，在长春一汽春晚分会场搭建5G测试环境，助力总台实现国内首次低温环境下5G网络4K传输，并成功进行了5G网络VR实时传输测试，在央视春晚期间提供5G网络4K和VR视频传输服务。2019年2月底中国联通配合总台5G新媒体平台成功实现4K超高清视频的集成制作，保障了16路4K超高清视频信号中的6路5G网络实时回传。

同时，中国联通还将同总台联合研发5G摄像设备、节目制作设备和超高清电视、机顶盒、VR/AR等媒体设备，打造下一代全媒体系统，为媒体融合发展提供强有力的5G和AI技术支撑。

案例2：中国联通"5G+AI"技术走进人民日报社。

2019年7月，人民日报社与中国联通在建设5G新媒体平台方面正式开展合作，双方将以建设5G新媒体平台为目标，充分运用5G、4K超高清视频、VR、AI等新技术，创新媒体传播方式，积极探索媒体融合发展新业态、新模式，进一步提升新闻的生产力，壮大主流舆论阵地。此外，双方还将联合建设5G媒体应用实验室，研究5G媒体业务应用实验场景，重点聚焦5G环境下媒体应用和产品创新。"5G技术运用走进人民日报"体验展包括5G公众体验、5G外场直播+VR全景直播、5G空地一体化VR直播、5G网络下视频生产+AI智能新闻生产、4K全媒体虚拟演播室、5G通信车+5G移动新闻工作车6个展区。展览结合新闻报道的实际业务，综合展示了5G网络下的数据传输、采访报道、直播连线、VR全景、视频生产、AI新闻制作等应用场景，呈现新技术给新闻媒体策、采、编、发全流程带来的全新体验。

案例3：中国联通打造服务两会5G新媒体中心。

在2019年两会（中华人民共和国全国人民代表大会和中国人民政治协商会议的统称）期间，中国联通在长安街长话大楼打造服务两会的5G新媒体中心，采用5G新媒体技术支撑两会报道，以基于5G的轻量级转播技术为核心，为各媒体提供了利用5G网络传输和云化制作超高清视频的新媒体服务。对比以往会议期间的媒体报道，两会应用的5G轻量级媒体平台不仅解决了传统视频直播业务的布线不方便、无线传输时延大、卫星传输成本高等问题，还充分利用5G大带宽和超低时延的特性，使新闻报道通过 4K、VR 等视频业务，画质更清晰、互动更流畅，全方位保证了用户体验的高质量和多样化需求，覆盖了"5G 直播互动""5G 云采编"等创新应用，提供了多样化综合融媒体服务，为新闻宣传提供有利的媒体传播渠道。

两会期间共接待各界媒体及客户 97 次，接待超 850 人，包括新华社、人民日报社、中央电视台、广东电视台、湖南电视台、浙江电视台、北京电视台等 43 家媒体单位，使用 5G 新媒体中心场景进行采访、直播、报道的有 27 次，累计新闻播出时长 2 小时 36 分 44 秒，体现了 5G 在新闻活动报道中的重要作用和巨大潜力。

5.8 智慧能源

目前，全球迫切实现能源转型，重塑能源格局，实现能源的安全、稳定、清洁和永续利用。在这种大趋势下，能源领域关注的热点之一就是智慧能源。这是一种通过发展人类的智慧，促进技术发展和制度改进，将人类智慧融入各个环节的能源开发和生产消费之中，搭建生态文明建设和可持续发展下的能源技术和能源制度体系，促进了新型能源形式的诞生。当前智慧能源应用日益丰富，其社会效益和经济效益不断突显，也加速了全球能源企业对能源的布局。

5.8.1 智慧能源的概念

智慧能源是一种新的能源生产及利用形式，其基于互联网、物联网等技术，实现能源生产、存储、输送和利用的实时监控与分析，并使用大数据、云计算进行实时检测、报告和优化处理，以形成开放、透明和广泛自愿参与的综合管理系统。

智慧能源是能源利用技术与人工智能、大数据技术的深度融合形成的新模式和新业态。智慧能源系统的主要特征包括设备智能、多能协同、信息对称、供需分散、系统扁平、交易开放等，可应用于能源生产、传输、存储、服务各个环节。

根据中国科学院生态环境研究中心刘涛博士的研究，智慧能源应具备以下 4 个关键性特征。

（1）系统性。智慧能源技术有机地将人工智能技术、互联网技术、云计算技术、通信技术、控制技术及未来的新技术进行整合，实现能源生产、传输和利用等环节的综合优势。智慧能源技术的功能是生态文明发展的需求，结合环境、社会、人文、政治等建立起来的综合体系。

（2）安全性。智慧能源技术需要为社会提供安全、稳定、持续的能源，并解决能源在火灾、洪水、电击、交通事故等不可控时的危害，彻底驯化能源的"野性"。

（3）清洁性。智慧能源对自然环境的影响要甚小，能源清洁是未来的必然要求，其生产和使用都不产生有害物质，不破坏自然平衡。智慧能源既要控制可见的有形污染物，又要消除辐射、电磁波的危害。

（4）经济性。智慧能源技术寻找更高效的能源，提升能量密度，实现高效率、低成本、高产出。

通过梳理智慧能源的含义和特征，可以分析得出：智慧能源产业不是新能源企业或传统产能用能单位、传统节能服务产业和 IT/ICT 产业单独创造的，而是其高度融合后形成的复合型产业。当前的分布式能源和智能电网均未达到智慧能源的高度，风能、太阳能、生物质能的开发和应用也未达到智慧能源的要求。

未来，需要具有高度兼容性、自愿性，并打破信息孤岛，将能源生产与使用过程相互连通，实现系统自组织、自检查、自平衡和自优化。

5.8.2　人工智能在智慧能源中的应用

1. 人工智能技术赋能能源生产

人工智能技术能够有效地提高能源生产的效率和安全性，可助力石油开采的精确钻井，通过大量地震、电磁、重力等数据分析地球构造、运动和沉积演化规律。通过深度学习，使用云端开发的油气勘探解决方案，基于地震资料作为训练数据寻找油气资源，可实现无人参与从三维地震图像中寻找、辨别地下断层，进而减少地质人员的重复性工作。人工智能技术可帮助提供更为精确的技术以进行压裂施工方案设计、施工井及层位的选择。油田开发企业通过收集大量压裂历史数据，选择储层参数、岩石力学参数、压裂施工参数和产能参数等进行建模，建立裂缝模拟神经网络和产能模拟神经网络，最终实现压裂方案的有效选择和参数优化、促进压裂效果的提高。

人工智能技术为煤矿安全生产提供保障。

（1）煤矿安全仪器仪表结构、性能的改进。随着智能自动化技术的发展，煤矿安全监测仪器和仪表的应用发展前景更为广阔。基于历史和实时数据信息、软件和硬件智能化基础，可以对每台仪表和仪器随时进行分析。从低、中、高3个层次分别对测量过程进行抽象展示。人工智能技术的应用极大地扩展了传统测量系统的功能，切实提高了测量系统的效率和性能，使煤矿安全监测仪器和仪表的功能更加完善，具有灵敏、高效、高速的特点。

将微控制器和微处理器等微型芯片技术应用于煤矿安全监测的仪器和仪表中，使用模糊推理等技术，设置各种测量数据的临界值和模糊控制程序，以此建立模糊决策事物的各种模糊关系。模糊技术独特的特点是，其不需要大量的测试数据，也无须建立控制对象的数学模型。需要注意的是，使用模糊技术需要具有非常丰富的经验，需要使用芯片现场调试和离线计算，分析、研究出合适的控制规则，在给定的精确度基础上，实现设备的精确控制和分析。

（2）开采方案决策及参数优化设计。当前，专家系统的发展使相关煤矿企业的矿井挖掘和参数选择技术大幅改进，与实际越来越接近，更符合实际条件。近年来，煤矿安全生产成为人工智能研究机构重点研究和关注的领域，相关应用研究不断深入。例如，可以通过专家系统基于实际情况采用人工智能有效选择长壁采煤法和短壁采煤法的截煤方案。煤矿生产中积极采用模糊数学理论，设计出的专家系统可以智能选择最佳的爆破对策及将方案参数最优化。

（3）煤矿安全仪器仪表网络化中的相关应用。为了将人工智能技术更好地融合到煤矿安全仪器仪表中，促进安全仪表的功能得到最大程度的使用与实现，可以使用计算机的计算功能对参数进行快速、准确的计算。例如，可以使用网络连接数字安全监测仪器，并应用有效的模式识别软件，可以实现仪表相关属性及所处实际条件的准确和快速的分析，以便做出适当的处理。通过将智能系统安装在数据采集设备上，可以实现自动分类，并实现脱离网络状态下的智能数据采集和远程测量。

计算机领域在当前科技极大进步的时代背景下也获得了飞速发展和创新，基于计算机实现人机互动和运算的功能逐渐完善，当前实现了更具人性化的服务。针对任务的具体需求，可以通过对人工智能软件的设计，将仪器仪表与计算机互联，以实现对仪表和仪器的远程操控。可以基于相关应用来建立一个可以随时查看的存储测量结果的数据库，并收集和复制仪表上采集到的数据，与相关的部门进行数据共享。对于同一个任务或同一个仪表的数据收集和监控，人工智能的应用使不同的用户可以在各个位置同时获取需要的数据，无须用户亲自去设备现场进行采集。基于这一方案，可以确保数据获取的同时性，使相关人员能够及时分析和解决突发的问题，提出相应的建议并加以实施，防止数据不对称造成的延迟，有效缩短解决问题所需的时间。

（4）井下故障诊断及灾害预防控制。为了最大限度地获取经济利益，有效解决井下作业的安全问题，并减少对环境的破坏，需要针对煤矿生产过程的特点，解决挖掘方案的合理性和优化问题。针对这些问题，可以考虑使用人工智能技术进行故障诊断和灾害预防控制。基于神经网络构建的智能诊断专家系统（如图 5-21 所示）可以使用拥有强大学习能力的神经网络，总结归纳以往煤矿作业过程中出现的安全问题及其解决方案，当类似问题再次发生时，可以使用专家系统进行快速诊断，做出快速反应，找出合适的应对方案。

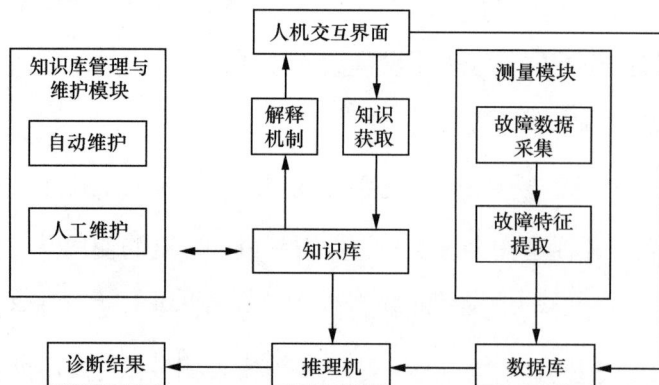

图 5-21　利用专家系统进行故障诊断的流程

2. 人工智能技术赋能能源运输

能源运输是指煤炭、石油、天然气和电力等在流通领域内的运输，运输是实现能源生产和消费的必要条件。能源运输的特点是运量大、运距长、耗费运输能力。人工智能技术赋能能源运输，一方面强调使用信息化的手段在能源运输领域的渗透，另一方面强调对整个能源运输过程的智能化。

在煤矿方面，我国在煤矿运输机器人领的域研发起步相对较晚，主要集中在采煤、运输、巡检等环节，有以下几种主流机器人：搬运机器人，负责矿用物料自动识别、抓取、搬运和码放的机器人，具备物料识别定位、路径规划、自主移动、安全避障及远程干预等功能，实现生产物料的按时、按需搬运，提高搬运效率；破碎机器人，工作面大块煤岩体破碎或人工构筑物破除机器人，具备机动、破碎目标自动辨识、定位、闭锁、破碎及效果评判等功能，实现精准、高效破碎作业；车场推车机器人，具备矿车位置识别及数量统计、运行方向判断、自主规划摘挂钩及推车动作、安全闭锁确认等功能，实现车辆的摘挂钩分离及推车作业机器人化；井下无人驾驶运输车，具备精确定位、安全探测、自主感知、主动避障、自动错车、风门联动等功能，实现井下运输车无人化驾驶；露天矿卡车无人驾驶系统，具备远程无线通信、GPS 定位、自主行走、导航避障、装载自动识别等功能，实现矿用卡车的无人驾驶和卡车车队的智能调度。

在石油方面，已有以数据为驱动的车、船、库一站式仓储物流数据可视化解决方案，传统石油行业牵手互联网巨头打造智慧物流和智慧油站，确保油品远距离运输的安全平稳，减少油气挥发污染，实现价值最大化，实现石油运输主体技术的更新换代。

在燃气方面，管道是最重要的运输方式，我国正在加快油气主干管网、区域性支线管网和配气管网建设，打造面向未来的智能化管道和智慧管网，应用"端 ＋ 云 ＋ 大数据 ＋ 物联网"信息技术建设全国性的"智慧管道"和"智慧管网"，实现全数字化移交、全智能化运营、全生命周期管理，成为行业发展的新目标。

3. 人工智能技术赋能能源存储

能源存储技术是智慧能源高级阶段的关键技术之一，是智慧能源存储及再分配的技术基础。目前储能方式主要分为 3 类：机械储能、电磁储能、电化学储能。

在电力方面，由于电能不同于其他能源，具有一定的局限性，智能发电、用电须同步，因此，更加智能、经济合理的电储能技术非常关键。新型能源存储塔可利用预测智能及专有算法，自动协调能源存储塔和电力充放电。作为经济性电能存储技术，能源存储塔具有传统电能存储技术所不具备的高效、便捷及普适性特点，可以解决目前新能源发电普遍存在的供输电问题，进一步释放清洁能源发电潜力，为新能源发电打下良好基础。

在煤炭方面，当前国内煤炭产地和输出地进一步向西部地区集中，而消费地相对分散，且距离煤炭输出地的距离进一步延长。要保障煤炭的稳定供应，降低煤炭流通成本，实现煤炭的清洁利用，需要更加注重对煤炭供应链的整合，创新煤炭流通方式，形成与我国煤炭流通格局相适应的新型煤炭流通主体。要进一步降低煤炭流通的成本，人工智能技术赋能能源存储是必然趋势，降低人力成本，科学管理，逐步实现对煤炭贸易、流程加工、存储、分拨的系统化组织，通过建立现代煤炭流通方式实现"多对一"和"一对多"的煤炭资源整合与配送管理，在不断提高物流规模经营的经济效益和满足最终用户个性化需求的基础上，降低最终用户的流通成本。

4. 人工智能技术赋能能源服务

能源服务包含能源销售、分布式能源管理、节能减排及需求响应、客户服务等多个领域，人工智能技术可以为这些领域提供帮助，基于需求拉动和技术推动，促进能源服务升级，以有效应对复杂的用户侧能源系统问题，从而提升诊断和预测的实时性、简便度、准确度。

售电、售气、售油等基础服务，用户侧管网运维、绿色能源采购、信贷金融服务等深度服务均属于能源销售服务。在售电服务中，为了提高预测的精准度、及时性，可以在能源供应预测、能源消费预测、市场价格预测、优化价格套餐中应用人工智能技术，以帮助客户优化其购电交易策略，制订并推荐给用户极具吸引力的优惠套餐，提升服务品质。此外，还可以在运维服务中应用人工智能技术，从而预测能源系统设备故障的可能性，提高预测的精准度、及时性，促进及时维护，有效避免出现故障、造成停工损失。

人工智能技术可以用于分布式能源服务中，包括建造分布式光伏、天然气三联供、生物质锅炉、储能、热泵等，还包括运营区域热站、运维检修、融资租赁、资产证券化等深度服务。可以使用人工智能技术提高预测天气、新能源功率、故障预测的精度。

节能减排及需求响应也可以使用人工智能技术进行优化。使用人工智能技术可以对设备用能情况进行评价和预测，并提供节能和需求响应服务。人工智能技术可以有效提高能源消费的预测精准度，促进提升能源效率，并可以实现设备故障的预警。

此外，人工智能技术还可根据用户使用习惯的数据，预测能源消费。例如，可以根据客户常用温度的数据，提供舒适的供冷、供热方案，并实现能源减排。在需求响应服务方面，可以使用人工智能技术学习用户的使用数据，包括热水使用、电热水器的模型、电价等，结合电价和用电需求，优化用能、储能设备的使用时间和方式，为用户节约电费，减少能源浪费。

当前客户服务的主要形式包括互联网移动终端和实体营业厅。人工智能技术在提升客户服务水平方面具有很大的优势。例如，可以使用人脸识别实现客服中心考勤打卡，提高人力工作效率，并可以保障公司的安保工作，防止外人进入；还可以使用图像识别技术监督员工是否符合工作行为规范，减少非规范动作，改善客服工作的质量。此外，还可以基于逻辑回归模型预测客户欠费的风险概率，开展客户偏好分析，提高经济效益。

5.8.3　中国联通智慧能源案例

中国联通携手国家电网实现全国首次 5G 陆空一体化电力设施立体巡检。2019年 6 月，中国联通天津分公司与国网天津市电力分公司合作，以天津滨海 110 kV 变电站东江路沿线作为 5G 试点区域。由中国联通主导研发的 5G 智能电力巡检机器人，依托 5G 网络，有效支撑电力远程精细化自主巡检、AI 实时缺陷识别等电力巡检应用的需求，切实解决了电力行业远程无人巡检、实时预警监测等难题，单变电站的巡检时间由人工巡检的 30 min 降低到机器人巡检的 5 min，显著提高巡检的效率和准确性。

中国联通助力上海天然气主干网无人机巡线崇明段试点项目，2018 年 11 月，中国联通与上海天然气管网公司达成天然气主干网 5G 无人机巡线的战略合作。在崇明岛开展主干网 5G 无人机巡检试点，探索 5G 无人机巡线的应用模式、全流程管理流程、巡线过程全程测控、巡线数据实时上云。无人机采集的视频用于后台的 AI 分析识别，生成巡检报告，实现日常巡线数据智能比对和报警功能。

中国联通助力福建龙岩石壁山风电场转型升级，华电（连城）能源有限公司与中国联通达成战略合作，共同将连城石壁山风电场建设成 5G 智能风电场。通过 5G 网络采集、存储和传输风场数据后，借助各种 AI 算法和模型来预测、诊断、监控和管理风电机组的状态。根据诊断 / 预测信息、可用资源和使用需求对风电机组的优化改善及其部件的维护做出适当决策，改善能效指标。最终实现风电场全生命周期内的资产最优分配、资源最高利用、成本消耗最低、效益最大。

5.9 公共安全

随着人工智能技术的广泛应用，我国智慧安防水平不断提升。在国内关于人工智能的政策和规划中数次提到将人工智能技术应用于公共安全领域，进行技术创新、产品创新和应用创新。

5.9.1 公共安全的概念

公共安全，即社会和公民个人从事和进行正常的生活、工作、学习、娱乐和交往所需要的稳定的外部环境和秩序。公共安全的范围非常广泛，主要包含公共卫生安全、公众出行安全、食品安全、避难者行为安全、人员疏散场地安全、建筑安全等。

为避免或减少社会不稳定事件的影响，世界各国对公共安全的需求都在不断上升，社会、团体及个人都需要更加精准、效率更高、覆盖面更广的安防服务。公安机关的数据资源主要来源于高清监控视频信息，遍布各地大街小巷的监控摄像头每天都会产生海量视频监控数据，但目前这些图像视频数据还只是停留在事后查看的层面，大量宝贵的数据尚未被充分利用起来。如何让大量的数据被用户快速消化使用，成为支撑智慧公共安全的情报数据呢？单纯靠人力从数据中自行寻找线索，占用了大量人力、物力，同时由于过度依赖个人能力，也会导致针对信息的认知偏差。海量监控数据与人力分析固有的局限性之间的矛盾是公共安全发展面临的主要问题。

人工智能技术助力公共安全不断朝着智能化的方向发展，采用人工智能技术处理海量信息，代替人力去分析、判断，能够有效提高甄别效率，是未来实现智慧公共安全的必然发展路径。

5.9.2　人工智能在公共安全中的应用

目前，很多公司利用人工智能技术挖掘公共安全领域中海量的语音、图像、交通流量等非结构化数据中有价值的信息，为案件侦破、惠民服务等公共安全场景提供技术支撑。广泛应用于公共安全领域的人工智能技术主要包括计算机视觉、语音识别处理及自然语言处理技术。

计算机视觉是人工智能在公共安全领域使用最广泛的技术，可应用于智能交通、治安管控、大型活动管理、海关稽查及政府服务等多个领域。在智能交通方面，智能的交通调度调配能够有效地减轻城市交通管理的压力。通过对辖区内交通摄像头采集图像的分析，可以准确地掌握该区域各个路段的车辆信息、车辆流量、交通肇事情况。可以根据上述信息预测出未来一段时间内路网的运行情况，以预测结果为依据，自动调节交通路口的通过时间，从而使路网能力得到最大化利用。

这一能力不仅能在日常情况下有效缓解城市的交通拥堵，还可以在紧急情况下充分发挥指挥、疏散的作用，保障人民群众的生命财产安全。在治安管控方面，人工智能系统可以根据全市治安摄像头上传的图像或视频实时分析辖区内的治安状况，当发现某处人员长时间聚集或打架斗殴时，系统可以发出异常报警，并自动调配警力前往事发地点。在大型活动管理方面，人工智能系统可以根据活动现场的监控视频智能地监控人流拥挤程度及突发事件，如果发现人流过于拥挤或有突发事件，可及时调配警力维持秩序，防止出现踩踏等群体性事件发生。在海关稽查方面，人工智能系统可以帮助工作人员识别出入境的重点人员及重点物品，提高打击走私及违禁物品的效率。在政府服务方面，人工智能系统也可以发挥重要作用，例如，在身份证或居住证办理、出入境签注等场景，人证识别闸机可以通过人证对比，提高办事效率，减少排队时间。

智能语音技术在司法工作中发挥着重要作用。在侦查工作中，通过提取嫌疑人的语音特征，然后对语音进行识别，可以判断说话人的身份，作为侦查工作的关键线索。在抓捕工作中，进入抓捕现场前，首先通过监听设备监听犯罪嫌疑人所藏匿的房间，并进行语音识别，确认是否有要抓捕的犯罪嫌疑人，并初步判断房间内人员的数量、类型、所处状态和拥有武器情况，以便制订正确的抓捕方案，合理布置警力，变被动为主动，减少不必要的伤亡和损失。在执行取保候审、监视居住等强制措施中，公安机关可对某些犯罪嫌疑人采取取保候审或监视居住的强制措施。公安机关要对犯罪嫌疑人的行为进行监控，确保犯罪嫌疑人在一定的区域内活动。但公安机关警力不足，如果办案民警每天到现场查看犯罪嫌疑人，无疑会加重民警的工作负担。可以通过对犯罪分子住处的声音进行监听，判断犯罪分子的活动情况，要求犯罪分子使用某一地点的固定电话与民警进行通话并对其身份进行识别和判断，从而确定犯罪嫌疑人是否一直处在法律规定的区域内。

自然语言处理技术在公共安全领域同样发挥着重要的作用。例如，可以通过自然语言处理技术实现人工智能接警机器人、人工智能政务服务咨询机器人为居民在办理户口、身份证、护照、驾照过程中提供多种业务咨询服务。

5.9.3 中国联通公共安全案例

中国联通在人工智能领域发力颇多，目前已经具备了较强的专业能力。作为网络运营商，中国联通结合自身优势，在公共安全领域有着实际落地的应用场景，为人工智能＋公共安全提供了优秀的应用范例。

（1）上海联通打造青浦平安城市和长宁"雪亮工程"。

2018 年，上海联通借助青浦"十三五"平安城市项目与长宁"雪亮工程"为进博会打造了一套先进、高效的智慧安防系统，不仅为打击犯罪、保障安全提供了有力的技术支持，还助力提升智慧上海的区域安全管理、环境保护、交通疏导、风险监测、应急处置等社会精细化治理水平。

上海联通利用半年的时间在青浦安装了 1 万多个智能摄像头。智能摄像头扮演了城市末梢的"神经元"角色，将自动采集到的海量图像数据，通过城市光网、无线网络、政府专网等城市脉络的"神经纤维"，传输到青浦城市图像监控系统的云端平台。

此外，还进行了人脸信息库建设，人、车、卡口特征提取、分析，与市局图像分析系统对接，搭建车辆后端分析集群，人脸、人体、人群分析集群，小区实有人口管理集群，实战图侦、智能运维、大数据分析等。

上海联通建设的这套平安青浦城市图像监控系统，采用先进的人脸识别、车牌识别及嗅探技术，配合无人机及制高点摄像机，形成一张全制式、全要素、全时空、全态势的感知"天网"，以提升青浦区现场指挥保障、应急突发事件保障等多项能力。上海联通还发挥运营商的优势，引导客户首次尝试新建 TD-LTE 无线公安专网，以满足车载 110 和无人机监控的巡逻要求。

上海联通的长宁"雪亮工程"建立了数千套智能人脸、车辆识别系统，同时接入了周边小区、停车场等社会数据。"雪亮工程"充分利用和整合现有视频监控资源，接入数字电视终端，从而实现实时监控、一键求助等功能，满足群防群治、无缝覆盖的治安防控体系需求。该项目新建、改造高清监控摄像头，搭建区图像联网平台，以实现长宁区视频图像信息共享，进一步实现了"全域覆盖、全网共享、全时可用、全程可控"的公共安全视频监控建设联网应用的目标。

（2）福建联通"智慧安防"助力反恐演练。

2019 年，福建联通数字天空项目组参加了"群体性事件处置中无人机应用及人车结合驱散抓捕战术"演练，将 4G 技术、高空喊话、捕网枪、掷弹器等应用在智慧安防领域，打造网联无人机在公安领域应用的安防标杆。

本次演练设置场景为国内足球联赛狂热球迷因无法进入场内观看赛事，纠结一群无业人员，到场馆外示威，后被巡特警反恐大队监测并及时拦截。巡特警反恐大队接到警情后迅速前往处置，同时警方决定利用无人机进行空中录制直播，两架无人机起飞到特警反恐大队上空，一架无人机搭载高空喊话，另一架无人机搭载捕网枪、掷弹器。通过本次演练，实现了网联无人机在智慧安防中主动、高效的应用，为下一阶段打造 5G 无人机智慧安防打下了良好基础。

（3）中国联通首发"水天一体 5G 无人机智能巡检"产品。

"水天一体 5G 无人机智能巡检"产品结合了水下无人机和空中无人机的优势，空中与水下全方位立体管理，能够实现全自动、智能化水天配合，有效提升水利问题的处理效能。通过 5G 网络的应用，使高清视频或 VR 影像的回传与超低时延成为可能，机动化、智能化兼具的巡检方式，打破了传统水利巡检的单一性与低效率，充分满足全天候、多种环境下的差异性业务需求，实现水利巡检的全面升级。

无人机可通过搭载 4K 高清摄像头、全景摄像头、热成像摄像头与激光云台等多种载荷，对重点河道、水利设施进行航拍监测，并通过 5G 网络实时回传。结合人工智能技术，实现水利问题、水务警情自动发现，而当发现可疑情况需要水下进一步查探时，中国联通首发的 5G 水下无人机排查技术，将中国联通 5G 网络应用于水下可疑问题的定点排查，通过声呐准确探测出水下航行深度 0.6 ～ 40 m 的水温、水深和水底地形、地貌信息，通过搭载 4K 高清摄像机实时拍摄 30 m 水深的实景视频，进一步满足水下探测的需求。为水利安全提供全方位的保障。

（4）沃家神眼。

沃家神眼是中国联通推出的智慧家庭系列产品之一。沃家神眼产品由沃家神眼视频云平台、Wi-Fi 高清摄像头和智慧沃家 App 3 个部分组成，如图 5-22 所示。

中国联通家用云台摄像头整体小巧精致，正面是可转动的摄像头和指示灯，背面是设置按键及电源插孔。智慧沃家 App 可连接摄像头，为摄像头选择位置，远程操控摄像头的角度和方向，基本上可以覆盖室内的方方面面。

除了查看视频，智慧沃家 App 还能进行视频录制和截屏存储。中国联通为用户提供了云存储功能，可以存储 7 天或 30 天的家庭录像。云存储的优点是比传统的存储卡式更方便、更安全。即使设备断网，或者摄像头遗失或损坏，依然可以查看之前录制的云存储录像。

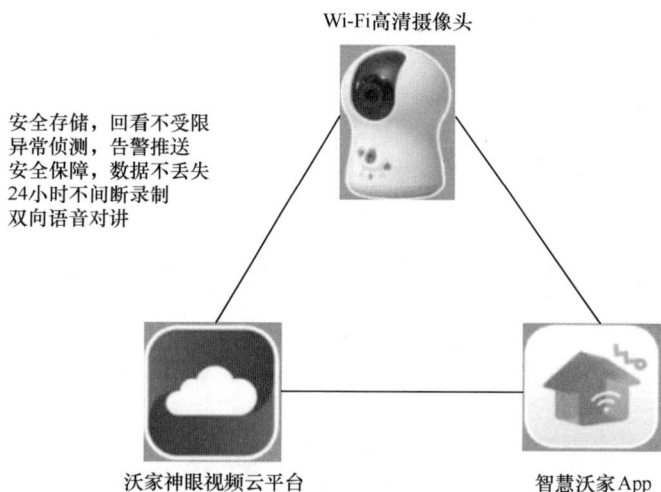

图 5-22　沃家神眼

在云存储安全方面，沃家神眼采用独家的高于银行级的安全加密体系，首先是摄像机安全性，摄像机无登录模式，禁用对外服务器的端口，同时禁用 Telnet 服务、禁用 SSH 服务、禁用 Root 密码登录，黑客无法扫描进入。然后是数据传输全过程加密，数据传输使用四重处理方式：采用 HTTPS/TLS 加密通道；采用当前最先进的 ECDSA 密钥；采用最高银行级 AES-256 安全加密；传输过程中的视频采用私有视频格式。这能够有效防止传输过程中数据被拦截导致的数据泄露问题。其次是云平台的安全性，云平台服务器使用的是中国联通自建的专用机房，安全级别高，获得国际权威信息安全领域 ISO 27001.2013 认证。最后是视频加密采用 3 个密钥管理（用户密钥、视频密钥、存储密钥），无法逆向解开任何视频。

（5）中国联通携手公安部门打造 5G 安防巡检机器人应用落地。

中国联通联合公安部门，在某大街共计 800 m 长的巡检区域进行了 5G 警务安防机器人的移动性联网测试，测试过程中，机器人 7 路摄像头实时回传视频，移动语音对讲实时开启，画面流畅清晰，嘈杂环境中语音对讲清楚，人脸识别非常迅速，并测试了机器人自主巡检和远程操控等业务，完成 5G 警务安防机器人的初次业务验证。

安防机器人搭载高清可见光摄像机，不仅可以将画面传送至远端监控系统，还可以接入公安视频专网。在重要枢纽、广场、商业区、园区等场所可以自主导航，协助警察进行日常安防巡逻，减少一线警察的日常工作量。

（6）中国联通联合南京公安研究院聚焦公共安全应用创新领域的研发。

目前已完成第一款产品 5G 铁骑，已在江北新区进行了现场验证测试。产品主要包括智能云盔和铁骑神眼，智能云盔为可穿戴设备的最新成果，通过单目视频查看、智能语音两种方式接收和发出命令，并且能够通过 5G 数据传输建立与警务云的实时交互。铁骑神眼（如图 5-23 所示）为双面千万级像素，可同时进行违章取证、车辆缉查，配合 5G 实时信息传输，可作为警务云的前端移动采集点。

智能云盔
智能云盔为可穿戴设备的最新成果，通过单目视频查看、智能语音两种方式接收和发出指令，通过 5G 数据传输建立与警务云的实时交互

铁骑神眼
双目千万级像素，同时进行违章取证、车辆缉查，配合 5G 实时信息传输，可作为警务云的前端移动采集点

图 5-23　5G 铁骑

（7）中国联通携手北碚区公安局打造移动警务示范项目。

中国联通与重庆市北碚区公安局共同打造移动警务示范。采用人工智能技术和 AR 技术，为打击犯罪、公正执法、服务群众提供有力支撑。为了解决网上在逃人员的识别问题，研发了覆盖单警设备、移动警务应用和移动信息管理平台的完备的智能眼镜追逃应用系统，具备车牌识别统计和人像识别统计等功能，能够保存车牌识别和人像识别的工作记录并将其可视化，根据保存的数据统计出有价值的信息，为公共安全保驾护航。

5.10 泛在低空

5.10.1 泛在低空的概念

近几年，全球范围内的无人机市场规模急剧扩大，随着软硬件技术的成熟和产品价格的下降，无人机正逐步成为各种行业应用的重要工具。无人机能够广泛应用于通信、建筑、电力、安防、农业等众多领域，并成为支撑这些领域解决方案的重要因素。目前，无人机应用正在向多行业融合的方向快速发展，成为极具前景的新兴市场，也为众多垂直行业提供了创新发展的动力。

随着 5G 时代的到来，移动通信与无人机行业呈现出融合发展的趋势。无人机利用 5G 具备的大带宽、低时延、高可靠、广覆盖、大连接特性，结合网络切片和边缘计算，可以有效解决远程控制、实时监控、视频回传等方面的问题，实现无人机性能的进一步提升。此外，接入低空 5G 网络的无人机，能够实现高效的设备监管和航线规范，促进效率的提升，增强空域的合理利用。在过去，移动通信主要的覆盖范围是地面，无线信号的空中覆盖还存在空白，因此，利用无人机发展数字化低空和互联低空具有十分广阔的发展前景。

中国联通目前已广泛开展 5G 低空网络通信能力以及面向各大垂直行业的创新应用研究，针对低空通信覆盖的特性，对垂直行业各种应用场景的低空通信需求进行了深入调研，对高效率的低空网络部署方案进行了长期探索，借助 5G 网络的显著优势，利用网联无人机打造天、空、地一体化通信服务保障平台和端到端的服务能力，构建以广覆盖的低空通信网络、无人机空中交通服务监管平台、无人机垂直行业应用方案及产品为核心的三角支撑体系，即中国联通的泛在低空体系。目前，中国联通已对多个场景下的低空网络覆盖能力进行了评估，面向安防、应急、环保、交通、能源、娱乐等多个行业，提供综合性的解决方案和集成产品，大幅提升针对众多垂直行业低空通信的服务能力，充分发挥 5G 网联无人机的深度赋能作用。

下面将介绍人工智能在泛在低空的应用、中国联通泛在低空的应用案例，并对该部分内容进行总结。

5.10.2 人工智能在泛在低空的应用

当前，诸多领域呈现出无人机与行业应用融合发展的趋势。无人机在农林作业、电力巡查、通信巡检、应急通信、公共安全等领域取得了显著的应用效果。此外，无人机在灾害评估、遥感测绘、矿产勘探、资源保护等方面也有着良好的发展潜力。

2016 年，我国制定的《"互联网 +" 人工智能三年行动实施方案》中，明确提出了推动人工智能在无人机系统领域的融合应用，发展无人机等智能设备的重点工作。无人机为数据收集提供高效、便捷的平台，人工智能为数据分析、训练和决策提供了强大的工具，两者融合发展可形成合力，实现相互驱动、相互补充的目标。近年来，人工智能技术迎来了又一轮爆炸式发展，人工智能与无人机在在农林、电力、通信、能源、测绘等应用领域出现了众多交叉地带，涵盖以下多种应用场景。

在测绘领域，Pix4D 公司将机器学习应用于无人机摄影测量，把生成的 3D 点云图像进行分类，利用算法确定树木的数量、高度和种类，测量城市道路和建筑物的密度、地表植被覆盖的面积、停车场中的汽车数量等信息，为城市改造规划提供准确的数据。

在农业领域，Pix4D 公司利用机器视觉帮助农场在遭受自然灾害之后确定受灾的农作物情况以及病虫害的严重程度。通过大量的数据训练出高效的机器学习模型算法，代替人工全面掌握农作物信息，然后进行精确诊断和针对性处理。

在交通运输领域，Ardenna 公司利用 AI 图像处理技术对铁路的异常情况进行自动检测，然后进行分类和上报。在一次检测作业中，它们收集了 100 英里（1 英里 ≈ 1.609 千米）铁轨的大约 4 万张图像，利用 AI 算法可自动检测 30 种不同类型的异常，而处理过程耗时不到 5 小时。

在能源领域，Nearthlab 公司的解决方案可以通过无人机采集的高清照片自动识别风力涡轮机叶片的损坏情况。通过该方法，能够做到故障快速识别，并采取及时的修复措施。

在建筑领域，Skycatch 公司使用无人机进行现场数据的自动化采集工作，然后利用深度学习算法对资产和物料进行识别，并追踪它们的交付情况。使用该方法进行实时跟踪还能够用于预测项目工期，对工期延迟的情况及时采取有效措施，从而降低成本，提高效率。

在灾害救援领域，EagleView Technologies 公司通过机器学习分析建筑的受损情况。该技术基于无人机的航拍图像，对受损建筑物进行合理分类，对受灾以后快速、高效的处理工作起到了关键作用。

网联无人机与人工智能技术的融合，赋予无人机智能处理的能力。再利用 5G 网络的大带宽、低时延特性，无人机可实现实时高清视频传输、低时延远程控制等功能，使其可广泛用于各大垂直行业的众多应用场景，提供多元化的空中服务，构成丰富多彩的泛在低空，进而为社会的生产、生活创造巨大的价值。

5.10.3　中国联通泛在低空案例

1. 5G智慧水务

目前，无人机在水务方面的应用主要有日常巡查、水质监测、防汛抗洪、水土保持等。无人机搭载多光谱相机采集水体地物光谱数据，通过对采集的数据进行针对水质特征的影像聚类分析，结合水体抽样检测数据进行定量分析，可总体掌握监测水域的水质状况。

目前，中国联通已联合合作伙伴发布了多种无人机产品，如"水天一体"5G 智慧水域管理产品。该产品利用 5G 大带宽、低时延的特性，水天联动实现水域的智能化巡查监测。该产品的特点是无人机、无人船、水下无人机 3 种设备的联动应用，具备高度的机动性与自动化，可从空中、水面和水下多个维度实现水域的立体化管理。

如图 5-24 所示，无人机搭载 4K 高清摄像头、热成像设备和激光云台等不同设备，对河道进行航拍。机载设备采集到的高清视频可以通过 VR 眼镜实时观看，形成沉浸式全景体验，直观感受河道的状况。无人船可搭载摄像头与水质检测仪在水面上进行巡查，采集水温、电导率、溶解氧、pH 值等水质数据，再利用 5G 网络实时回传。当发现问题时，可利用水下无人机进行深入勘察。水下无人机利用声呐设备可准确探测出 0.6～40 m 水深范围内的水体及水下地形信息，然后拍摄并回传水下照片或视频，供后台进一步分析。通过 5G 网络，可以实现高清视频回传以及多种设备的远程控制，显著提高了水域检测的效率和准确性。

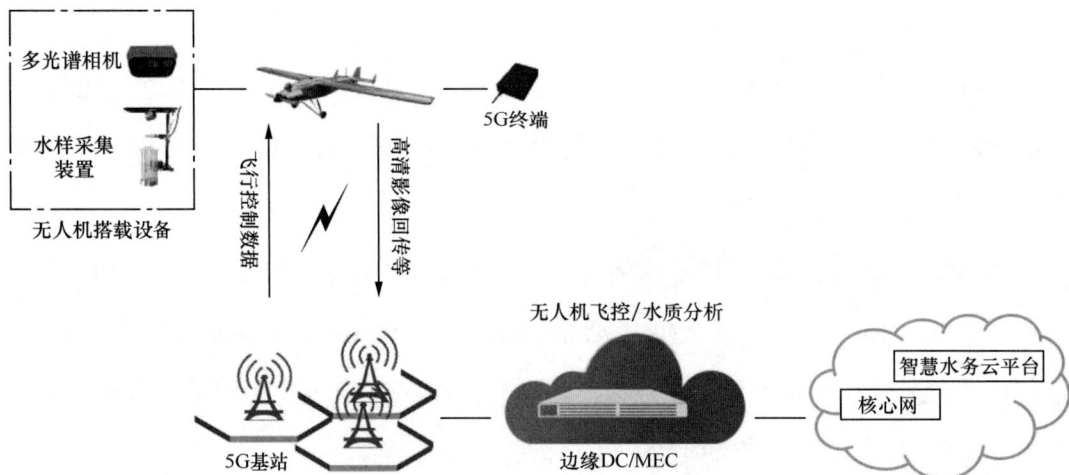

图 5-24　5G 智慧水务

2019 年 5 月，中国联通 5G 创新中心联合合作伙伴在北京启动了船机联动业务示范，成为全球首例 5G 水下无人机应用。"水天一体 5G 无人机智能巡检"产品结合了水下无人机和空中无人机的优势，进行全方位立体式管理，能够实现全自动、智能化的水天配合，提升了水利问题的处理效率，增强了水域管理的时效性与智能化，满足了差异性的业务需求，实现水利巡检的全面升级。该产品适用于水域的资源管理、生态修复、环境保护和灾害防治等应用。相比人工监测，该方法具有覆盖广、成本低、效率高的优点，具备实时动态的水质监测和数据获取能力，发展潜力巨大。

2019 年 7 月，中国联通在佛山市北江大堤芦苞水闸处完成了 5G 网联无人机 VR 巡河示范，标志着 5G 网联无人机的智慧水务应用已具备商用条件。在演示现场，无人机进行了长距离、大范围低空巡查，通过挂载 VR 相机和 5G CPE 设备，对芦苞水闸附近的重点区域采集了航拍视频，并通过 5G 网络实现了全景视频实时回传，通过 VR 直播平台，在指挥大厅的屏幕与 VR 眼镜上推送实时的巡河全景画面。演示现场的 5G 网络的上下行带宽达到了 100 Mbit/s 和 800 Mbit/s，保证了 VR 全景视频实时回传的良好体验。

此次示范充分证明了 5G 网联无人机在智慧水务中的先进性和实用性，以及 5G 网络对多样化数据与高清视频的实时回传的能力。无人机机动化、智能化的巡检方式克服了传统模式下的诸多缺点，为 5G 网联无人机的发展前景与应用空间提供了更加深入的验证。

2. 5G智慧消防

2019 年 5 月，中国联通在第三届世界智能大会上发布了 5G 无人机智慧消防综合解决方案，旨在打造多维度、智能化的消防体系，做到火警早发现、火情早控制、火灾早扑灭，最大限度地减少火灾造成的人员伤亡和财产损失。

5G 的大带宽、低时延特性可以实现高清视频和控制命令的实时回传。该解决方案从空、地两个维度进行火警智能预警、火情实时监控和火灾快速控制。如图 5-25 所示，5G 无人机搭载双光谱摄像头和其他类型载荷，进行控制指令的快速下发、红外热成像视频和其他业务数据的实时回传，同时结合无线预警系统和后台的特征识别、人脸识别功能，在第一时间识别火情并实时回传火场监控数据。在地面，智能消防机器人携带水管或干粉灭火器材对现场火情进行扑救，并利用高清摄像头和热成像设备，将现场的实际情况实时传回指挥中心。

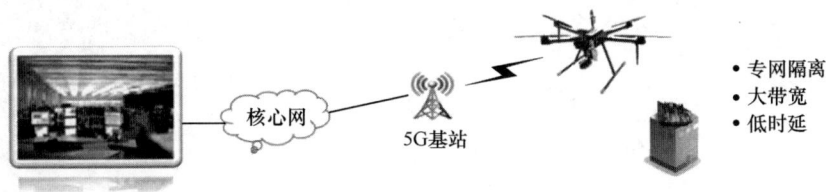

图 5-25 5G 智慧消防

5G 智慧消防解决方案协同网联无人机、消防机器人，构建了集隐患排查、防火监测、灭火救援等功能为一体的智慧消防系统。该方案适用于城市综合体、工业园区等不同的应用场景，通过高效联动大幅提升消防安全水平，打造平安城市的示范。

3. 4K巡检

2019年8月，中国联通5G创新中心在北京、天津、杭州三地同时完成了多地协同的5G网联无人机4K巡检业务示范，此次示范标志着5G网联无人机跨域协作进入了一个新的阶段。本次巡检的业务系统使用了5G创新中心自主研发的"无人机5G伴侣"和综合服务云平台。无人机通过5G伴侣接入5G网络，北京、天津、杭州三地可利用综合服务云平台，观看实时回传的4K巡检视频，进行联动视频分析和作业指挥。

为打破无人机的技术壁垒，降低5G网络的接入难度，中国联通5G创新中心自主研发了"无人机5G伴侣"和综合服务云平台。该产品可兼容目前主流无人机的数据接口和4K吊舱视频输入接口。图5-26展示了该产品的示意图。无人机集成商、模块供应商和无人机爱好者可以直接使用该模块进行5G无人机系统的搭建。本次示范采用了4K视频吊舱，3个地区的工作人员可通过综合服务云平台实时观看流畅的4K巡检视频并进行联合指挥。此外，研发团队在设计时充分考虑了成本、重量、体积、功耗、稳定性等因素，保证了该产品对于不同型号无人机的兼容性。

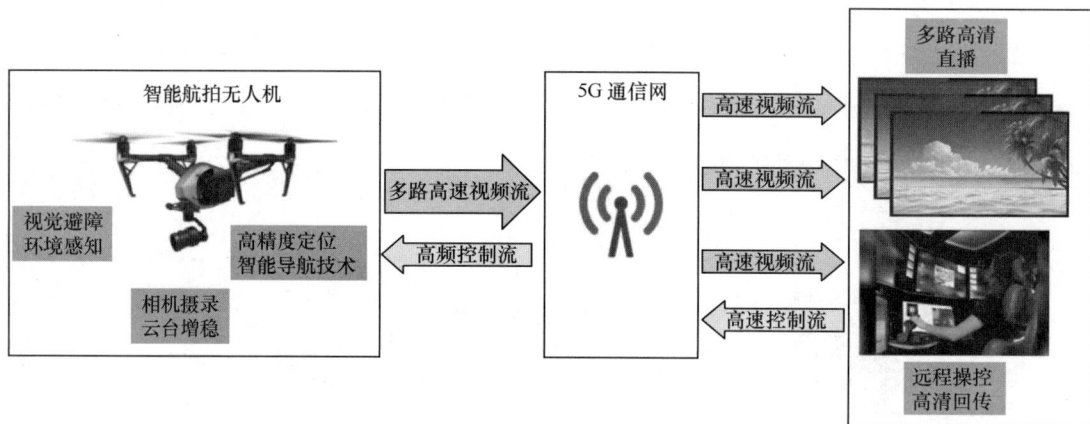

图5-26 基于5G的4K巡检

5G网络为无人机带来了超高清视频实时传输和精确远程控制的能力，显著拓展了无人机的应用场景。此外，结合人工智能和边缘计算能力，在垂直行业对数据进行充分挖掘，可形成涵盖智能飞行控制、智能目标识别、智能作业联动的无人机智能应用系统，深度打造智能化的无人机行业应用。中国联通5G创新中心将持续进行"无人机 5G 伴侣"和无人机综合服务云平台的迭代升级,并联合合作伙伴,助力无人机产业的蓬勃发展,充分发挥 5G 网联无人机在各行业的赋能作用。

4. 5G 沃救援

我国幅员辽阔,不同地区的环境和气候差别较大,各种自然灾害时有发生,因此,灾后救援工作尤其重要,利用无人机的灵活性强的特点,可在救援工作中发挥巨大作用。当灾害发生时,搭载通信基站的无人机可以覆盖受灾地区的信号漏洞,使被困人员的手机接入机载基站网络,避免信号中断,进而对被困人员进行主动定位,确认其位置及身份信息。

在 2018 年中国联通合作伙伴大会上,中国联通发布了自主研发的辅助搜救产品 5G 沃救援。该产品针对应急救援场景,能够充分发挥无人机机动性高、飞行轨迹灵活的特点,实现大范围、地毯式搜救和受灾人群快速定位。

如图 5-27 所示,5G 沃救援通过机载通信基站,对被困人员进行主动定位,确认手机号码,然后通过数据库匹配获取被困人员的身份信息和家属的联系方式。同时利用 5G 网络的大带宽特性,利用机载高清摄像头实时拍摄并回传现场视频,结合边缘计算和人工智能,进行快速的人员识别及环境分析,从而帮助救援人员针对性地开展营救工作。该产品可大幅缩短搜寻时间,最大限度地减少人员伤亡,具有非常显著的社会效益。目前,中国联通正在推动该产品在全国范围内的落地应用,并逐步扩展到安防、反恐等其他领域。

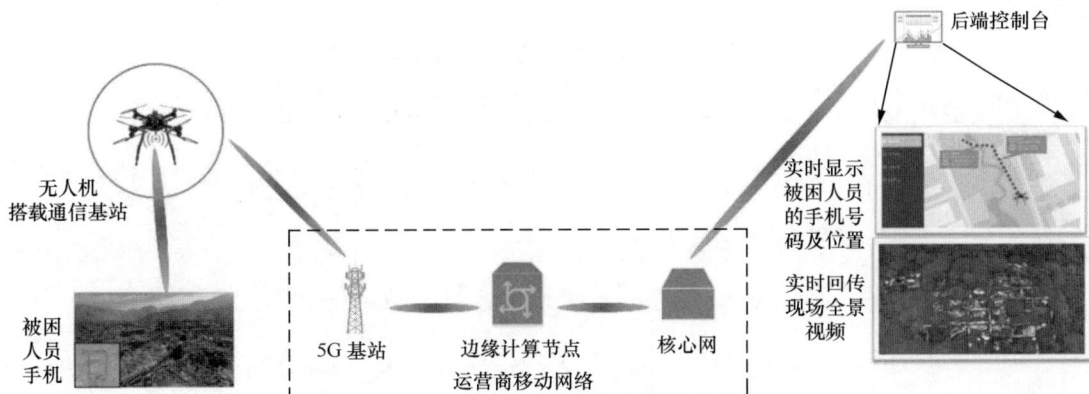

后端控制台

无人机
搭载通信基站

被困
人员手机

5G 基站　　　边缘计算节点　　　核心网
运营商移动网络

实时显示
被困人员
的手机号
码及位置

实时回传
现场全景
视频

图 5-27　5G 沃救援

5. 智慧电力巡检

2019 年 4 月, 东莞联通与东莞供电局合作, 在变电运行专业上进行了 5G 无人机试点工作, 在全国尚属首例, 标志着变电运行专业在全国率先实现 5G 无人机应用。

图 5-28 展示了智慧电力巡检的基本架构。传统操作模式下, 110 kV 线路巡检平均耗时 30 min, 需要 2 名工作人员现场配合。而借助东莞联通的 5G 网联无人机, 基于 5G 网络大带宽、低时延的优势, 高清视频可实时回传到主控室, 配合程序化操作模式, 操作耗时只需 5 min, 全程无须人工干预。5G 无人机根据预设程序进行工业数据的自动化采集、智能化处理, 自动识别操作步骤, 完成设备状态校核, 并检查是否存在操作错误, 能够显著提高工作效率并降低作业风险。

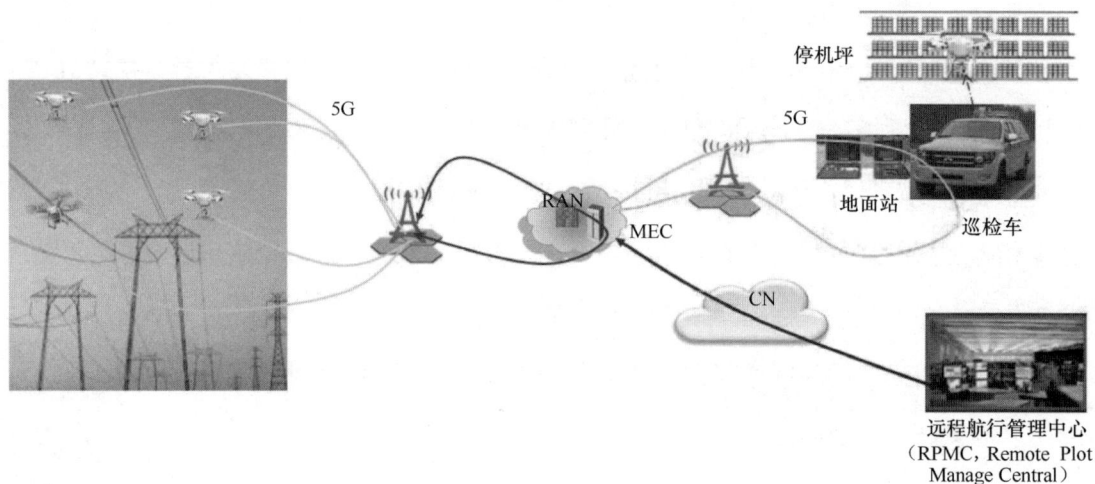

图 5-28 智慧电力巡检的基本架构

此次试点工作在无人机定位调试、自主巡航、远程控制方面均取得突破性进展, 使运维人员不再受距离限制, 随时随地可查看现场情况, 真正实现了实时回传、远程控制、自动巡视的智能化变电站。

综上所述, 民用无人机极具应用前景, 切合我国数字化转型的关键需求点, 是 5G 的创新业务应用之一, 也是未来需要重点推动的新型产业之一。当前, 无人机与通信技术的融合需求已十分明确, 基于 5G 的大带宽、低时延、广覆盖特性, 无人机的产业生态在应用场景和通信能力等方面正逐步成熟。未来，通过 5G 网联无人机的持续创新，促进无人机在物流、巡检、安防、救援、测绘等众多场景下实现更高的智能化，打造多元化的业务体验。同时，联合社会多方参与，共同克服困难，携手推动低空数字化产业经济，构建丰富多彩的泛在低空。

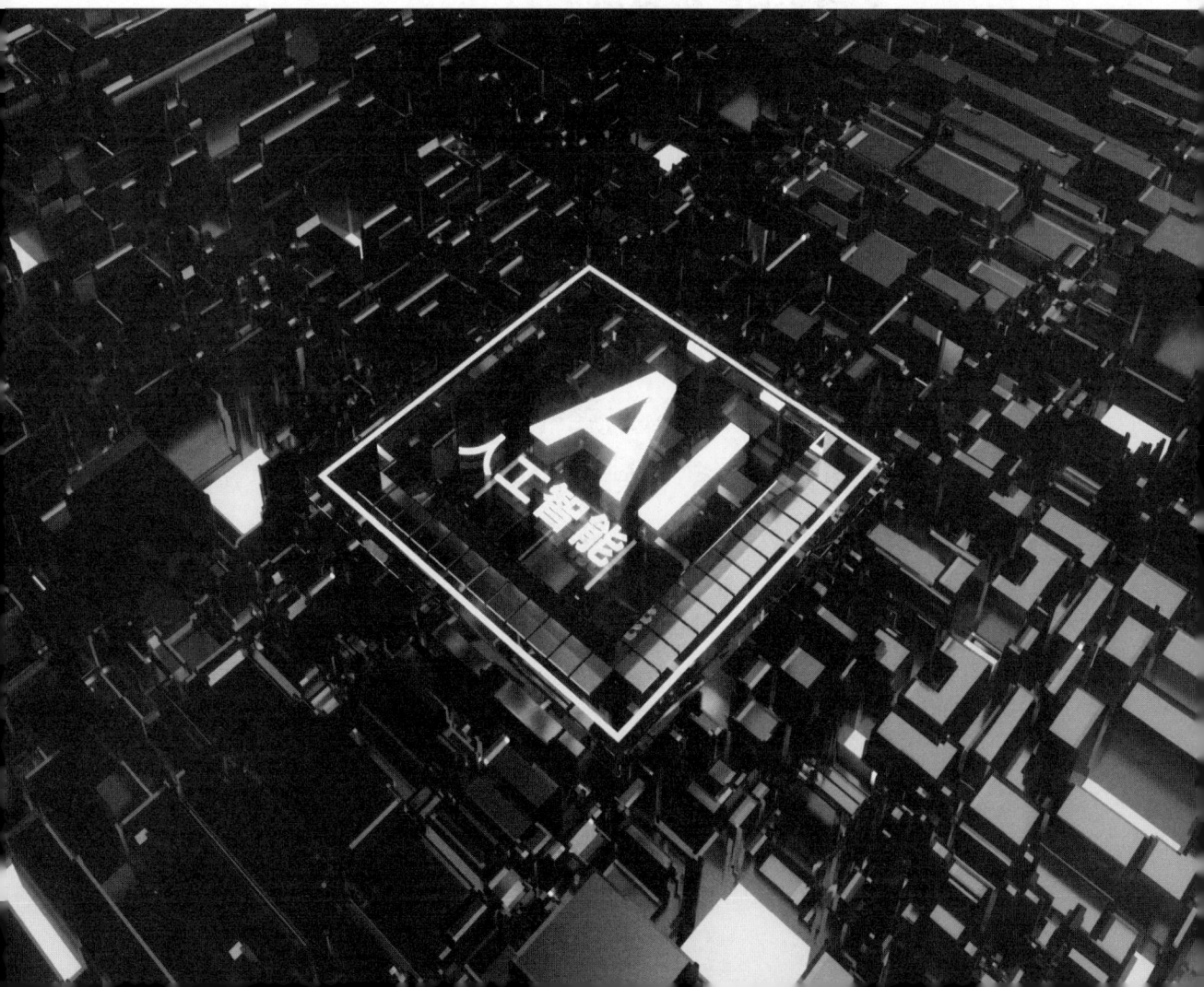

第 6 章

智能 5G 网络

随着 5G 时代的到来，各类新业务层出不穷、应用场景不断涌现、设备连接向海量连接发展，不断推动移动数据流量爆发式的增长。从 2010 年到 2020 年，我国移动数据流量增速增长 300 倍，其中重点城市及其热点地区的移动数据流量增速更大。为了适应未来 5G 业务及数据流量的快速增长，5G 网络不仅需要使用更多的频谱资源、更大的系统带宽，还需要采用新型多址、大规模天线阵列、超密集组网等新技术来大幅提高移动网络的总容量，为国内数字经济发展奠定坚实的基础。本章将通过介绍 5G 网络的复杂性挑战以及人工智能与 5G 网络之间的关系来说明人工智能技术与 5G 网络建立起的庞大的产业链将为社会带来巨大变革。

6.1 5G网络复杂性挑战

5G 是网络技术的一次变革，引入了很多过去没有大规模使用的网络技术。网络切片、SDN（软件定义网络）、NFV（网络功能虚拟化）、无定型小区、用户中心网等新技术，都会在 5G 网络中应用，但是新技术的引入也带来了诸多挑战。

1. 网络切片的挑战

5G 网络切片将网络切割成多个虚拟的端到端的网络，每个切片都能够获得逻辑独立的网络资源，且各切片之间可相互隔离，从而支持多样化业务并提高稳健性。利用网络切片，运营商可以选择每个切片所需的特性，如延迟、吞吐量、连接密度、频谱效率、流量容量和网络效率等，针对不同的业务需求进行灵活配置，提升用户体验。此外，对独立切片可进行更改和添加，能够降低成本并提高灵活性。但目前 5G 网络切片技术在 RAN（无线接入网）虚拟化、服务组合、切片聚合管理等方面还面临诸多挑战。

（1）RAN 虚拟化。要实现 RAN 虚拟化，一个方案是为虚拟基站（切片实例）分配特定频谱资源并进行无线资源的隔离，但缺点是无线资源利用率较低。另一个方案是对频谱进行动态精细化共享，此方案的难点是如何确保无线资源的隔离，一般采用 SD-RAN（软件定义无线接入网络）方法解决这一问题。5G 网络涉及多种无线接入技术，要确保 RAN 虚拟化方案全部支持这些技术具有一定的挑战性。

RAN 虚拟化的另一个挑战是无线即服务（RaaS，Radio as a Service）。RaaS 对无线资源和基础网络设施之间的共享要求较高，通过虚拟控制功能隔离不同切片，创建虚拟 RAN 实例，从而满足单个切片或服务的需求。

（2）基于精细化网络功能的服务组合。网络功能的精细化程度决定了是否可以轻松地对现有的网络功能进行重新组合。在粒度较粗的情况下，功能组合较容易，无须定义太多功能接口，但缺点是切片服务的灵活性较低。在细粒度情况下不存在上述缺点，但是服务组合的互操作方法缺少弹性机制，不同运营商使用起来较为不便。为新功能重新定义接口可解决上述问题，但是扩展性会随着功能增多和粒度变细而下降。

（3）端到端切片的聚合和管理。近年来，随着开源 MANO（Management and Orchestration）等具体框架的出现，已能够实现灵活的端到端网络切片，但这还远远不够。怎样有效利用潜在资源、怎样进行切片聚合以满足服务等级协议（SLA，Service Level Agreement）要求都是当前面临的挑战。因此，需要一个端到端的聚合和管理平面，不仅能够管理切片生成、切片映射、切片资源分配，还要具备自适应、高灵活性等特点，统一有效地进行资源管理，依据切片状态做出预测和决策。在当前云计算的大背景下，针对此类问题有较多解决方法。基于 5G 网络切片的机制，可对这些方法进行适应性调整和扩展，从而对 5G 网络切片资源进行高效、合理的管理，以满足多样化的服务需求。

2. 边缘计算的挑战

5G 边缘计算的基本思想是把计算能力下沉到边缘，在源头对数据进行及时有效的处理，即把计算能力放在离终端设备更近的地方，而不是传到云端处理，从而降低时延。因此，边缘节点负责处理对时间敏感的数据，将其他数据交由中心云处理。云计算的部分能力下沉、存储和内容分发能力下沉能够提高实时性、有效性，同时减轻中心的处理压力、降低成本。但目前边缘计算及各种解决方案还存在以下问题。

（1）移动性问题。边缘计算的移动性问题可分为两种类型，一种是终端在特定服务器覆盖范围内的移动，这种移动不需要服务器的切换。另一种是终端从一个服务器移动到另一个服务器。具体地说，在第二种情况下，如果边缘计算是在基站进行，终端从一个基站移动到另一个基站，那么边缘计算的节点要不断地改变，从而需要在边缘计算之间进行通信。但无论是通过中心云进行通信还是在边缘云之间进行通信，目前还没有合理的方案。此外，如果在边缘云之间进行通信，网络开销和时延都会得到改善。目前，边缘计算的移动性问题受到业界的广泛关注，随着研究和实践的拓展，这一问题将会被逐步解决。

（2）计费问题。目前网络架构的计费功能由核心网负责。边缘计算将网络服务功能和计算能力下沉到网络边缘，导致实现计费功能的难度增加。因此，采用边缘计算，还需要进一步研究如何实现计费功能。

（3）安全问题。边缘计算场景下的环境更加复杂，因此，云计算中的安全方案不再完全适用于移动边缘计算。为了提高安全性，需要对处于不同层次的网络实体进行认证，因此，边缘计算需要解决认证、鉴权等安全性问题。此外，鉴于边缘计算的通信过程包括内容共享和计算协作，用户的隐私安全性也是未来边缘计算研究面临的挑战。

目前，关于边缘计算的研究还处在起步阶段，在实际应用中还存在诸多难点，例如，如何实现灵活的多主体资源管理、如何进行完全适合边缘计算的虚拟化、如何开发适应边缘计算特性的编程模型等。尽管还存在诸多挑战，但随着 5G 的持续发展，边缘计算仍然是不可或缺的关键技术。同时，随着行业标准的发布和平台的广泛部署，边缘计算也将为运营商、设备商及其他第三方公司带来新的运营模式。

3. 网络架构重构的挑战

5G 将改变传统的通信网络格局，通过引入 NFV 和 SDN 技术对通信网络架构进行重构，实现软硬件解耦，淘汰传统网络建设中的"烟囱"式架构，从而充分发挥灵活组网和网络安全等方面的优势。但是 5G 网络重构为网络的组织架构、规划、建设、维护、优化和人才队伍等方面带来了挑战。

在组织架构方面，未来的网络基础设施将实现标准化和归一化，除去特定的硬件设备和系统外，将大规模部署标准化和云化的通用硬件设备，并结合抽象层技术，实现跨网、跨域、跨专业的端到端资源统一管控，这些都会为目前的组织架构带来不小的改变。

在运营能力方面，目前的网络运营模式是刚性的，对网络进行扩容的成本高、周期长。未来理想的网络架构需要满足按需伸缩的要求，通过 SDN 和 NFV 技术的跨域协同，实现深度的云网协同，这对运营商的业务、IT 技术和网络都提出了更大的挑战。

在人才队伍方面，目前通信网络专业技术人员大都基于现网设备，但未来 SDN 将忽略硬件在基础层面上的差异，因此，需要着重提升设备商和运营商的专业技术人员的业务创新、开发及开源代码的控制能力。此外，SDN 和 NFV 目前都存在技术未成熟和现网演进两大困难，这些因素都会加剧网络重构过程中的困难。

4. 5G企业专网的挑战

普通消费者与工业应用对于 5G 的需求存在较大差异。5G 采用的时分复用模式，在同频段既有上行数据又有下行数据，普通消费者使用网络时使用的上下行数据是不对称的，一般下行数据多、上行数据少。而面向工业应用，大部分工业传感器上行数据较多，如视频数据等，下行数据少，一般用来接收操作指令。

为了实现面向工业应用网络的灵活配置和网络安全，5G 网络要进行企业专网投资。但是建设物理专网需要额外增加专有物理网络资源，如新建基站进行特殊频段 / 特殊时隙的配比，对空中接口侧还需要进行专门优化，这就带来了成本方面的挑战。

5. 无线设备器件的挑战

5G 网络具有高吞吐量和低空中接口时延等特点，采用的频段更高、载波带宽更宽、通道数更多，为数字基带处理芯片、ADC/DAC（模数 / 数模信号转换器）、功放和滤波器等器件的工艺带来更大的挑战。为支持更宽的载波带宽，ADC/DAC 器件须具有更高的采样率。功放为支持更高的频段和功放效率，须采用氮化镓材料。基站的通道数增加，致使采用的滤波器数量也会增加，这就需要滤波器的体积更小、重量更轻，在制作工艺上使用陶瓷等材料或小型化金属腔设计等手段。

目前，通信相关器件的产业规模不大，元器件的体积、成本、功耗等指标与 5G 全面商用的要求还存在差距。在射频元器件和终端集成射频前端等方面，虽然已有一定的研发生产能力，但生产规模、良品率、稳定性和性价比尚存在较大提升空间。5G 使用的毫米波段对有源器件和无源器件的性能要求更高，需要在以后进行进一步研究和实践，逐步克服困难。

6. 多接入融合的挑战

历代移动通信系统发展至今，逐步形成了多种接入技术长期共存的复杂现状，5G 时代多制式网络共存的现象将持续存在。如何高效地运维多制式网络、减少运维成本、实现节能减排、提高用户体验等问题需要运营商仔细考虑。移动互联网和物联网等业务将是支撑 5G 网络的重要业务应用，对多接入网络进行高效灵活的管理和协调、满足 5G 的性能指标及场景需求具有十分重要的意义，同时也是多网络融合将要面对的主要挑战之一。

7. 新频谱的挑战

5G 网络为实现大连接和高速率的特性，除了 Sub-6 GHz 频谱范围，还有 28 GHz/39 GHz 等高频段。相比于低频传播，信号在高频段上传输时对各种障碍物更敏感，如建筑物、植被等。举例来说，在视距传播和非视距传播场景下，高频传输的链路损耗将增加 16 ～ 24 dB 和 10 ～ 18 dB。

此外，不同频段的使用规则和约束也不一样，包括授权、非授权、授权准入等。5G 使用的高频段导致其覆盖范围较小，这会为 5G 的网络规划和工程成本等方面带来不小的挑战。

8. 新空中接口的挑战

Massive MIMO 是 5G 的关键技术之一。Massive MIMO 不再采用扇区级的固定宽波束，而采用用户级的动态窄波束以提升覆盖能力。同时，为了提升网络容量和频谱效率，具有较低波束相关性的多个用户可以使用相同的时频资源。但是传统的网络规划方法已无法满足基于 Massive MIMO 的覆盖、速率和容量等要求，需要对以下挑战开展长期研究。一是天线的 3D 精准建模，包括 SSB、CSI、PDSCH 等信道的波束建模。二是网络覆盖和速率的仿真建模，综合考虑电平、小区间干扰、移动速度等因素。三是网络容量和用户体验建模，包括研究用户间的相关性以及对配对概率、链路性能、多用户体验速率建模。四是 Massive MIMO 的模式场景的规划与优化，目的是利用最优模式有效提升网络性能。

9. 能耗的挑战

2019 年，5G 基站的建设工作在全国范围内大规模开展。为实现 5G 网络全覆盖，加速 5G 网络进一步商用，国内三大电信运营商制定了 2020 年基站建设的目标。其中，中国移动计划建设 30 万个 5G 基站，中国联通和中国电信计划联合建设 25 万个 5G 基站。截至 2020 年 2 月初，全国已有 15.6 万个 5G 基站铺设完成并开通使用。

但是，随着 5G 网络的进一步商用和基站的大规模铺设，5G 的能源消耗也将大幅增长，成为当前 5G 面临的严峻挑战。基于现有测试，5G 基站的耗电量约为 4G 基站的 2 ~ 3 倍，再加上未来大幅增长的 5G 基站数量，其电力成本可能会增至运营商网络运营成本的 40% 以上。如果无法有效解决 5G 的能耗问题，未来将会影响 5G 网络的建设和商用。

5G 基站的耗能问题主要来源于以下几个方面。首先，通信网络的基础设施主要包括基站、传输、电源和机房空调等配套设备，其中，50% 以上的能耗来源于基站，约 30% 来源于空调等配套设施。4G 网络运维成本约 16% 来自于基站电费，由于 5G 网络的频段更高、部署更加密集，因此，电费将会远超 4G 基站。其次，5G 基站包括基带单元（BBU）、射频单元（AAU）、散热系统在内的硬件单元的功耗也有所提高，其中，主要能耗来源于射频单元和散热系统。此外，随着 5G 天线数量的增多，其耗能也会进一步增大。最后，为了应对 5G 基站的功耗大幅提升，使基站的供电系统能够正常工作，需要对机房的电路系统进行改造，这进一步增加了运营商的成本支出。

6.2 人工智能与5G网络

5G 网络和人工智能是科学技术领域的两个热点，二者都是可以改变时代的颠覆性技术。5G 作为一项通用的基础技术，将推动我国数字经济从线上到线下、从消费到生产、从平台到生态的发展迈上新台阶。目前，5G 正处于迅速发展阶段。它将以全新的网络架构提供超高峰值速率、毫秒级传输时延和千亿级连接容量，开启万物广泛互联、人机深度交互的新时代。人工智能作为第四次工业革命的重要推动技术，是经济发展的新引擎。近年来，随着人工智能的快速发展，先后制定了相关发展政策，科技、制造等产业巨头也对此进行了深入布局，人工智能产业规模正在不断扩大。

6.2.1　5G网络为人工智能提供基础

5G 网络有大量可用的数据，包括传输层数据（信道、频谱、用户链路）和网络层数据（各种信令、管理数据），除此之外，还有各种类型的应用层数据。基于这些数据，运营商可以引入人工智能技术来应对 5G 网络挑战。

通信网络（3G/4G/5G）提供 3 种基本服务能力：设备连接（设备之间、设备与业务平台之间）、数据传输（设备之间、设备与业务平台之间）和业务能力交付（业务平台与设备之间）。在万物互联的 5G 时代，海量数据将从人与人、人与物，以及物与物之间的连接中产生。3G/4G 时代，设备连接业务和数据传输业务的处理需要核心网的协同和处理，而服务能力通常部署在外部云平台上，这 3 种基本业务通常需要远程接入，容易造成核心网压力大、灵活性差、服务效率低等问题。

如图 6-1 所示，通过引入 SDN 和 NFV，5G 网络支持控制面和用户面相互分离。5G 核心网主要处理 5G 控制面的访问控制请求，接入网和承载网主要负责提供 5G 用户侧的数据传输服务，从而有效减轻了核心网的压力。另外，5G 结合边缘计算将成为人工智能提升网络边缘能力、降低数据对云依赖的重要驱动因素，同时，5G 的低时延响应和边缘计算能力使设备能够直接通信和协同工作，5G 的边缘计算能力也意味着设备将能够更好地理解其工作环境。5G 网络支持服务能力的就近部署、就近服务，大幅提高了支持上述 3 项基本服务的服务能力、服务灵活性和服务效率，为 5G 网络引入 AI 能力。

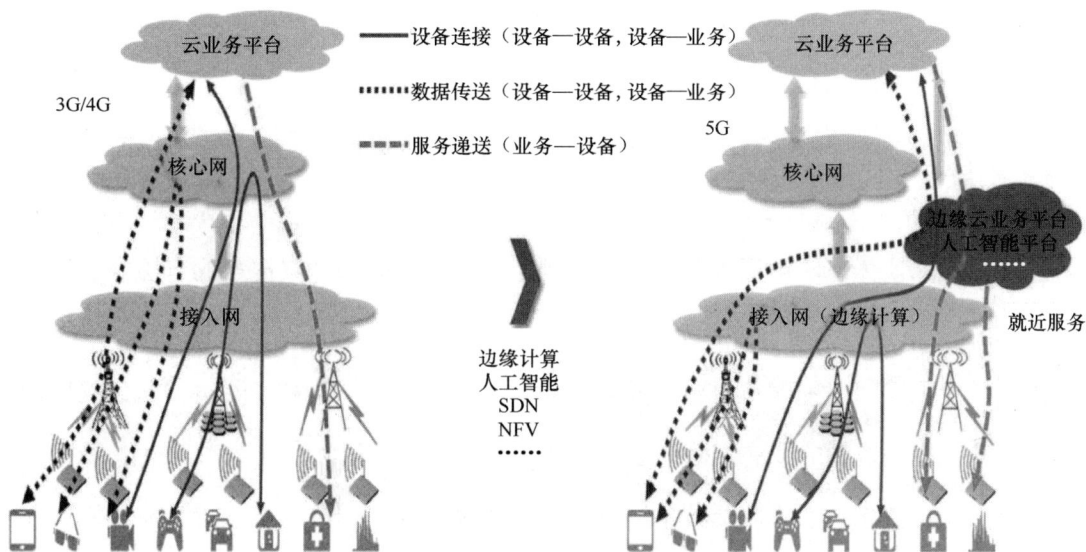

图 6-1　5G 为引入人工智能提供基础

6.2.2　人工智能推动5G网络智能化

人工智能是推动下一轮互联网升级改造的核心引擎。智能化机器、智能化网络、智能化互动将创造智能化的经济发展模式和社会生态系统。以云计算、物联网、大数据、人工智能等互联网技术生态系统和体系为基础的高度信息对称、和谐、高效运行的社会生态，将是以人为核心的"智能 +"的象征。

随着移动通信进入 5G 时代，新技术、新功能层出不穷，新业务、新应用不断涌现。传统的电信网络运营管理模式不仅不足以保障日益增长的网络演进、业务发展、用户体验和运营分析的需求，还难以有效提高网络运营效率和控制运营成本。业界已经认识到，5G 时代需要高度智能化的自动化网络，并逐步演变为智能化的自治网络。智能自主是移动通信业务模式创新的重要推动者，将成为后 5G 时代移动通信网络的核心要素。在移动网络中引入人工智能技术将是 5G 和后 5G 时代网络设计、部署、运营、保障和优化的必然要求。

1. 人工智能提升5G网络关键能力

目前，人工智能技术得到了快速发展，几乎在每一个领域都可以找到人工智能的应用，在5G网络领域同样如此。从5G网络的三大关键技术，即资源分配技术、流量分类技术和业务预测技术来看，人工智能提升5G网络关键能力主要体现在以下几个方面。

资源分配技术。5G网络分层机制有助于实现网络资源的合理配置。目前，为了实现用户资源的动态分配，许多人工智能算法已经应用到5G资源管理中。例如，人工智能领域的遗传算法被用来分配无线资源。遗传算法采用全局搜索的方法寻找最优解并求解优化问题，具有较强的顽健性，而且通过遗传算法寻找资源分配的最优解往往比传统的分配算法能够取得更优异的结果。除遗传算法外，神经网络学习、蚁群优化等算法在无线资源的动态规划和自动优化中也得到了广泛的应用。

流量分类技术。人工智能技术提供多种应用和服务，通过网络进行智能化的独立监控和管理。基于深度学习的流量分类是利用深度学习技术对网络上的大量流量进行智能分类的方法之一。基于深度学习的流量分类可以提供关于通信网络中海量流量数据的模式学习，建立流量分类模型，从而实时提供更高效的网络性能。同时，流量分类技术能够提升网络管理环境的智能化建设，具有较高的效率和准确性。

业务预测技术。业务预测是人工智能的又一个重要应用领域，通过采集和处理数据，并采用人工智能算法，如神经网络、支持向量机算法等对结果进行预测，从而确定决策的正确性和未来业务发展的规模。目前，利用人工智能进行业务预测已成为5G网络监管的重要组成部分。由于5G网络有庞大的业务量，影响网络的因素众多，人工智能的精准业务预测特性也因此可以广泛应用于5G网络。对网络业务进行及时、有效的预测是5G网络调度自动化和优化的核心基础所在。

2. 人工智能在5G网络架构中的应用

5G连接人与人、物与物，引领万物互联。与过去专注于移动性和传输速率的2G到4G时代不同，5G不仅要考虑增强宽带，还要考虑一切事物的互联。目前，网络复杂度不断增加，数据流量呈爆炸式增长，现有的网络设备难以满足用户数据的需求。

而且，现有的网络维护管理模式仍然是人为干预的方式，已经无法满足 5G 时代网络的需求。

因此，5G 网络需要"自治"的管理。5G 网络需要支持自动化的连接路径选择、自动化的网络连接健康状态分析，甚至应该在某种程度上具备修复已知故障的能力。将人工智能技术应用于 5G 网络架构中（如图 6-2 所示），可以解决 5G 网络架构复杂且资源利用率低的问题。利用人工智能自主学习和数据分析的优势，赋予 5G 网络自我管理、优化和维护的能力。人工智能在提升频谱利用率、网络覆盖率，优化 SDN 及 NFV 能力、智能网络切片及核心网智能化等方面都能够发挥自身巨大的使能价值。

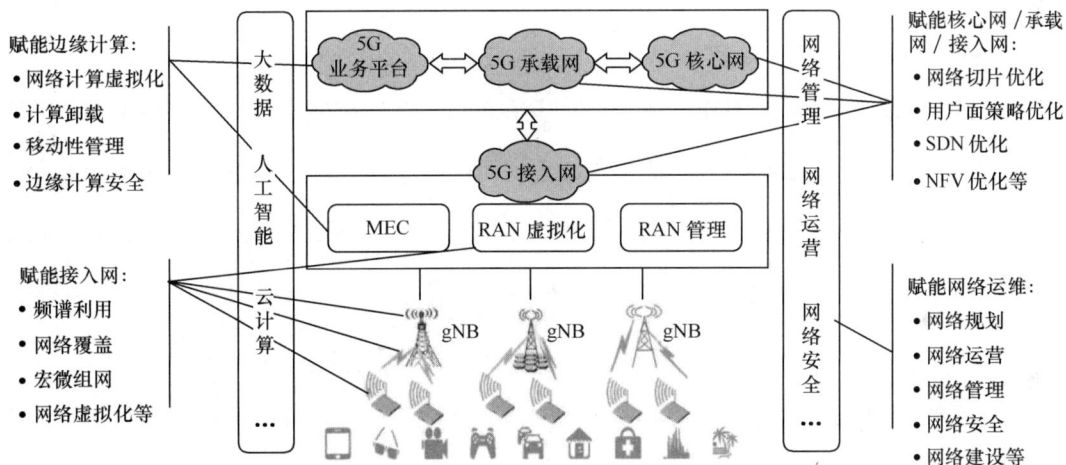

图 6-2　人工智能赋能 5G 网络架构

（1）智能化 5G 频谱利用。

5G 网络天线的优化参数由数百个组合增加到数万个组合。由于覆盖场景的多样性和参数配置的复杂性，单靠人工很难有效地配置参数。通过对设备、接入网、核心网的相关数据进行聚合、融合，然后利用人工智能频谱使用策略进行分析，可以实现对接入网／基站的实时管理和动态优化，以及动态、实时、智能的扇区优化配置，从而提高网络的覆盖率和频谱利用率。根据对天线权值、接入设备分布的统计和预测，可以动态地预测和制订频谱资源使用策略，进而提高频谱资源的利用率。

智能化 5G 频谱使用如图 6-3 所示。

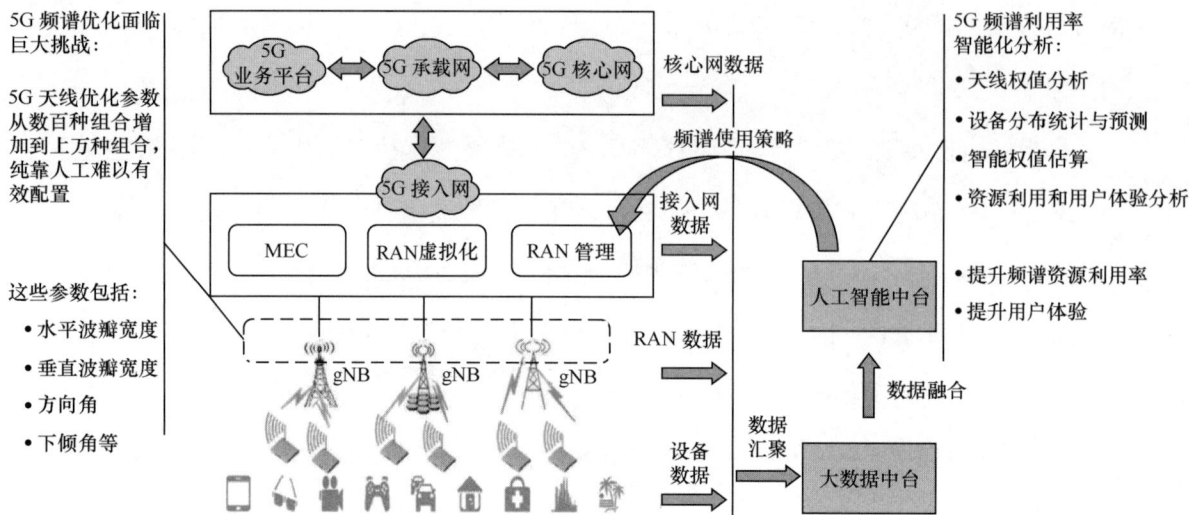

图 6-3 智能化 5G 频谱使用

（2）智能化 5G 网络覆盖。

与其他网络服务模式不同，单个 5G 基站的网络覆盖率较低，这也意味着整个 5G 网络需要建设大量的基站。5G 基站的选址、规划、建设和扇区配置工作庞大而复杂。将人工智能预测技术引入 5G 基站建设中，可以大大节省基站建设和维护成本，提高基站利用率，扩大网络覆盖范围。通过对设备、接入网和核心网的相关数据进行聚合、融合，利用人工智能技术生成 5G 基站建设策略，用于指导 5G 基站的选址、规划、建设和配置。同时，也可以实时动态地生成扇区利用策略，指导和实现扇区的自动优化配置工作。

智能化 5G 网络覆盖如图 6-4 所示。

（3）智能化 SDN 与 5G 网络虚拟化。

通过引入 SDN，可以在 5G 接入网或 5G 核心网中实现控制面与用户面的分离及控制面的集中管理。通过引入 NFV 技术，可以实现 5G 接入网计算和频谱资源的虚拟化，使特定区域的基站能够协同工作。SDN 和 NFV 的结合使 5G 网络更加开放、可编程、灵活和可扩展。

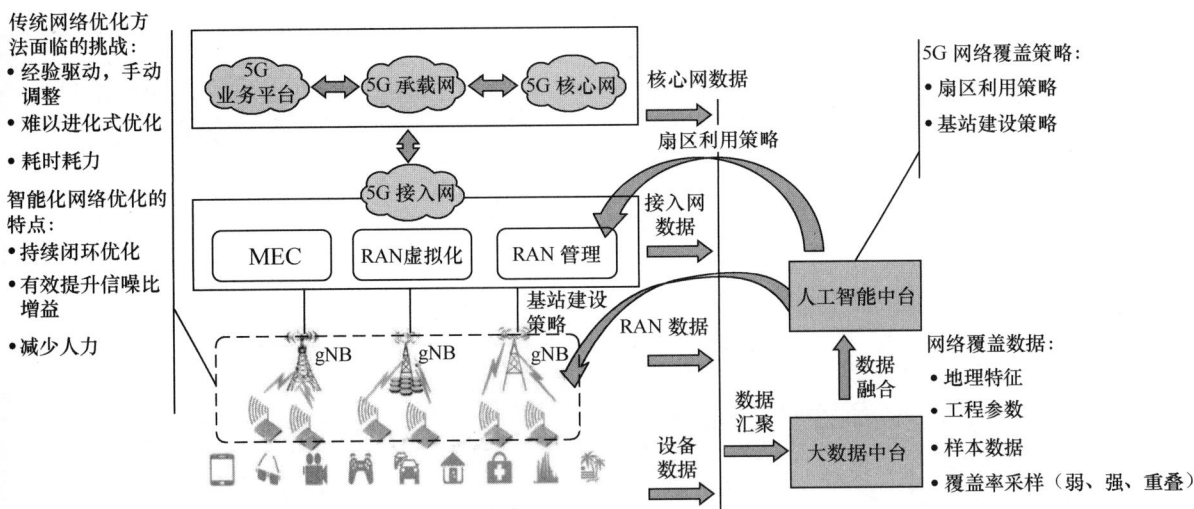

传统网络优化方法面临的挑战：
- 经验驱动，手动调整
- 难以进化式优化
- 耗时耗力

智能化网络优化的特点：
- 持续闭环优化
- 有效提升信噪比增益
- 减少人力

5G 网络覆盖策略：
- 扇区利用策略
- 基站建设策略

网络覆盖数据：
- 地理特征
- 工程参数
- 样本数据
- 覆盖率采样（弱、强、重叠）

图 6-4　智能化 5G 网络覆盖

基于 SDN 的 5G 网络面临着控制面功能重构、扩展能力、兼容性和安全性、数据面转发性能和内容缓存优化等诸多挑战。人工智能技术有助于提高控制面的性能和安全性，以及数据转发路径的预测和优化能力。利用人工智能技术可以实现 SDN 主控制器和控制器的智能化，包括智能化监测、预测、优化和回收，集中式控制面与分布式数据面的协作等。

智能化 SDN 如图 6-5 所示。

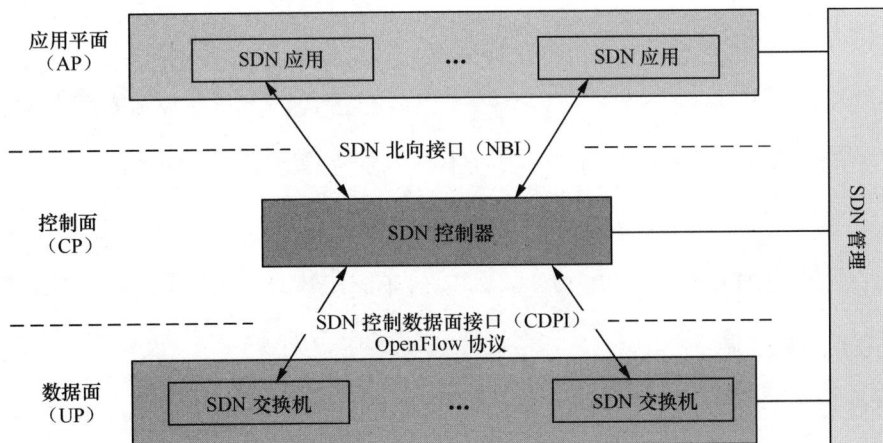

图 6-5　智能化 SDN

在 5G 网络中使用 NFV 仍面临可靠性、存储转发性能、业务部署方式等方面的诸多问题，需要引入人工智能技术来解决这些问题。人工智能可以赋能 NFV 编排器，从而实现对全局资源、跨层跨域的编排和 IP 协同自动化的运营，以及对网络资源、业务资源、用户资源等多种资源的分析和利用。人工智能可以赋能实现 NFV 功能管理、移动性支持和虚拟资源的优化利用，还可以提高 NFV 虚拟资源的利用率，进而实现对虚拟资源的动态智能监测、预测、优化和回收。

智能网络虚拟化如图 6-6 所示。

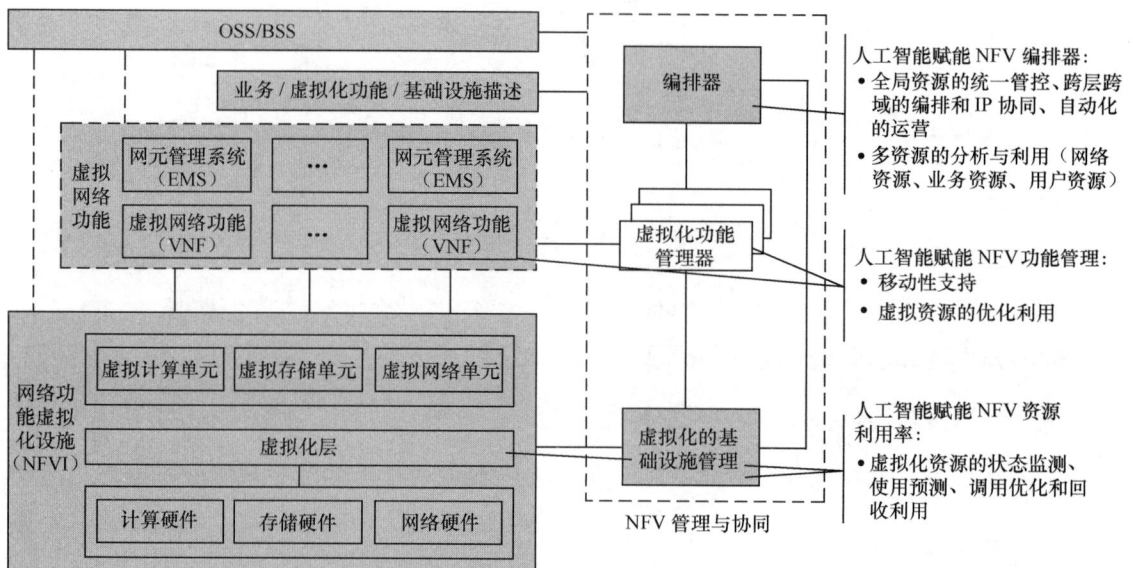

图 6-6 智能网络虚拟化

（4）智能化网络切片。

5G 网络通过引入 SDN 和 NFV 技术，可以在接入网、承载网和核心网中引入网络切片协作机制（如图 6-7 所示）。根据不同的业务需求，不同层面的网络切片需要进行有效的协同并形成一个虚拟服务网络。通过采集业务需求、切片信息、网络状态和业务效果信息，利用人工智能技术，实现对不同层次切片及不同层次间切片协作关系的智能化监测和调控。

在 5G 接入网切片的运营管理中，采用人工智能技术对接入网的 AAU/CU/DU 切片进行预测和优化，以适应不同的业务场景；提高接入网网元的协同效率、空中接口利用率，节约建设及运行维护所需成本和能源。在 5G 承载网切片的运营管理中，采用人工智能技术对承载网资源的使用情况进行动态监控和分析，并根据需要动态构建承载网切片。同时，支持多级切片隔离技术，满足高隔离要求下的低层快速转发。在 5G 核心网切片的运营和管理中，采用人工智能技术，对核心网络资源进行动态监测和分析，并利用整个网络的资源和服务，按需动态地形成核心网切片，以满足弹性收缩和高可靠性要求。

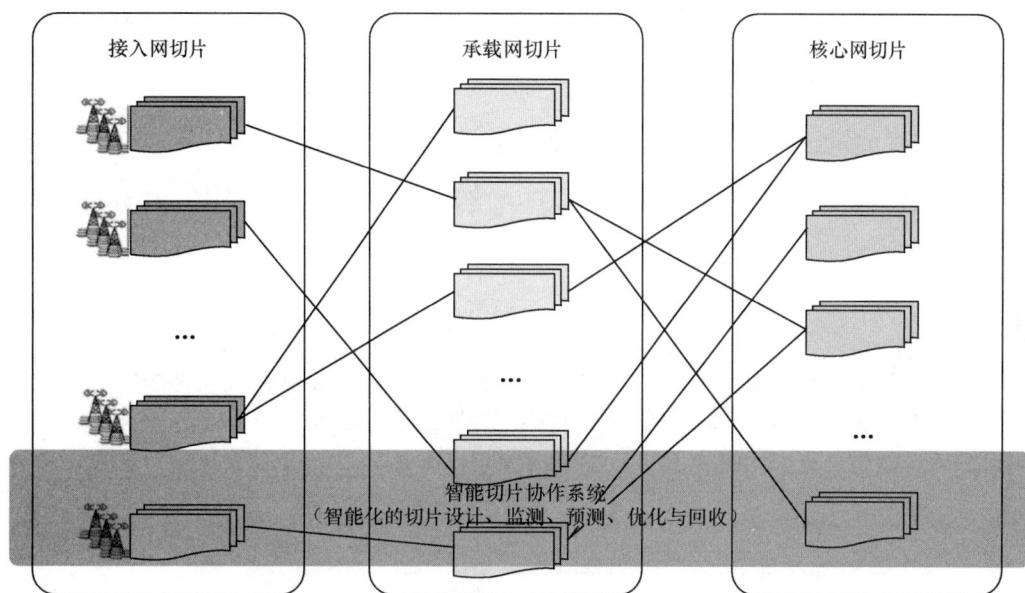

图 6-7 智能化 5G 网络切片

（5）核心网智能化。

5G 核心网的建设面临网络部署、网络功能、新业务发展、各种网络系统共存等诸多挑战，网络运营商需要明确如何有效地整合和管理 5G 网络的用户、策略、控制和数据，以及如何提供差异化的端到端高效节能的网络切片服务。5G 业务的差异越来越大，这就要求网络切片在保证服务质量的同时支持一网多用。引入人工智能技术，可以提高 5G 核心网的自我管理能力，助力核心网实现运营维护和运行的自动化。

3. 基于人工智能的智能节能

5G 全面部署计划已经启动，基站耗能问题将成为 5G 网络部署道路上的一大障碍。基于人工智能的智能节能新技术，能够在传统基站节能的基础上，对历史流量数据进行训练并提出节能模型，实现业务流量预测、场景识别、多模式节能策略推荐和4G/5G 基站协同等智能节能解决方案，在保证网络性能指标 KPI 不受影响的前提下，实现 5G 基站能耗的自动化和智能化管理，提高 5G 无线网络的能效，降低 5G 网络运营成本，护航 5G 网络的部署运营。

传统的节能技术主要依靠简单的模型或手动设定阈值来决定是否切换或开启／关闭，由于参数设置相对保守，其节能效果相对有限。所有参数均由基站统一设置，无法适应复杂多变的环境，无法解决各基站在不同环境下节能策略的独立性和选择性问题，用户体验与节能效果难以达到平衡。利用人工智能技术，通过历史学习数据建立模型，并引入实时数据对模型进行连续训练和修正，能够在当前环境下实现节能场景识别、负荷智能预测和节能策略智能推荐。在保证用户体验的前提下，基站可以达到智能节能的效果（如图 6-8 所示）。

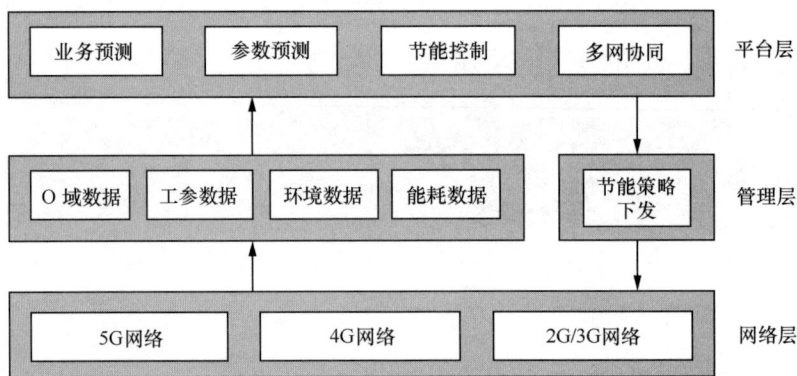

图 6-8　基于 AI 的智能节能方案流程

智能节能方案将与人工智能和机器学习技术相结合，进而实现多模式网络整体节能效果最优化的配置方案。与此同时，基于人工智能的智能节能方案在无线接入网中的应用将具有更高的灵活性、可扩展性和持续演进的能力，并将实现以下基本功能。

（1）多网协同控制。对基础覆盖小区和补热小区进行自动识别，支持与基站设备及 OMC 管理平台的接口。热点覆盖小区可根据业务量等指标的变化自动进入节能模式，实现更加灵活的节能效果。基于人工智能的智能节能技术可以对全网性能进行评估，防止各基站因自身的优化策略而开启节能功能导致网络性能下降，进而影响用户体验。

（2）业务预测。基于人工智能算法及现网基站数据，训练业务负载模型，实现对网络业务负荷的精确预测。提前预测未来的流量趋势意味着基站可以提前采取相应的节能措施。当预测出未来业务流量增加时，须适当关闭一些节能功能，提升业务负载性能，进而保障用户体验；当预测出未来业务流量减少时，则可开启部分节能功能，提前达到节能的效果。与传统的基于实时数据的节能策略配置方法相比，该技术在一定程度上增加了节能时间。因此，基于人工智能的业务流量预测模型可以在保障用户体验的前提下获得更好的节能效果。

（3）节能策略选择（如图 6-9 所示）。基于业务预测结果，基站应针对不同的场景选取不同的节能策略，支持节能策略的自动选择、调整、配置更新和自动执行功能，同时满足预设置的节能和 KPI 目标要求。利用人工智能技术，基站可以在不需要人工干预的情况下自主识别所处场景并选择合适的节能策略。利用人工智能中的关联聚类模型，基于无线资源利用率、天气情况、流量及各时段基站负载等历史信息确立典型的基站节能场景，从而采用不同的节能策略。当添加新的基站或基站周围的场景发生变化时，可以根据模型自动识别场景，并采用相应的节能策略实现智能节能。

（4）能效评估。基于人工智能技术进行数据分析，可以实现后向评估节能效果及对网络 KPI 性能进行综合分析。

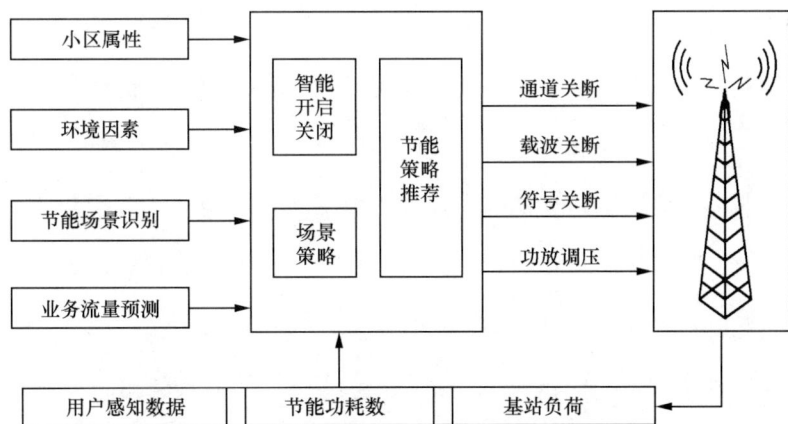

图 6-9　基于人工智能的节能策略选择模型

6.2.3　人工智能与5G相辅相成

5G 凭借高速率、低时延、高可靠性等特点，将带动物联网和边缘计算等技术的发展。5G 与人工智能相互促进、相互作用、相互影响。同时，作为一种新的通信基础设施和"信息高速公路"的5G，为海量数据和信息的高效可靠传输提供了支撑。而人工智能在其中不仅扮演云端大脑的角色，还是能够完成学习和进化的神经网络。人工智能可以将人类的智慧转移赋予机器，5G使万物互联成为可能，人工智能将使5G更加智能，5G使人工智能无处不在。同时5G连接能力的提高将不断扩大人工智能的影响范围，人工智能能力的提高也将加速5G场景的智能化发展速度。人工智能能力可以部署到5G终端、5G网络（包括5G边缘计算节点）或人工智能中台；5G网络数据经过聚合和清洗后可以用来训练人工智能能力。二者融合将促进整个社会生产方式的改进和生产力的发展。

计算机往往擅长处理一致的、标准的结构化信息，如数字和方程式。但我们在生活中处理的往往远不止"标准化"信息，而是非结构化信息。为了满足实际的应用场景，人工智能需要时刻掌握场景数据的变化并保持学习能力，如在新兴的物联网技术领域，包括智能城市和自动驾驶汽车等，都需要对大量的非结构化数据实现快速掌控。越来越多的事物将采用人工智能技术，并能相互交流，从而促进智能体系的建设。在这个过程中，5G网络与人工智能的结合至关重要。

5G的特性将催生前端设备、传感器等的"万物互联"，并将云端的智能资源几乎实时传输到终端。这些潜力必将推动"互联网＋"及"智能＋"产业的发展进程。而"智能＋"包括人工智能，人工智能将与5G相辅相成，5G也有助于实现人工智能的更多应用的高效落地，而人工智能可以使5G网络更灵活、高效地供人们使用。

5G与人工智能融合（如图6-10所示）形成的能力只有在真实的5G场景中输出之后才能反映实际的价值，只有与人工智能深度融合集成的5G场景应用才能产生颠覆性影响。如果我们的数据不能保持全面互联感知，人工智能也将黯然失色。5G的核心能力一方面是通信基础设施的布局，另一方面是与人工智能实现叠加。如果没有人工智能，只有连接也是没有意义的。人工智能能力可以帮助我们更好地融入"万物互联"的世界，帮助大众获取更高的计算能力、积累更多的数据和存储资源。在5G时代，人工智能将提供更广泛的模型部署、更丰富的服务内容、更快速的响应速度和更个性化的用户体验。一场重大的技术变革正悄然来临，5G通信技术也将成为人工智能进一步发展的新的推动力。

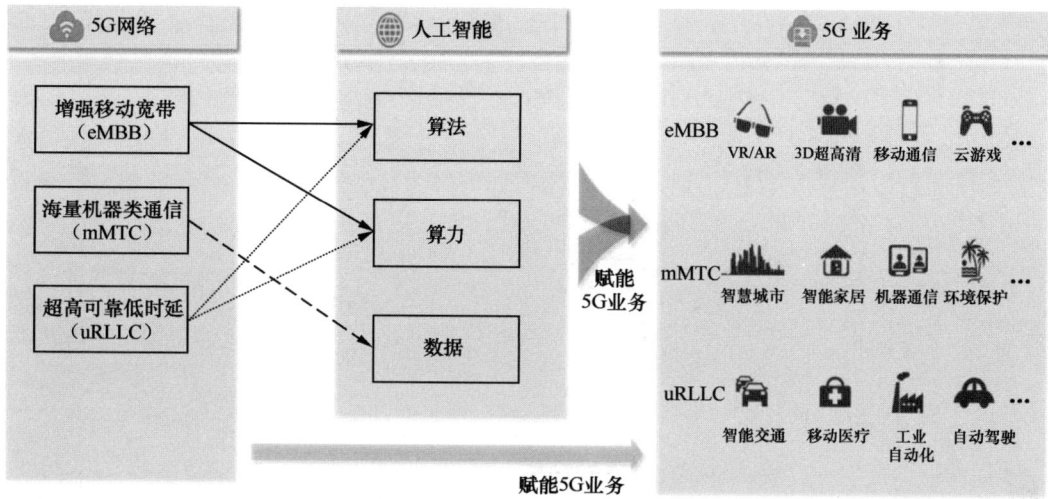

图 6-10　5G 与人工智能共同赋能 5G 业务

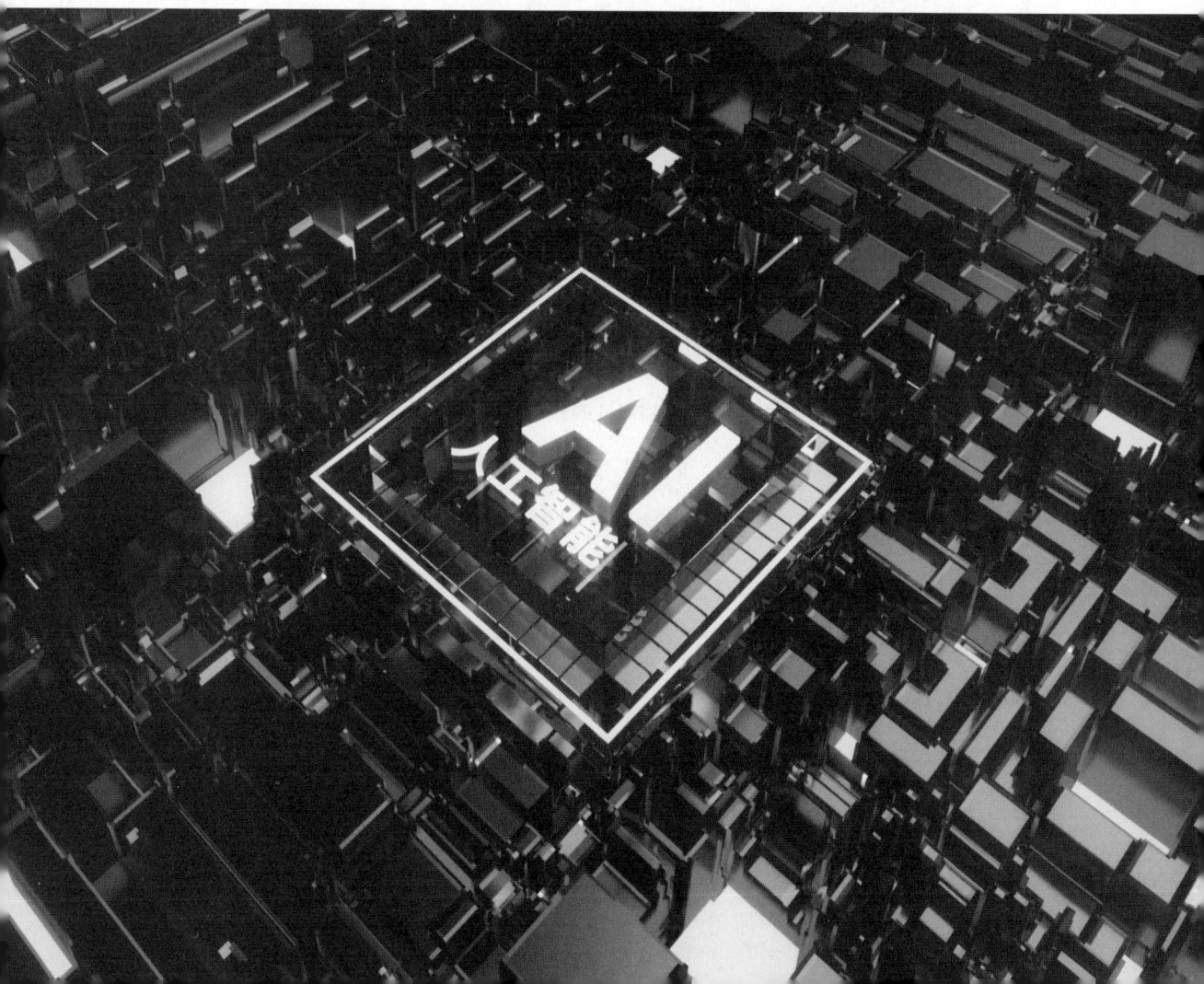

第 7 章

边缘智能

边缘计算是 5G 网络重构和数字化转型的关键利器，是锲入 5G 垂直行业的重要触点。人工智能技术可以给很多问题带来全新的解决方式。因此，边缘智能作为一种能更快、更好地提供智能服务的服务模式，逐步进入各行各业。

7.1 边缘计算

边缘计算的内涵很宽泛，各产业有各自不同的视角（如图 7-1 所示）。ISO/IEC JTC1/SC38 对边缘计算给出了最权威、最宽泛的定义：边缘计算是一种将主要处理和数据存储放在网络的边缘节点的分布式计算形式。

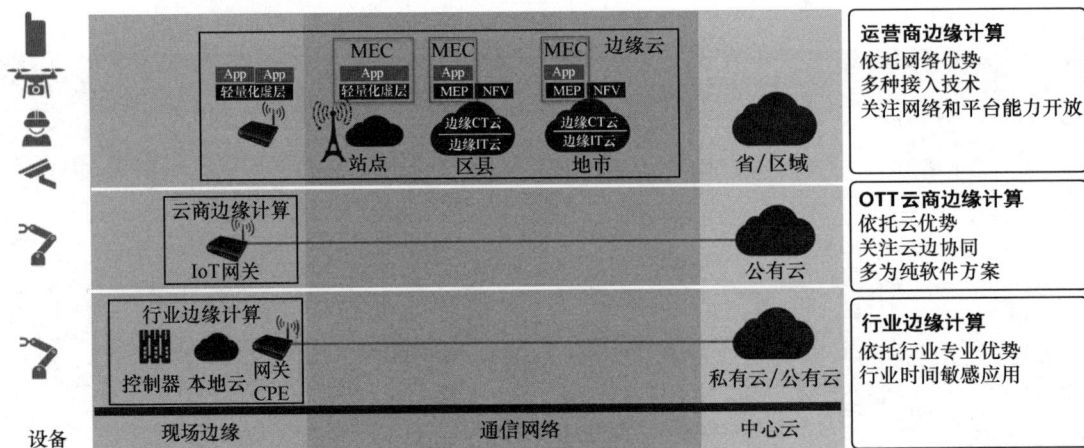

图 7-1　不同行业对边缘计算的关注点区别

相对而言，工业行业关注现场计算，运营商关注 MEC，互联网厂商关注边缘网关和云服务。在电信行业，MEC 技术从出现到备受认可和应用，经历的时间并不长。

在国内，以中国联通为代表的运营商在边缘计算方面进行了积极的创新和探索。2017 年 6 月，中国联通在梅赛德斯-奔驰文化中心实现基于边缘计算的智能场馆商用部署，并于 2017 年底，联合英特尔、腾讯等 OTT 厂商在天津建设了全球最大的边缘计算测试床，推进边缘 vCDN、视频解码等多种边缘业务的部署和测试工作。2018 年，在巴塞罗那 MWC（世界移动通信大会）上，中国联通又宣布启动 15 个省市 MEC

Edge-Cloud 大规模试点，发布了《中国联通 Edge-Cloud 平台架构及产业生态白皮书》。2019 年，中国联通召开了以"构建智能边缘生态、赋能 5G 数字转型"为主题的边缘计算商用加速计划发布会。

在国际上，边缘计算也已成为许多大型运营商 5G 时代的重要战略。2017 年 7 月，美国 AT&T 宣布将重构 65000 个基站和 5000 个机房为边缘数据中心。2018 年初，Linux 基金会也创建了边缘计算开源项目。此外，沃达丰也积极参与边缘计算的标准制定，联合合作方进行了 V2X 业务创新，对企业园区、视频分发、视频监控、车联网、云游戏等场景进行了验证。

在工业互联网等 5G 垂直行业，对边缘计算及其 AI 能力产生越来越明确的需求。例如，在电力行业，未来以智能电表为核心的智能终端采集的数据量庞大，服务实时性需求、预测准确性需求都在不断增加，预测性维护、敏捷本地故障修复、智能供电、智能巡检等智能化应用在传统边缘计算功能架构下是无法满足的，因此，电网企业正在引入边缘智能等新技术来支撑这些需求的实现。

随着物联网和移动互联网的飞速发展，数据量呈现指数级增长，越来越多的数据需要在网络边缘进行存储、分析和处理，这对边缘计算能力提出了很大的挑战。

7.2　边缘智能

7.2.1　边缘智能概述

智能化是边缘计算发展的下一个阶段，更注重与业务场景的结合。边缘智能的出现不仅是满足表面上的简单规律，背后还有着强大的驱动力和必然性，这是计算机软硬件和新应用、新需求不断发展的必然结果。

随着智能物联网（AIoT）的发展，各种新型智能设备不断涌现，产生海量数据，如果这些数据都传输上云进行处理，则当前的云和网络是难以承受的。新场景和应用对时延和隐私保护有诉求，需要将数据进行本地处理。

另外，硬件的快速发展使边缘智能成为可能。随着 AI 算法的日益成熟，特别是专用于深度学习模型推理的 AI 芯片也逐渐走向舞台，这些 AI 芯片不但有强大的数据处理能力，而且尺寸小、功耗低、价格便宜，可以应用到各种边缘设备上，为智能边缘计算提供坚实的硬件基础。

我们认为边缘智能是在边缘计算的基础上，从平台服务、业务使能等层面分别引入 AI 能力，可以在本地进行推理分析及模型训练，最后做到云边协同。

7.2.2　边缘智能的演进与特点

需要指出，边缘智能的建设不是一蹴而就的，而是逐步分阶段演进的过程。综合考虑 AI 平台（引擎）能力、AI 使能的平台服务能力（包含网络服务 / 应用服务）、协同管理能力等因素，中国联通认为 MEC 边缘云的智能化演进可以分为以下 4 个阶段。

（1）传统 MEC 阶段 Lv0。 边缘计算未引入任何 AI 能力（如推理分析、模型训练、数据感知等）；边缘节点之间、边缘节点与云端之间互相分隔、独立，全网尚未形成统一的算力平面和数据平面。

（2）初级智能化阶段 Lv1。 边缘计算为特定应用场景引入单一的业务 AI 能力（如视频监控场景中的人脸识别能力），能够在本地进行 AI 推理与分析。

（3）中级智能化阶段 Lv2。 边缘计算引入轻量级的 AI 引擎，具备本地小规模模型训练和推理能力。

（4）高级智能化阶段 Lv3。基于人工智能实现边缘节点与云端之间的高效协同（边云协同），共同提供灵活自治、自主进化的泛在智能计算服务。边云协同主要体现在数据、算法、任务 3 个维度：数据协同打破"数据孤岛"；算法协同破解数据隐私保护难题；任务协同为应用场景提供多种类、一致性的智能服务。

7.2.3　AI赋能边缘计算

将 AI 引入边缘计算，可以大幅提升边缘计算的处理能力，促进各类创新业务的落地实现。例如，在视觉识别领域，通过视频捕捉，在网络边缘深度优化人脸检测算法，可以实现 1200 帧 / 秒的人脸检测功能，检出率超过 98%。同时，在网络领域，边缘计算成为打通 AI 的"最后一公里"。人工智能部署在边缘计算的位置，可以更有效地处理实时性要求高、存储周期短的数据，增强本地化管理运维，以及边云协同的能力，满足未来 5G 业务发展的需求。

7.2.4 边缘智能应用案例

应用1：网络与业务协同的TCP优化。

目前，应用无法感知网络状态，两者的信息没有有效对接，导致用户获取到的无线资源没有被充分用于提升视频下载 / 播放的速度。

智能 MEC 边缘云基于无线网络信息服务（RNIS，Radio Network Information Service），获取当前基站的资源状况及视频用户端的带宽信息，同时基于 TCP(传输控制协议) 透明代理、深度包检测（DPI，Deep Packet Inspection）分析，通过 AI 识别对业务流进行分析，包括端到端的信息（用户终端、空中接口资源、请求业务的类型及服务器等）。将用户的业务从终端状态、无线资源、应用协议等方面建立应用连接的大数据分析模型，通过不断反复学习训练，从而形成相应的业务行为与无线网络环境匹配的智能化场景。将该模型应用到业务中，辅助应用端进行 TCP 窗口调整及优化。使用快启动，降低用户等待播放的起始时延，对于重传报文优先发送，减少报文不当丢弃，如图 7-2 所示。

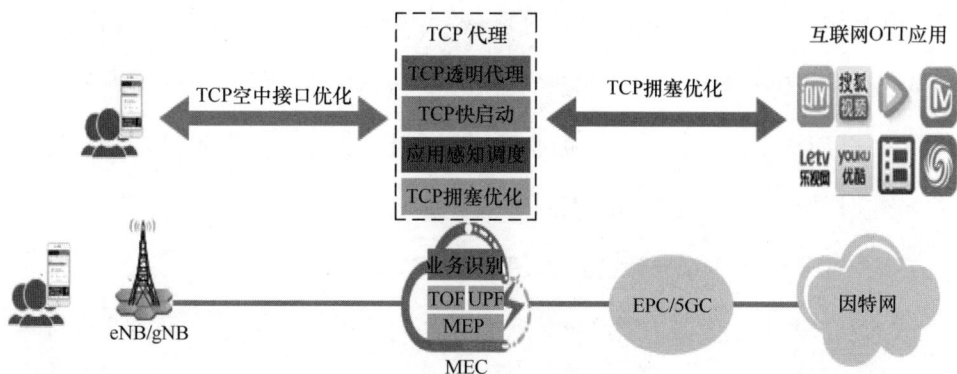

图 7-2 TCP 跨层优化示意图

应用2：特定钢板质检。

在工业场景中，对于诸如钢板的薄厚不均、麻点、气泡、划痕等问题，工人肉眼难以在短时间内精准检验，而工厂业务流水线作业对时延的要求高，需要引入机器视觉辅助人工质检。通过部署智能 MEC 边缘云，使用现场摄像头捕捉特定钢板产品的实时视频图像，在边缘侧提供缺陷识别模型集合，利用 AI 本地推理，将捕获的信息输入到创建的数据模型中进行推理分析，并实时检测钢板薄厚、麻点、气泡、划痕等。在生产线上设置警示灯，提示不合格品，机械臂自动捕捉不合格品。MEC 边缘云与人工智能技术相结合，为工厂的精益生产提供指导，降低成本，特别是人工成本，提高现场质量检测的效率和准确性。特定钢板质检系统架构如图 7-3 所示。

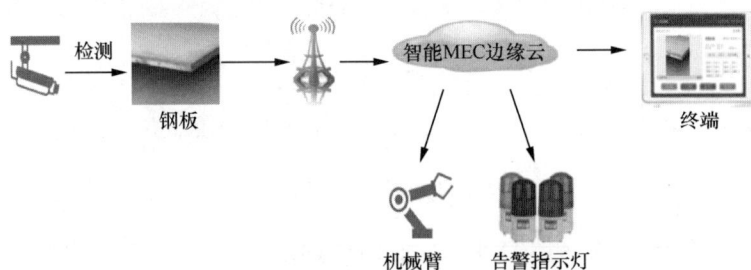

图 7-3　特定钢板质检系统架构

应用 3：基于无线网络感知的本地控制优化。

网络整体性能由无线环境变化、网络负荷变化、用户终端特性、用户业务特性和用户签约属性等因素共同决定。

智能 MEC 边缘云从多个 4G/5G 站点获取 RNIS（无线网络信息服务），构建无线上下文环境，并统计用户终端特性、业务特性等数据，利用 AI 分析挖掘数据、业务、无线环境之间的内在关联，建立用户特征模型库。MEC 边缘云根据实时采集到的测量数据与特征库进行匹配，能够更加准确地预测用户环境与业务特性变化趋势，更好地支撑准实时的用户算法策略和参数配置优化，提供更好的业务体验。

应用 4：基于 AI 特征库的频谱共享&干扰协同。

智能 MEC 边缘云根据不同区域无线系统长时间的频谱测量结果，结合对各无线系统在不同区域的无线环境特征、不同时间段内的用户行为特征、不同用户的业务特征等统计数据，利用 AI 和大数据技术进行分析和建模，进行准实时的频谱共享、节能和异系统干扰协同。

（1）场景1：快速频谱共享。

多种制式混合组网时，不同制式小区在同一时刻的忙、闲程度可能存在差异，利用 AI 算法可以在多制式（异系统）间分时共享频谱资源。eNB/gNB/BSC/RNC 可以与部署在 MEC 边缘云中的智能协调服务器（Intelligent Coordination Server）（如图 7-4 所示）建立连接，通过 MEC 边缘云内置的 AI 能力，结合历史统计数据和当前频谱资源使用情况进行分析决策，动态调整相关门限，实现异系统的频谱资源共享。

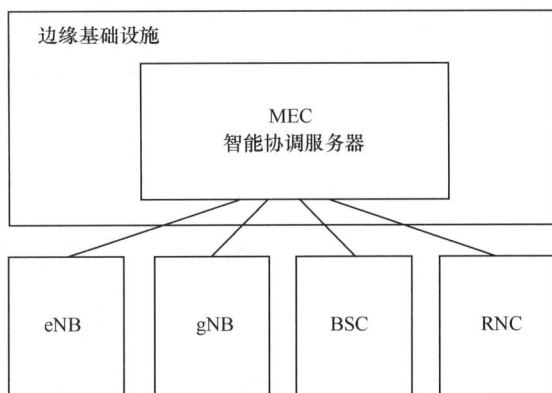

图 7-4 异系统频谱资源共享

异系统间的频谱共享基于一定范围小区组成的共享区域或基于邻区关系。MEC 边缘云中的智能协调服务器分发各系统频谱使用信息并协调频谱资源。当一种制式的频域和时域资源占用情况发生改变时，迅速将信息扩散到其他制式，以实现小粒度的共享，达到频谱资源的高效利用。

（2）场景2：异系统干扰协同。

对于无线通信系统之间的同频干扰和邻道干扰，智能 MEC 边缘云可以通过统计分析不同系统在不同位置、不同时间段的频谱射频信号特征、业务负荷特征和用户行为特征，建立网络特征 AI 模型，并根据实时的无线频谱测量特征，优化各系统的频谱资源规划与调度策略，降低系统间的干扰。

对于互调干扰，智能 MEC 边缘云通过为不同无线系统在不同频段建立频谱特征库，根据本地实时的无线频谱测量特征来识别和确认造成干扰的无线系统和基站位置，为解决互调干扰提供决策依据。

应用5：CDN智能调度（如图7-5所示）。

目前，传统CDN（内容分发网络）主要覆盖固网场景，且位置较高。智能MEC边缘云可进一步使CDN更加贴近终端用户。当地市机房中同时部署智能MEC边缘云时，可通过它将内容引入网内，访问CDN服务器的用户请求和响应都不必再迂回省干网络，而可以直接从本地获取数据，大大降低了业务访问时延。为了提高移动网边缘缓存命中率，切实降低用户访问的时延，可以基于智能MEC边缘云使用AI对用户的业务流进行预测和分析来确定预先存储的内容，更好地提升用户体验。

对于智能MEC边缘云的内容分发，需要在满足时延要求的情况下，设计尽可能高效的缓存算法，优化缓存性能、提升缓存命中率。为了提高缓存效率，可以基于AI对用户的业务流进行预测分析，有针对性地确定预存内容。同时，为了提高主动缓存的性能增益，可以利用AI对用户使用习惯进行分析（如喜好、活跃程度等），对覆盖区域内内容请求的概率进行预测，同时对同一内容的不同清晰度和码率进行用户端推荐，匹配不同的用户个性化需求。智能缓存可以有效减轻对后端网络和源服务器的压力，以节省计算、存储资源。

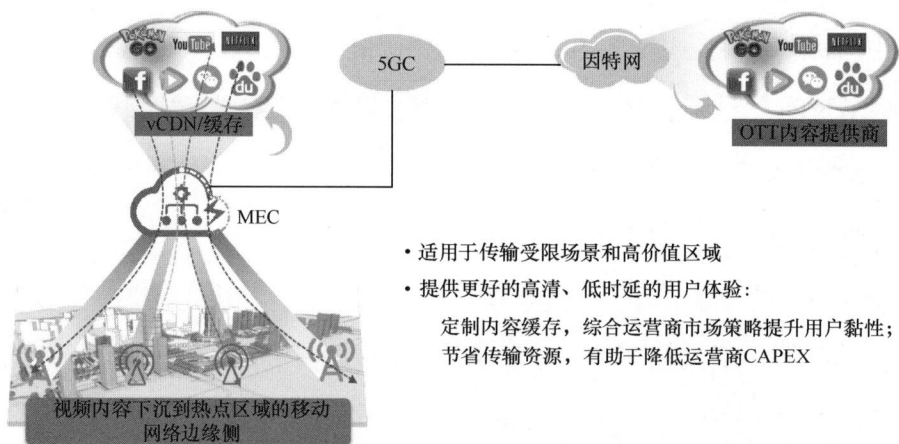

图 7-5　CDN 智能调度

应用6：边云协同的车联网智能切片（如图7-6所示）。

网络切片是从运营商网络中划分出一部分基础设施资源及网络功能实体，形成一张虚拟专网，满足用户在连接、带宽、时延、安全、可靠性等方面的多样化需求。网络切片可以为不同的业务提供定制化的保证能力，不同业务都在各自的"专网"上传输，互不干扰。

面向车联网应用场景，5G 切片与智能 MEC 边缘云协同编排，可以实现端到端低时延、高可靠的专网品质保障。同时，与人工智能相结合，在智能 MEC 边缘云上搭载 AI 分析/处理模块，借助边云协同，实现安全避让、速度引导、区域交通流量分析等。车辆在移动的过程中，由智能 MEC 边缘云实现切换和动态数据的同步。

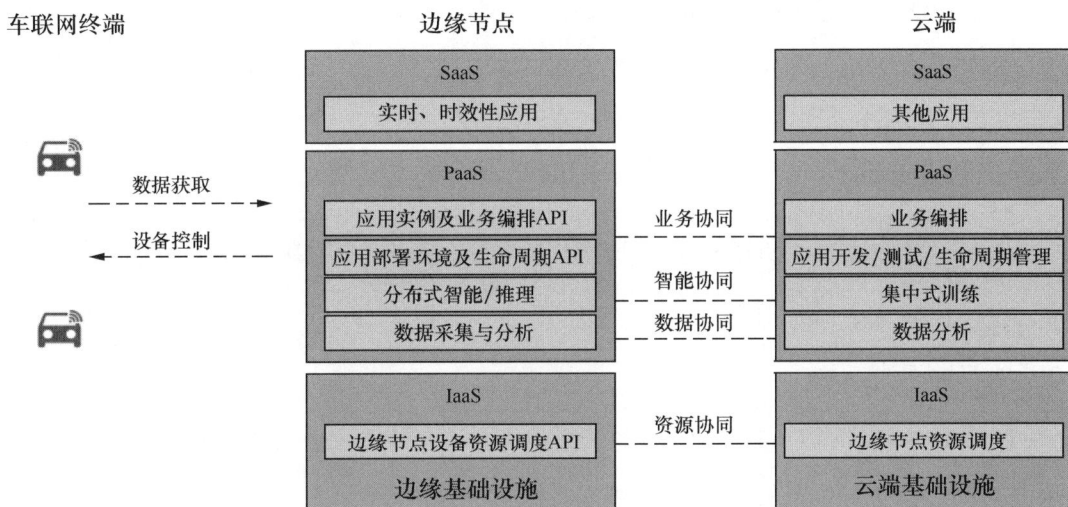

图 7-6　车联网切片的边云协同机制

车联网切片中的边云协同主要体现在 4 个方面。

（1）资源协同。资源协同主要包括计算、存储、网络、虚拟化等基础设施资源调度管理及相关基础设施资源使用的运营协同（包括计费、本地分流业务现状监测、动态调整本地分流策略等），未来还会包括特定场景下加速、GPU 等资源的协同。

（2）数据协同。边缘节点通过丰富的网络、数据接口，采集车联网各类终端、传感器数据，相关数据以在边缘侧进行分析处理为主，部分数据上传云端进行处理与分析。

（3）智能协同。边缘节点为云端 AI 模型训练提供数据输入，负责 AI 在边缘侧的推理执行或轻量级训练，并将执行结果反馈给云端；云端基于边缘节点上传的数据、AI 执行反馈等信息开展集中式 AI 模型训练。

（4）业务协同。边缘节点提供边缘应用实例；云端部署应用业务编排能力按照边缘节点场景化需求实现业务编排。

7.3 边缘智能产业生态

目前，边缘智能产业生态架构已经形成，主要通过以下 3 个角度切入边缘计算。

（1）算法。从算法的角度切入边缘计算，即从计算机视觉算法等入手，如商汤科技与美国高通公司的合作方式，将机器学习模型和算法整合到移动终端、IoT 设备的芯片产品中，可以为终端设备带来更高的边缘计算能力，通过持续优化算法进一步适配边缘计算的要求。

（2）终端。从终端的角度切入边缘计算，即从硬件入手，打造智能终端，如海康威视是以视频为核心的物联网解决方案提供商，其将边缘计算与云计算融合，更好地解决物联网中的问题。

（3）算力。从算力的角度切入边缘计算，即从芯片入手，开发专用于边缘计算的 AI 芯片，如华为推广面向边缘计算产品的昇腾系列芯片。

成熟的边缘智能需要企业同时具备终端设备、算法和芯片。

▶ 第 8 章

未来新一代的
智能运营商

当前，运营商在建设 5G 网络的同时，也正在将人工智能技术引入网络中，提升网络智能化水平，并将人工智能技术与通信网络相结合，赋能自身业务。未来，随着人工智能技术与通信网络的进一步发展，运营商的网络与业务将会是怎样的呢？本章将对运营商未来智能网络的发展趋势进行分析，并畅想未来新一代的智能运营商将如何结合人工智能技术与全新的智能网络来发展自身业务。

8.1 全新的智能网络

网络智能化是未来网络的必然发展趋势，网络的规划、设计、建设、维护、优化作为电信网络运营的重要环节，都在逐步引入智能化，从而提升全网的智能化程度。随着新技术的发展，6G 时代的人工智能、算力网络、自动驾驶网络、数字孪生网络逐步进入人们的视野，人工智能与新技术结合，共同打造全新的智能网络。

8.1.1 第六代移动通信（6G）

2019 年，全球已经启动了 6G 的研究。6G 网络将打造一个地面无线与卫星通信集成的全连接世界。卫星通信的加入，使全球信号的无线覆盖成为可能，5G 时代信号难以覆盖的区域，如偏远的山区、乡村也将实现信号覆盖，这些地区的人们将享受到高速信息通道带来的便利，医疗、教育资源可以通过远程的方式到达这些地区。全覆盖网络同时可以提高人类预测天气、灾害的能力，减轻自然灾害带来的损失。6G 不再是简单的网络容量和传输速率的突破，它将是实现万物互联的基础。

在 6G 时代，人工智能技术与应用场景将会全面普及，6G 和人工智能高度融合。智能体之间的交互将会成为常态，新型业务场景出现。人类在业务中的参与度将越来越低，多项业务通过智能体之间的合作即可完成，由于任务的复杂性，单一的智能体无法完成，需要多个智能体来共同协作完成，大规模智能体之间的作用将会带来极大的性能需求。为了实现这样的愿景，6G 将需要克服一系列性能提升的挑战，并根据业务场景对网络带宽、时延、可靠性、覆盖、能耗、连接密度、精确度、安全性等指标进行精确适配，在这个过程中，需要通过人工智能来实现精准调度。

8.1.2 算力网络

5G 时代，随着云计算、边缘计算的快速发展，AI 已经成为全社会的焦点，AI 社会将快速到来，面向"5G+AI"的产业环境，高效算力将成为支撑智能化社会发展的关键要素，并开始在各行各业渗透，在靠近用户的不同距离遍布许多不同规模的算力，网络需要更加灵活的调度，需要感知、互联和协同泛在的算力和服务。

算力网络在早期被提出时，与云化网络类似，聚焦于算网协同的需求，包括网络为 AI 提供联接服务，如用于数据中心内部的 IB 交换机、RDMA（远程直接内存访问）技术和更大规模的无阻塞 DCN（数据通信网络），用于用户数据到算力联接的 CFN（内容转发网络）和支撑用户数据到算力更低时延和更大带宽的 Metro Fabric 和 5G uRLLC 网络，用于为 AI 提供算力服务的新型网络设备 MEC/ECC 等；还包括将 AI 技术用于运维，实现主动运维的自动驾驶网络等。

伴随着研究的深入，我们对"AI+ 网络"有了更深的理解，未来 AI 的一些核心理念如"并行低精度 + 算法算力辅助"将会用于网络设备、芯片的改造，通过多通道 + 算法算力的方式实现更大接入带宽，因此，一些新型融合设备可能会在网络中大量出现，并且伴随着计算载体轻量化，以及应用逐渐解构成服务、功能不断发展，算网协同也将向算网一体阶段演进。

计算的泛在互联是智能世界的基础和关键驱动力，移动通信和人工智能技术的发展带来更多算力和算力互联的需求，实现高效算力需要"计算与网络"深度融合的新型网络架构，以实现数据与算力的高吞吐、敏捷连接和均衡随选。

高效算力网络具备了联网、云网与算网 3 个方面的技术元素（如图 8-1 所示）。其中，联网是基础，5G 引入了超低时延技术与端到端网络确定性技术，以满足 VR/AR、工业计算等面向垂直行业的需求。同时，为了达到网络无损的目的，需要将数据中心内部的 Leaf-Spine 架构向城域扩展，搭建城域的 Metro Fabric。在云网方面，网络人工智能技术将在算力网络的运维、管理、故障预测等方面发挥极大的作用，并且网络需要进一步的云化以便提升业务交付效率。在算网方面，主要包括算力生成、算力调度和算力交易，使网络成为为全社会提供 AI 算力能力的基础设施。

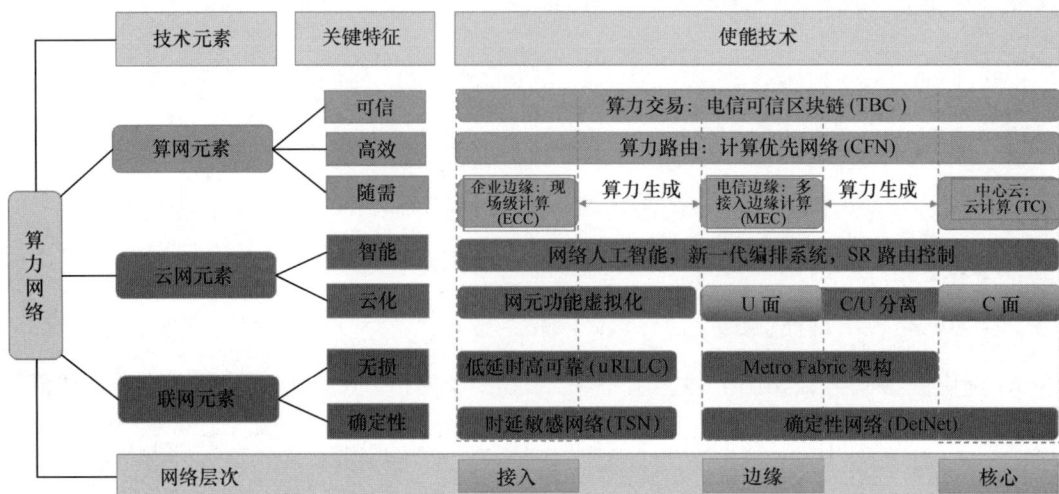

图 8-1　算力网络的关键技术特征

（1）联网元素：打造无损和确定性网络。

基础电信网络用于实现设备端口级互联，基于有线和无线接入网、数据通信、光传输和云核心网构建，提供算力网络需要的大带宽、低时延和高可靠。

从有损网络到无损网络。当网络中出现超过链路承载能力的报文进行传送时，就会出现时延过高、分组丢失严重及抖动频繁等问题。除传输距离带来的光纤时延之外，设备层面对时延影响最大的是无线接入网，数据处理时延在 1 ~ 10 ms 量级；其次是数据通信和云核心网络，轻载时延在 1 ms 量级，但是如果出现拥塞，时延就会急剧攀升数十倍；对时延影响最小的是光传输，时延在 100 μs 量级。因此，在时延问题上，主要矛盾在于无线接入如何降低时延、数据通信与云核心网络如何避免拥塞，通过无线接入 5G uRLLC、数据通信的 Metro Fabric 架构、云核心网络的 C/U 分离架构等关键技术达到网络无损。

从"尽力而为"到确定性。当前使用的网络大部分以 IP 为基础，IP 网络本质上是一种不可靠的网络，以"尽力而为"的方式进行信息的传递。确定性网络指在一个网络域内给承载的业务提供确定性业务保证的能力，这些确定性业务保证能力包括时延、时延抖动、分组丢失率等指标。DetNet 可以通过多个路径发送序列数据流的多个副本，并消除目的地或附近的副本。通过调整数据分组的传送并为临界流分配足够的缓冲区空间，可以消除拥塞。不存在故障检测和恢复周期，每个数据分组都被复制并被带到或接近其目的地，因此，单个随机事件或单个设备故障不会导致丢失任何一个数据分组。

（2）云网元素：推进网络云化与网络智能。

转控分离、控制面云化是云化网络实现开放的基础；转发面极简、控制面智能化是云化网络实现敏捷的基础架构。

转控分离，控制功能云化。网络控制面又包含实时功能（如可靠性、算法、协议处理相关）和弱实时功能（如管理、配置相关），弱实时功能最先云化，可以灵活地部署在云端，而实时功能云化后，需要集中控制的功能可以靠近被控制设备，部署在网络中心或边缘云，而一些实时分布式控制功能，还将进一步以微服务形式嵌入设备内部。层次化的云化控制功能既保留了云化带来的敏捷和开放性，又可以按需满足实时性的系统要求。

控制面智能、转发面协议极简。随着转控分离、控制功能云化和三级分布式部署带来网络灵活性的同时，也带来了集成和运维复杂度的快速攀升，传统人工运维的方式已经难于支撑，未来将逐渐引入大数据分析和人工智能来替代人工（AI for Network），但是过度复杂的网络协议也会增加 AI 算法实现的难度，除了控制面智能化外，还需要对转发面的协议和网络拓扑进行简化，智简是"网络自动驾驶"的基础。

（3）算网元素：提供可信、高效、随需的计算网络。

业务层网络由业务处理节点和节点之间的连接组成，未来网络要从以信息传输为核心的信息基础设施，向融合感知、传输、存储、计算、处理为一体的智能化信息基础设施转变，这对业务处理节点的功能、节点之间的连接技术都提出了新的要求：业务节点从只处理电信业务的封闭模式向可对外开放、提供开放算力服务能力的新形态节点发展，如 MEC。连接从"对业务无感知，私有网络"向"感知用户业务需求，为数据和算力服务之间建立按需连接"的开放型网络发展，如计算优先网络（CFN）。用户的管理认证、网络资源开放与服务化需要从传统中心化、静态方式向"去中心化"、动态、安全、可信的新方式发展，如电信可信区块链（TBC）。

8.1.3 自动驾驶网络

万物智能时代，自动驾驶正在从理想照进现实，汽车、飞机、制造等领域都在加快迈向自动驾驶的步伐，以进一步驱动产业的发展升级。而电信领域产业结构化问题突出，网络规模逐年增加，收入的增长落后于 OPEX（企业的管理支出）的增长。电信网络运营维护对人员的经验和技能依赖严重，电信网络走向自动驾驶迫在眉睫。

自动驾驶网络能够基于业务和用户的需求，借助人工智能、大数据、云计算等技术实现全自动修复和调节。电信产业相比较于自动驾驶汽车产业更加复杂。首先，电信网络同时承载了多种业务，包括移动、家宽和企业业务等，面对这些业务，自动驾驶系统需要准确理解其中的差异化意图；其次，在电信产业中，包含跨多技术领域的复杂环境，从自动驾驶的运行环境和路况角度来看，既有数据中心的高速信息通道，又有提供宽带接入的普通信息通道；从全生命周期运营的角度，电信网络规划、运维、业务发放等不同角色面临的挑战也各不相同。

从自动驾驶网络技术架构的角度来看，自动驾驶网络首先需要基于云架构的基础，结合不同网络层次的特点进行解耦设计、微模块化实现、分层部署，同时按需逐步引入 AI 能力，最终实现网络的泛在智能。

为了实现完全自动驾驶网络的目标，需要分层实现自动驾驶，最终实现全网的自动驾驶。一般来说，部署位置越上层、越集中化，数据量也就越大，需要的分析需求就越强，实时性要求相对不高，更适合对全局性的策略集中进行训练及推理。例如，跨域调度、端到端编排等通常对计算能力要求很高，需要跨领域的海量数据支撑。相反，部署位置越下层、越接近端侧，专项分析能力就越强，实时性也越好。图 8-2 展示了一个三层架构，包含跨域协同层、单域自治层和网元层。在不同层次闭环之间，如跨域闭环和各单域闭环之间，需要通过开放接口（开放 API、SDK 等）来实现相互协调和交换信息。

在跨域协同层，运营商借助专家经验和全局数据完成 AI 模型的训练，实现整网层面不同域之间的闭环控制，将专家经验转换成模型，为客户提供更智能的服务。在这一层，云化智能可结合网络的实际场景，对数据、场景进行标注和分类，从而训练出精确的 AI 模型，并可以提供 AIaaS 的新型智能服务。

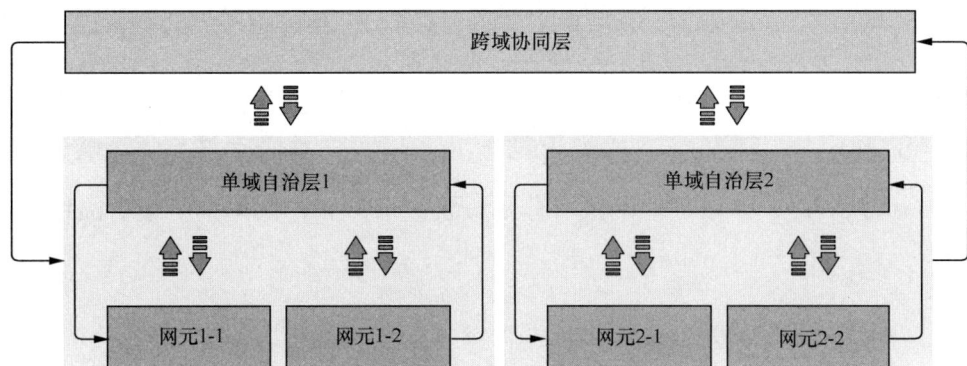

图 8-2　自动驾驶网络三层四闭环结构

在单域自治层，网络单域由能够共同完成相同工作的一组网元构成，根据场景的不同，可以是核心网、无线网或包含核心网和无线网的企业专网。在单域自治层，需要打造管控融合的智能引擎，实现每个网络单域内的自治和闭环，例如，面向无线接入网、传输网、核心网，都需要通过此层能力实现单域内的自动化。网络智能要进行本域内的数据分析和推理，识别各种网络场景，对未发生的情况进行预测、预防，对已经发生的情况进行根因分析，最终给出决策，从而实现对网络的智能控制。

网络资源层主要提供网络资源和能力的自动化。在网元设备内部构建机器学习、深度学习的框架和算法平台，提供场景化的 AI 模型库与结构化的数据，即实现本地智能。其中的两个重点能力——数据提炼和模型推理，是指将站点产生的海量数据提炼为有用的样本数据，通过嵌入式的 AI 框架支持在 CPU、DSP 或 AI 芯片上进行实时的 AI 模型推理，最终在本地实现场景的自适应匹配和处理实时参数及资源的自动调优。

分层框架需要不同层之间的简化开放接口来实现最佳的性能，同时降低层之间的集成复杂性。开放接口之间交换的信息将由意图交换替代繁重的数据和参数交换，这需要每个域和层的自动驾驶网络能力都比较高，可以在域 / 层内完成自动驾驶，也就是说，开放接口的转化依赖于每个域和层中的网络自动驾驶能力。因此，架构上需要实现分层自动驾驶网络、垂直协同。

实现完全的智能自动驾驶网络是一个长期目标，为了最终真正实现自动驾驶网络，需要不断明晰自动驾驶网络的概念，明确自动驾驶网络的各个发展阶段及其目标，共同孵化自动驾驶网络案例，最终整个行业形成对自动驾驶网络的统一认识和理解；需要分步实现从提供重复执行操作的替代方案，到执行网络环境和网络设备状态的感知和监控，根据多种因素和策略做出决策，以及有效感知最终用户体验，直到网络能够感知运营商和用户的意图，自我优化和演进。通信网络的复杂性决定了智能自治网络是无法一蹴而就的，应该循序渐进、分阶段推进，例如，按照人工运营网络（L0）、辅助运营网络（L1）、初级智能自治网络（L2）、中级智能自治网络（L3）、高级智能自治网络（L4）、完全智能自治网络（L5）这 6 个阶段逐步推进。

8.1.4 数字孪生网络

数字孪生就是将物理对象以数字化的方式在虚拟空间呈现，模拟其在现实环境中的行为特征，从而实现对物理实体的了解、分析和优化。

数字孪生包含五大典型特征：数据驱动、模型支撑、软件定义、精准映射、智能决策。数据驱动：数字孪生的本质是在比特的汪洋中重构原子的运行轨道，以数据的流动实现物理世界的资源优化。模型支撑：数字孪生的核心是面向物理实体和逻辑对象建立机理模型或数据驱动模型，形成物理空间在赛博空间的虚实交互。软件定义：数字孪生的关键是将模型代码化、标准化，以软件的形式动态模拟或检测物理空间的真实状态、行为和规则。精准映射：通过感知、建模、软件等技术，实现物理空间在赛博空间的全面呈现、精准表达和动态检测。智能决策：未来数字孪生将融合人工智能等技术，实现物理空间和赛博空间的虚实互动、辅助决策和持续优化。

数字孪生已经用于智能工厂、车联网、智慧城市、智慧建筑、智慧医疗等多个场景中。达索、PTC、波音公司运用数字孪生技术打造产品数字孪生体，在赛博空间进行体系化仿真，实现反馈式设计、迭代式创新和持续性优化。目前，在汽车、轮船、航空航天、精密装备制造等领域已展开原型设计、工艺设计、工程设计、数字样机等形式的数字化设计实践。

数字孪生网络即构造数字化虚拟空间，使 IT 网络中的每一个物理设备都有一个数字化单元作为对应,通过对数字化单元的分析实现网络结构的规划、设计、维护、优化,记录生产信息,掌控生产流程。

数字孪生网络的实现需要以下条件:拥有实现数字孪生的智能对象、适用的软件、包含多层且为软件提供监控环境的数字基础设施。数字孪生网络是网络信息化发展到一定程度的必然结果,将成为工程师解构、描述、认识通信网络的新型工具。

8.2 全新的智慧业务

目前,运营商已经展开 5G 网络的商用部署,5G 将会带来一个万物互联的时代,人工智能技术与 5G 网络相结合正在逐步为工业、交通、医疗、教育、媒体、能源等各行各业提供支撑与赋能。另外,世界各国已经开展 6G 相关技术的研究,算力网络、自动驾驶网络、数字孪生网络的研究也在持续推动着网络的发展与进步。那么在未来智能网络的支撑下,在未来 5 ~ 10 年,甚至更远的将来,智慧业务将是怎样的呢?我们将在下面进行探讨。

8.2.1 未来的智慧工业

未来的智慧工业将会基于未来的智能网络,引入人工智能、大数据、云计算、数字孪生、纳米等信息技术并与工业系统深度融合,实现智能化的生产。以未来的工厂为例,未来的智慧工厂将会具备融合各种高新技术的智能化分析平台,通过各种传感器设备实时采集大型工业机器产生的数据,应用未来智能网络的大带宽、低时延、广连接特性,将工业数据实时传输到云端或边缘云设备,通过人工智能技术进行分析与应用,实现工厂的智能化管理与控制,构建高效、节能、环保的智慧工厂。总体来看,未来的智慧工厂将会向以下方向发展。

首先是过程控制的可视化,由于未来的智慧工厂的系统高度集成,在产品制造过程中,包括原材料控制及流程管理,都可以直接在管理者眼前实时显示。另外,未来的智慧工厂还能够实时显示系统设备的状态,减少因为系统出现故障造成的产品偏差。

制造过程中的相关数据可以保存在数据库中，以便管理者能够掌握完整的信息，用于后续的规划，并可以根据生产系统的当前状态来规划设备的维护。

然后是生产系统的全面监控，在制造设备中集成先进的制造技术、信息技术和人工智能技术，通过物联网与传感器的连接，使制造设备具备环境感知能力，使系统具备识别、分析、推理、决策和控制功能。通过系统平台的知识积累能力，建立设备信息及反馈的数据库。从订单开始到产品生产完成入库的信息都可以在数据库中进行查询，当生产过程中发生异常时，控制人员可以更快地响应，提高工厂的运行效率和生产效率。

另外，未来数字孪生技术将与工业生产相结合，不仅能预测工业生产发展因素，还可以使实验室中的生产研究借助数字域进行，进一步提高生产创新力。越来越多的智慧工厂将集成人、机、物协同的智慧制造模式，智慧机器人将代替人类和现有的初级机器人，成为敏捷制造的主力军，工业制造更趋于自驱化、智能化。纳米技术的发展将为工业生产各环节的监测和检测过程提供全新方式，纳米机器人等可以成为产品的一部分，对产品进行全生命周期的监控。工业生产、存储和销售方案将基于市场数据的实时动态分析，有效保障工业生产利益的最大化。

8.2.2　未来的智慧交通

当前，5G 赋能交通运输业，使交通运输初步实现网联化，并开始走向智慧化，辅助驾驶、远程驾驶和自动驾驶将提升交通安全，提高出行效率。

未来的智慧交通系统在各项技术成熟的情况下，将形成以智慧交通大脑为核心、自动驾驶汽车为细胞的新型智慧交通系统。智慧交通大脑将协调每辆车的行驶路线，控制沿途交通信号，形成整体上最高效的出行体系。

作为交通指挥系统的升级，智慧交通大脑将成为智能交通的核心组成部分。智慧交通大脑将车辆与道路、路线规划和信号控制充分融合，统一规划和管理，提高整个交通运输的效率，降低交通运输成本。基于智慧交通大脑的海量信息综合处理能力，为消费者的出行需求提供更有效的供需匹配。

作为整个智慧交通系统的细胞，汽车产品将在结构、尺寸和功能上都更加智能化，以适应新的使用方式。从结构上看，基于最优路径规划和共享，以及所有需求的协调和优化，其可以自由链接和分散，提高共享路径的效率。从汽车尺寸上看，小型车需求将会减少，中大型车的使用率将会提高。从功能上看，由于全方位的控制，交通事故将会减少甚至可以完全避免，对紧急制动装置的需求也可能会减少，解放司机后，汽车控制界面也将会简化，车内生活和办公的功能将会增加，这可能是未来的一个趋势。

另外，在未来的 6G 时代，交通运输将不限于当前的交通形态，未来的智慧交通将形成覆盖海、陆、空的全面发展格局，随着未来通信水平的提高和人工智能技术的日趋成熟，城市道路或将不是主要交通载体，将会延伸至海上和航空。未来无论身处都市、深山还是高空，人们都将体验到优质网络性能及其带来的智慧服务。例如，超能交通将在交通体验、交通出行、交通环境等方面大放异彩。全自动无人驾驶将大行其道，进一步模糊移动办公、家庭互联、娱乐生活之间的差异，开启人类的互联美好生活。通过有序运作"海—陆—空—太空"多模态交通工具，人们将真正享受到按需定制的立体交通服务。新型特制基站同时覆盖各空间维度的用户、城市上空的无人机等，使无人机路况巡检、超高精度定位等多维合作护航成为可能，为人类塑造可信安全的交通环境。

8.2.3　未来的智慧医疗

在未来网络及人工智能等技术的驱动下，医疗行业技术的创新发展如火如荼。

可穿戴设备将会为医疗行业增加"智能"的元素。通过识别、监测，将患者的身体状态特征告知医护人员，提供患者身体特征的关键数据，以便在早期发现问题，更早地进行治疗。预计到 2025 年，全球老年人口将接近 12 亿。老年人群体的高发病率使针对老年人的医疗健康解决方案十分必要。可穿戴设备可以密切跟踪老年人的生命体征，如心率、血糖水平和睡眠模式等。另外，虚拟助手可以提供个性化护理、辅助照顾患者、提醒患者用药、进行问题解答等。

未来的医疗机构将会建设完善的智能医疗系统，通过人工智能技术为患者提供全方位服务，医疗机器人将会为医生提供帮助，医院可以使用具备人工智能能力的智能医疗系统进行医护人员的分配调整、疾病辅助诊断、患者的针对性治疗、医疗物质的管理等，降低医疗成本，改善治疗结果。

未来，生物医疗科技企业将会走向产业化，通过制定标准的工业流程，引入人工智能等新型信息技术来进行医疗创新，缩短研发周期，提高药品研发、生产的效率。

目前，医疗大数据已经成为一种新型的医疗资本。我们可以看到，国家已经开始重视医疗大数据，鼓励基于医疗大数据的应用创新。未来，随着机器学习、深度学习及其他人工智能算法的进一步发展，研究人员和临床医生可以基于新型算法，更充分地利用医疗大数据为患者提供服务，如通过算法与医疗大数据了解患者的遗传信息，这可以用来预测治疗效果。未来，制药公司、患者和医疗机构也将展开合作，使用医疗数据来为患者提供更好的治疗方案。

网络正在改变医疗方式，基于 5G 的高速率、大连接、低时延等特性，5G 网络开始提供智慧医疗公共服务，初步改善了城市与乡村医疗资源覆盖不均衡的现象，促进了优质医疗资源的共享。在 6G 时代，新一代的智能网络将满足偏远地区或地理隔离区域（如海岛、民航客机、远洋船舶）的网络覆盖需求，全面推动医疗服务的发展。另外，精准医疗将进一步延伸其应用区域，帮助更广范围的人们构建起与之相应的个性化"数字人"，并在人类的重大疾病风险预测、早期筛查、靶向治疗等方面发挥重要作用，实现医疗健康服务由"以治疗为主"向"以预防为主"的转化，为人类的健康生活提供保障。

8.2.4 未来的智慧教育

5G 网络与人工智能已经开始赋能教与学的各个环节，如面向教师的课堂学生情绪分析系统、智能评卷阅卷出题系统、学生画像分析等；面向学生的远程教育、个性化教学、AR/VR 课堂等；面向学校的智慧校园、学生管理平台、安防系统等，这些应用已经开始在国内很多学校应用。但是目前这些应用大多是单点式应用，只在局部发挥作用，没有形成一个完备的智慧教育系统。

未来，智慧教育将充分利用人工智能、通信网络、云、物联网、大数据等技术，把学校所有的信息化管理和教学系统集成为一个整体，形成具备 AI 能力的校园综合系统平台，为师生提供综合信息服务和基于角色的个性化定制服务。利用全息通信技术与网络中泛在的 AI 算力，未来的智慧教育不仅能够实现多人、远距离、实时、交互授课，还可以实现一对一智能化因材施教。通过通信网络与物联网等技术来融合学校的各种设备，实现学校各种设备的互联互通与智能感知，为学生和教师提供更精细化的服务。

在未来，随着各项技术的发展，可能会出现更多的线上教育平台，这些平台会替代一些物理校园的功能，通过虚拟现实或增强现实技术，给学生以身临其境的感觉。针对学生个体的个性化家庭教育将会兴起，或许学生会更多地选择适合其学习能力的智能化工具，在家接受教育，这可以让他们在某一科目遇到问题时有更多的时间和精力进行针对性的练习。

8.2.5　未来的智慧城市

目前的智慧城市的主要建设形式是城市信息系统的智慧化，而注重以人为本的智慧社会将成为未来智慧城市建设和发展的趋势。智慧社会相比智慧城市更加重视智慧城市的惠民服务，让智慧城市真正为民所用，实现"城市即服务"的目标。

智慧城市中的数据与技术如图 8-3 所示。数据是城市规划与管理的核心，当前智慧城市建设中各领域的数据仍基本处于割裂的状态，未来，随着企业所提供的技术越来越成熟，政府推动和建立统一的数据中心，并制定相关数据开放的法律体系，实现数据的跨领域共享，各领域的数据孤岛将被打破，并逐渐走向融合。

在技术方面，未来新一代的移动通信技术将为智慧城市的数据提供可靠的传输保障。物联网技术将利用传感器连接网络进行数据传输，通过对感知信息的计算处理，协助管理者进行决策。大数据技术将对城市大数据进行快速获取、精细处理、深度挖掘以实现城市智能化。云计算技术通过虚拟技术对计算需求进行动态分析，提升计算能力与存储利用率，满足智慧城市建设中对海量信息快速处理的需求。人工智能技术可以对城市运营中的海量数据进行分析，从而实现城市多个场景的预测。

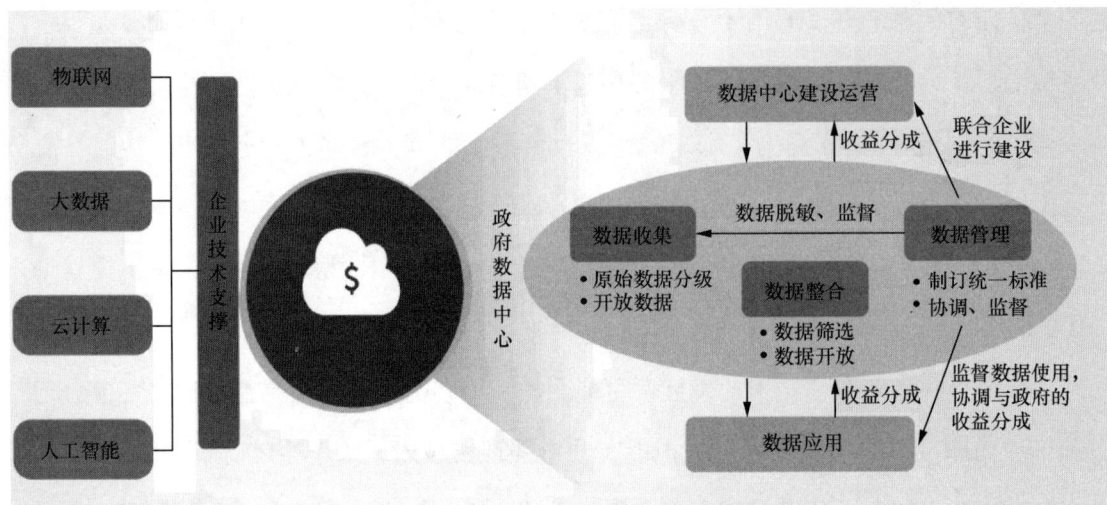

图 8-3 智慧城市中的数据与技术

8.2.6 未来的智慧媒体

随着新一代信息技术与未来媒体的不断深度融合，未来媒体的边界将不断扩大，在网络化、数字化、移动化、社交化、智能化、场景化和平台化等方面继续保持活跃的创新发展态势，未来的智慧媒体将深刻改变我们的生活。

未来的智慧媒体将迎来超高清视频的爆发。超高清视频是未来新媒体行业的基础业务。从增长和规模看，到 2022 年，超高清视频占视频直播知识产权（IP，Intellectual Property）流量的百分比将高达 35%；从技术演进来看，视频图像分辨率已经从标清、高清进入 4K，即将进入 8K 时代。未来的智慧媒体将从不断丰富的视频内容供给和不断增多的视频应用场景两大方面发展。

未来的智慧媒体将实现移动直播常态化。随着新一代信息技术的演进，未来的智慧媒体在移动直播的场景下，压缩损伤将大幅减少、色彩饱和逼真、图像清晰细腻、画面连贯流畅，不仅能充分保证信号传输的稳定性和多路直播回传，更能全面提升新闻媒体超高清内容的生产能力与效率。未来，超高清移动直播将会成为一种常态，广泛运用于大型演唱会、各类活动赛事转／直播等过程中。

未来的智慧媒体将掀起虚拟现实风暴。到 2030 年，虚拟现实将带来身临其境的现实替代场景，实现人与人的虚拟交流、人与物的虚拟互动，现实世界和数字世界之间的界线也将变得模糊。目前，虚拟现实仅限于用户的视觉和听觉感官，但在未来，虚拟现实技术将通过高精度的传感器打破虚拟世界与现实物理感官之间的屏障，为用户带来触感、温感等更多维度的体验。

8.2.7　未来的智慧能源

智慧能源代表着未来能源领域的发展方向，是能源互联网发展的基础，相关技术已成为世界各国能源领域的关注热点。预计到 2030 年，智慧能源系统的相关技术及其应用将基本成熟，并全面实现商业化。其发展路线如下。

实验示范阶段。当前，智慧能源系统相关技术大多处于起步探索阶段，并逐渐向实用化转变，各种仿真实验系统及示范工程初步建立。随着智慧能源系统相关研究的进一步发展，智慧能源系统工程示范逐渐成熟并开始向社会推广。在这个阶段，智慧能源系统的关键技术逐渐成熟，能够应用于一些实际商业化运行的项目。市场上的公司广泛掌握关键的核心技术，技术壁垒降低。国家和政府仍需要对项目进行初期投资或相关补贴，以刺激市场投资者对智慧能源系统进行投资与经营。

应用推广阶段。2020—2025 年，我国需求侧智慧能源系统不断实现市场化的阶段。在这个阶段，智慧能源系统的设备制造、优化控制、规划设计等核心技术逐渐成熟，能够基本满足实际项目的需求，并且各项技术在实际项目中得到很好的验证和利用。国家对于促进智慧能源系统发展的政策已相对完善，市场活力增强，应当更多地鼓励和发展合同能源管理型及自用型智慧能源系统的建设。

普遍应用、完全市场化阶段。2025—2030 年，需求侧智慧能源系统的关键技术研发成熟，我国智慧能源系统高度市场化，除供能公司之外，大批独立运营商甚至个人选择投资区域和用户级智慧能源系统，且市场对价格的调整已可以基于成本定价，价格合理、竞争充分，需求侧智慧能源系统成为全社会普遍采用的能源供应模式。

8.2.8　未来的智慧公共安全

新一代信息技术的发展将更加深入地支持诸如热点区域安全监控等公共安全服

务，泛在覆盖将成为公共安全的基本形式，实现空天地海全域覆盖，推动公共安全便捷化、精细化与智能化。

安防视频监控仍是未来公共安全的重点发展领域。未来安防视频监控将向智能、云化、实战三大趋势发展，算力成为驱动智能化演进的引擎。边云协同成为驱动云化演进的必然形式，进而实现安防视频监控的资源协同、数据协同、指令协同等。应用场景成为驱动实战化演进的机遇，安防视频监控将会被应用到更多全新的应用场景中，无论是对日常区域的持续监控，还是对公安机关打击违法犯罪、抓捕逃犯，都将具有巨大的推动与提升作用。

即时抢险是未来公共安全的亮点。依托未来网络覆盖范围广、灵活部署、超低功耗、超高精度和不易受地面灾害影响等特点，泛在覆盖在即时抢险领域应用前景广阔。通过数字孪生技术实现虚拟空间的构建，可迅速制定灾害发生时的最佳救灾和人员逃生方案。

无人区探测将是未来公共安全的全新领域。通过无人区的实时监测，可以实现诸如台风预警、洪水预警和沙尘暴预警等功能，提前为灾害防范预留时间。

8.2.9　未来的智慧文旅

随着新一代信息技术的深入发展，文化和旅游行业生态将日益完善，在丰富旅游内容、提升游客体验的同时，将促使文化和旅游行业信息化向更智慧的方向发展，同时对文化和旅游行业的整体格局起到优化、促进作用。

未来移动通信网络将扮演信息化和智慧化文旅基础设施的角色。随着文化和旅游行业数字化转型节奏的逐渐加快，未来的移动通信网络将可以真正地使网络从人的连接走向物的连接，从为人传递信息扩展到为万物传递信息。在景区场景下，未来的移动通信网络一方面可以满足高密度游客群的连接需求，也是景区提供服务、进行管理的重要基础，另一方面将产生多种形态的文旅行业智能终端，以游客为中心的终端协同将成为景区服务的常态。

未来的移动通信网络将进一步提升文化和旅游大数据的广度和精度。依托图像识别技术、感知设备和大量的游客业务数据，文化和旅游大数据将从原来面向规模群体身份的分析，向基于用户个体精准识别、景区产品、服务评价的更多数据源扩展，并形成面向具体应用或产品的"景区内容推荐—游客欣赏评价—景区产品迭代"的闭环。

　　未来的移动通信网络将给文化和旅游行业的众多场景带来全新的体验，与传统风景区、特色小镇、名村名镇、主题公园、主题酒店、博物馆等场景有机结合，为游客和景区自身管理带来全新的业务体验，并为景区提供更丰富的宣传手段。

　　随着通信网络的演进，业务和应用将向着"业务需求多样化、覆盖立体化、交互形式与内容多样化、业务开放和定制化、通信／计算／AI 和安全融合化"等方向发展。通信运营商将基于未来新一代的通信网络，充分结合数字孪生、脑机交互、AI、全息通信、分子通信等新兴技术，提供新一代的智慧业务，全面赋能人类的生产、生活。

参考文献

第1章

[1] Gartner. 2018 世界人工智能产业发展蓝皮书.

[2] 清华大学中国科技政策研究中心. 中国人工智能发展报告2018.

[3] 北京市经济和信息化委员会. 北京人工智能产业发展白皮书 2018.

[4] 中国信息通信研究院和中国人工智能产业发展联盟. 全球人工智能战略与政策观察2019.

[5] 人工智能标准化白皮书（2018 版）.

[6] 人工智能发展白皮书——产业应用篇. 2018.

[7] 人工智能发展白皮书——技术架构篇. 2018.

[8] 新一代人工智能发展规划.

[9] AI 移动智能终端蓝皮书. 2018.

[10] 2019 年中国人工智能行业市场分析.

[11] 从中美投资差异看国内人工智能产业发展趋势.

[12] 中国人工智能产业路线图.CSDN，2018—2019 年.

[13] 蔡自兴. 人工智能产业化的历史、现状与发展趋势［J］. 2019.

[14] 深度融合实体经济，人工智能核心业态及应用趋势.

[15] 人工智能标准化白皮书(2018 年版)［S］. 北京：中国电子技术标准化研究院,2018(1).

[16] 网络人工智能应用白皮书 v2.0［S］. 北京：SDN/NFV 产业联盟，2019(9).

[17] 人工智能开源与标准化研究报告［S］. 国家人工智能标准化总体组，2019(4).

第2章

[1] 谢建超. Massive MIMO 通信系统中信道估计技术研究［D］. 2016.

[2] IMT-2020(5G) 推进组. 5G 愿景与需求白皮书. 2014.

[3] 刘永涛，王磊，李军，等. 面向 5G 网络演进的超密集组网规划方案研究［J］. 电信工程技术与标准化，2019(8).

[4] 张仁迟. UDN 下的小区切换算法研究［D］.

[5] 张建敏，谢伟良，杨峰义. 5G 超密集组网网络架构及实现［J］.电信科学，(6): 36-43.

[6] 童辉. 5G 新空中接口设计：如何从 LTE 拓展与创新［J］. 电信科学，2019(7).

[7] 于立华，张宏宇. 未来 5G 网络切片技术关键问题分析［J］. 中国新通信，2017(19).

[8] 粟欣，龚金金，曾捷. 面向 5G 网络切片无线资源分配［J］. 电子产品世界，2017(4):34-36+44.

[9] 赵明宇，严学强 .SDN 和 NFV 在 5G 移动通信网络架构中的应用研究［J］.移动通信 (14):66-70.

[10] 朱峰，李洪城，唐钰. 5G 系统中 RAN 侧集中单元（CU）和分布单元（DU）架构分析［J］. 通信世界，2019，800(8):42-45.

[11] Choi T, Kim T Y,Tavernier W, et. al. Agile Management and Interoperability Testing of SDN/NFV Enriched 5G Core Networks［J］. Etri Journal,2018,40(1):72-88.

[12] 韩玮，江海，李晓彤. 5G 网络设计与规划优化探讨［J］. 中兴通讯技术，2019(4):59-66.

[13] 王丰勇. 面向 5G 无线通信系统的关键技术探讨［J］. 电子测试，2019(11).

[14] Popovski P, Trillingsgaard K F, Simeone O, et. al.5G Wireless Network Slicing for eMBB, uRLLC, and mMTC: A Communication Theoretic View［J］. IEEE Access:1-1.

第3章

[1] 李露, 李一喆. 基于AI的无线网络用户满意度分析[J]. 邮电设计技术, 2018(12): 64-67.

[2] 黄兵明, 郭慧峰, 赵良, 等. 人工智能在通信网络故障溯源的应用研究 [J]. 邮电设计技术, 2018(12): 35-40.

[3] 盛莉莉, 张进. 基于AI算法的天馈自调优系统 [J] 邮电设计技术, 2019,(11): 6-10.

[4] 赵越, 刘芳琦, 郑冠鸣, 等. 深度学习在运营商固网存量业务保障方面的研究及应用 [J]. 邮电设计技术, 2018(12): 57-60.

[5] 程亚峰, 刘惜吾, 叶晓斌. 基于AI的流量预测在专线业务领域应用 [J]. 邮电设计技术, 2019(12): 61-63.

[6] 中国移动. 5G智慧网络白皮书 2.0.2019(11).

[7] 中国电信. 中国电信人工智能发展白皮书. 2019(6).

[8] 刘腾飞, 李奥, Acumos——一种人工智能开放平台 [J] 邮电设计技术, 2018(12): 46-50.

第4章

[1] 智能自治网络案例报告 [R]. 全球移动通信系统协会, 2019(10).

[2] 黄兵明, 郭慧峰, 赵良. 人工智能在通信网络故障溯源的应用研究 [J]. 邮电设计技术, 2018.

[3] 2017B48. 人工智能在网络演进中的应用研究 [S]. 北京: 中国通信标准化协会 (CCSA), 2019.

[4] 中国联通网络智能化分级及验证白皮书. 中国联通, 2019.

[5] 智能自治网络案例. GSMA, 2019.

[6] 人工智能在网络规划中的应用. CCSA, 2019.

[7] 中国联通网络人工智能应用白皮书. 中国联通, 2019.

第5章

[1] 中国企业 2020: 人工智能应用实践——阿里云.

[2] 周济，李培根，周艳红.走向新一代智能制造［J］.Engineering, 2018, 4(01):
28-47.

[3] 中国制造新力量——智能制造之先进制造研究报告［R］.北京：亿欧智库，
2019(5).

[4] "人工智能＋制造"产业发展研究报告——概念、趋势与互联网赋能机会［R］.
腾讯研究院，中国社会科学院工业经济研究所，2018(6).

[5] 5G＋智能制造白皮书［R］.上海市经济和信息化委员会，中国信息通信研究院
华东分院，2019(9).

[6] 王飞跃.智能制造：从人工智能到生产智能［J］.科技导报，2018，36(21): 8-9.

[7] 全息交通系统发展展望.

[8] 车联网白皮书.2018.

[9] 云边协同白皮书.中国信息通信研究院.

[10] 基于MEC的5G车联网业务分析及应用.

[11] 中国人工智能医疗白皮书.

[12] 中国联通.5G创新应用案例.

[13] 以智慧医疗为医改抓手，建立融合共生的新型医疗服务体系.

[14] 中国医疗人工智能产业报告.

[15] 2020—2025年中国智慧教育行业市场前景及投资机会研究报告.中商产业研究院.

[16] 钟翠玲，许家媚.智慧教育概念解读［J］.电脑知识与技术，2018(2):90-91.

[17] 邹小江.人工智能技术在体育中应用的现状综述.［J］.科技资讯，2019(8)：
119-120.

[18] 杜永红.智慧冬奥奋斗正当时.

[19] 人工智能为媒体赋能.

[20] 人工智能在新媒体传播中的应用趋势.

[21] 2019—2025年中国智慧能源行业市场分析及发展机遇研究报告.

[22] 刘伟，闫娜.人工智能在石油工程领域应用及影响［J］.石油科技论坛，2018(4):

32-40.

[23] 冯刚. 浅析人工智能在煤矿安全生产中的运用［J］. 科技创新与应用, 2016(12):
156-156.

[24] 霍沫霖, 林国强. 高昆仑. 人工智能在能源服务中的应用［J］. 供用电, 2019, 36(01):
60-66.

[25] 安防 +AI 人工智能工程化白皮书.

[26] 人工智能发展白皮书产业应用篇（2018 年）.

[27] 李姝, 朱琳, 李贵强, 等. 人工智能技术在公共安全领域的应用前景［J］. 电子
技术与软件工程, 2019, 150(04):252.

[28] 于瑞华. 语音识别在公安工作中的应用［J］. 中国人民公安大学学报: 自然科学
版, 2007, 13(4):96-99.

第6章

[1] 杨懋, 杨旭, 李勇, 等. 基于虚拟化的软件定义无线接入网结构［J］. 清华大学
学报 (自然科学版), 2014(4):39-44.

[2] 田辉, 范绍帅, 吕昕晨, 等. 面向 5G 需求的移动边缘计算［J］. 北京邮电大学学报,
2017(02):5-14.

[3] 方箭, 李景春, 黄标, 等. 5G 频谱研究现状及展望［J］. 电信科学, 2015, 31(12):
111-118.

[4] 王东明, 张余, 魏浩, 等. 面向 5G 的大规模天线无线传输理论与技术［J］. 中
国科学: 信息科学, 2016. 46(1):3-21.

[5] 中国联通, 中兴. "5G+ 人工智能" 融合发展与应用白皮书. 2019 年.

[6] 智能自治网络案例. GSMA, 2019 年.

[7] 中国联通. 5G 智能节能技术白皮书.

第7章

[1] 中国联通智能 MEC 技术白皮书.

[2] 边缘计算方法与工程实践.

[3] 智能边缘计算：计算模式的再次轮回.

[4] 5G 网络智能化白皮书.

第8章

[1] 中国联通. 中国联通算力网络白皮书（2019）.

[2] 智能自治网络案例. GSMA，2019 年.

[3] 中国移动研究院. 2030+ 愿景与需求报告.

[4] 未来媒体蓝皮书：中国未来媒体研究报告（2019）. 厦门理工学院文化产业与旅游学院与社会科学文献出版社.

[5] 亿欧智库. 2019 年中国智慧城市发展研究报告.

[6] 中国联通，腾讯公司. 2019 中国智慧文旅 5G 应用白皮书.